高等院校教师教育系列教材

GAODENG YUANXIAO JIAOSHI JIAOYU
XILIE JIAOCAI

U0652391

JIAOSHI YUYAN WENZI BIAODA YU YINGYONG

教师语言文字表达与应用

杨 霞 李 园 主 编

北京师范大学出版集团
BEIJING NORMAL UNIVERSITY PUBLISHING GROUP
北京师范大学出版社

图书在版编目(CIP)数据

教师语言文字表达与应用/杨霞，李园主编．—北京：北京师
范大学出版社，2013.9(2024.7 重印)

（高等院校教师教育系列教材）

ISBN 978-7-303-16800-2

Ⅰ.①教…　Ⅱ.①杨…　②李…　Ⅲ.①教师－语言艺术－高等学
校－教材　Ⅳ.①G42

中国版本图书馆 CIP 数据核字(2013)第 173729 号

教材意见反馈　gaozhifk@bnupg.com　010-58805079
营销中心电话　010-58802755　58800035
北师大出版社教师教育分社微信公众号　京师教师教育

出版发行：北京师范大学出版社　www.bnupg.com
　　　　　北京市西城区新街口外大街 12-3 号
　　　　　邮政编码：100088
印　　刷：三河市兴达印务有限公司
经　　销：全国新华书店
开　　本：730 mm×980 mm　1/16
印　　张：15
字　　数：270 千字
版　　次：2013 年 9 月第 1 版
印　　次：2024 年 7 月第 9 次印刷
定　　价：49.00 元

策划编辑：陈红艳　　　　　　责任编辑：陈红艳
美术编辑：焦　丽　　　　　　装帧设计：焦　丽
责任校对：陈　民　　　　　　责任印制：马　洁

高等院校教师教育系列教材
编委会

序

今天，教育质量日益影响国家与社会的发展水平与速度，关系到人的生命质量与价值。作为教育母机的教师教育无疑成为社会关注的热点问题。我国当下正处于教师教育改革与发展的重要时期，改革教师教育课程，是提高教师教育质量，保证教师专业水平的关键之举。

2011年11月，我国第一部《教师教育课程标准(试行)》历经8年精心研制，20余次修改完善，终于正式颁布实施。该标准针对我国教师教育存在的突出问题，汇聚了我国师范院校多年来教职课程改革实践的结晶，并集中反映了我国新时代教师教育的改革诉求，对我国深化教师教育改革尤其是课程改革具有重要意义。

《教师教育课程标准(试行)》以教师专业发展为主线，"为了每一个教师的发展"、"为了教师团队的发展"。要实现教师个人发展，必须注重从教书匠的训练走向教育家的成长、从定型化教学转向情景化教学、从技术性实践转向反思性实践、从理论的实践化转向实践的理论化。要实现教师团队的发展，则要注重教师学习共同体与教师合作文化的形成，强调将教师团队建设转化为一种内在的文化生成。"育人为本、实践取向、终身学习"是教师教育课程的基本理念。教师是儿童发展的促进者，教师工作的出发点与归宿是儿童发展；教师在教学工作中必须坚持"儿童为本"或"儿童本位"，发现儿童的特性、尊重儿童的学习权利。教师是反思性实践者，教师工作是在理论指导下的实践活动，教师就是在复杂多变的实践情境中通过实践问题的解决与实践经验的反思，形成自身的实践智慧、发展教学风格的过程。教师是终身学习者，教师工作是一种终身学习的专业，需要开展更为专业的学习，在这一过程中要努力坚持"越是基于学习者的内在需求越是有效"，"越是扎根于学习者的鲜活经验越是有效"，"越是细致地反思学习者自身的经验越是有效"等基本规律。

本套教材的编写者均为从事教师教育理论研究与教学实践的教育工作者。教材编写依据《教师教育课程标准(试行)》的基本理论与要求，以《国家中长期教育改革和发展规划纲要(2010—2020年)》以及全国教师工作会议精神的要求为指导，结合当前基础教育改革逐步深入对高素质师资的诉求，旨在提升新师资培养质量，培养未来的人民教育家，深入推进基础教育课程改革和教师教育改革。教材编写反映了教师教育学科研究的最新成果，紧紧把握学科建设前沿

1

问题，具有国际视野，并立足于本土开展研究，在对实际问题的研究过程中，将教师专业化进程推向深入。在内容方面与时俱进，具有鲜明的时代特色。教材贴近基础教育现实，以身边的现实问题和鲜活事例为教学和研究素材，具有鲜明的实践性与区域特色，有利于学习者构建教育理念，树立教育信念，提高解决教育实际问题的能力。教材编写体例新颖、层次分明、表达规范、放言易懂，不仅仅是教材，也是学材，具有较强的可读性。

总之，本套教材编写既注重理论涵养与能力提升相结合，又注重境外视野拓展与本土问题解决相结合，同时还富含大量的案例研究和有效的专业发展演练活动。本套教材不仅适用于教师教育机构师范专业学生的课程教学，而且还适用于中小学教师在职专业学习，这也体现了教师教育职前职后教育一体化的新理念，为提升教师专业发展水平做出了新的尝试和探索。本套教材的编写，正逢其时。

钟启泉

2013 年 8 月

前　言

　　"教书育人"是教师的社会责任，"言传身教"是教育实践的主要方式，教师语言文字表达与应用能力的培养则是教师专业成长所必需的核心内容之一。教育部颁布的《教师教育课程标准》，要求我们要从教师实践能力的内涵、达到的标准与发展角度来研究教师语言的理论内涵和实践依据。《中学教育专业师范生教师职业能力标准(试行)》也提出师范生教师职业四大基本能力，即师德践行能力、教学实践能力、综合育人能力和自主发展能力。因此，整合教师语言文字表达与应用涉及的课程内容和资源，重新构建基于教师专业发展的教师语言文字表达与应用能力培养的教材就成为我们编写和修订本书的初衷。

　　"无教育不教学，无教学不教育"，任何学科以及学科教师都要承担起德育的责任，教育性教学始终是我们教材编写的基本学理性理解。正如党的二十大报告指出，"用党的科学理论武装青年，用党的初心使命感召青年"。教材以立德树人为根本任务，深入挖掘教师能力素养培养中的内生思政元素，广泛拓展关联的外生思政资源，凝练家国情怀、社会责任、文化自信、人文情怀等相关思政元素，优化课程思政内容供给，育人育才并重，以促进学生正确的价值观塑造、知识传授和能力培养的协同发展。这既是我们教材编写者的责任，也是我们与时俱进的使命。

　　教师语言表达类课程作为师范专业的核心课程，是提高学生深入了解民族共同语、中华传统文化和运用汉语言文字教书育人的重要课程。它是以提升师范生的语言表达能力为目标，要为师范生走上工作岗位奠定良好的专业基础，肩负着引导学生认知母语，使用好母语从事教育教学工作的使命。同时，它还要能激发学生对祖国语言的热爱，增强文化自信，使他们能主动担负起用语言维护国家形象、传承中华传统文化的神圣使命，达到价值引领与专业知识的有机融合，取得教书与育人同方向的效果。

　　教师语言课程的设置，在现行高等师范院校已经十分普及。不过该课程的名称却提法不一，其中一种情况，是把"教师书写"和"教师语言"分列为两门课。又由于强调对其中某项技能的强化，有称"教师书写"为"三笔字"、"教师板书"等；有称"教师语言"为"教师语言艺术"、"教师口语"、"普通话"等；还有称"教师基本功"的。另一种情况，是把"教师书写"和"教师语言"，以及"教育教学能力"都放在"教师职业技能"课程中去。

第一种情况容易造成语言表达学习的浅表化，因为汉语言的特性在于它依托于汉字文化，汉字书写和汉语表达是一个整体。因此，我们按照这样一种思路进行了教师语言文字表达与应用能力培养课程与资源的整合：这门课程涵盖了汉字规范化与汉字书写、教师书面语言表达、教师口头语言表达与教师的非言语信息表达等内容。第二种情况容易造成语言表达学习的一般化，因为教师职业技能涉及的内容很多，在有限的篇幅和有限的课时中，对教师语言文字表达与应用能力的培养和训练只能是蜻蜓点水式。因此，我们按照突出重点和专题训练的思路，把教师语言文字表达与应用从教师职业技能课程中分离出来，并和教师职业技能课程中涉及教育教学技能的其他内容进行了整合，如《教师领导力》《中学教育基础》《中学生心理辅导》等课程，这样更有利于体现教材的三大基本功能：信息源功能、结构化功能和指导性功能，有利于学生更深入、更有针对性地学习、训练和思考。

本教材编写的目的是：培养师范生在掌握了一定的教师语言知识的基础上，运用语言完成传递信息、组织学习、交流思想情感等能力；培养师范生基于学科的不同特点、社会的发展和交流对象的需要，更恰当、更得体、更鲜活地使用语言的能力；培养师范生"秀于言"皆因"慧于心"的倾听、尊重、理解、宽容等职业道德；培养师范生以高超的语言能力推动专业能力提升，增强职业归属感和幸福感，提升民族认同感和使命感。

本教材是在教育部《教师教育课程标准（试行）》出台和南京师范大学教师教育课程体系改革的背景下重新编写的。也体现了《中学教育专业师范生教师职业能力标准（试行）》文件中对师范生师德践行能力、教学实践能力、综合育人能力和自主发展能力培养的几个方面。一是要尽可能体现教师语言课程的传统育人价值和教学体系，二是要体现当下教师教育课程改革"立德树人"的核心理念和"教师教育专业化"的旨向。因此，本教材的编写体现出如下的特色：

1. 思想性和教育性

本教材体现了教师语言学习的思想性和教育性的要求，不仅要增进学生对教师语言文字的科学性、系统性的把握，提高其学习和运用民族共同语的自觉性，而且要增强其对母语的热爱和文化自信，从而进一步激发其树立远大的教育理想和实现中华民族伟大复兴的使命感。

2. 专业性与综合性

本教材体现了教师语言学习的专业性和职业化要求，体现了教师语言本身所蕴含的职业精神和价值。它是一本涵盖语言学、交际学、演讲学、口才学、教育学、心理学、逻辑学、思维学、美学、修辞学等多学科知识在教师专业化工作中的应用规律的教材。它的专业性特点，体现为语言文字应用的一般规律必须与教师教育实践活动的特殊性相结合。它的综合性特点，说明它的发展和运用，对多学科知识和人的多种能力素质具有依赖性，因而，教师语言文字应用是具有丰富的人文性和审美性内涵的，同时它的发展也是没有止境的。

3. 基础性与实践性

教材贴近学生教育教学实践的需要，符合学生的知识基础、心理特征和认识规律。充分考虑学生的接受能力，注重学生语言文字表达能力的培养，特别是应用能力的培养，避免编入"难、繁、偏、细"的内容，对于理论性较深的知识点直说结果和应用，少讲构建过程。它较全面地揭示了教师语言的基础和结构，内容主次分明、详略得当、层次清楚。教材内容的选取还具有一定的伸缩性和灵活性，以便适应不同学校、不同学生的差异。

4. 问题化与导向性

采用行为导向法编写教材，是先将师范生需要解决的各种语言文字素养问题经过筛选、归纳，分解成若干"学习模块"，每一"模块"为一章，在每一章中编写解决该问题所需的文化内涵、知识基础和实践路径与方法。这样就使得教材任务目标明确，所学知识针对性强，避免了以往课程中，基础知识重叠的现象，同时，又能有针对性地强化学生实践应用能力和促使其语言文字素养的内化，从总体上提高教材的教学效果。

5. 情境化与反思性

突出案例反思，倡导"情境化教学"。改变过去语言文字表达培养中的"技术性实践"倾向，倡导通过基于"情境化教学"的"反思性实践"。重视个人经验、强化实践意识，关注现实问题，把理论学习与实践反思结合起来。不再简单地按照既定的操作程序将预设的知识、技能教给学生，而是以案例为载体，创设与之相适合的教学情境，激发学生的学习兴趣。通过案例分析和训练引导学生主动学习并给其提供恰当的帮助，使学生能基于实践情境发展自身的实践性知识。

使用本书时，建议读者把各章节的基础知识、案例分析及实践指导等融会贯通，综合使用，以启发学生在学习的过程中更好地发挥其主体性，鼓励学生提出自己的学习策略。

本书讲义稿曾在南京师范大学师范专业的本科生中试用过，我们根据教学实践中各方面的反映对讲义稿的各个章节都做了不同程度的修改，不妥之处切盼同仁、读者匡正。

本书第一章、第七章由杨霞编写，第二章、第三章由马丽娅编写，第四章、第五章、第六章由李园编写。当然，一本务实而丰富的书往往融合了许多人的资源和经验，本书也不例外。我们要特别感谢郭宁生、周晓静、刘军、陈红艳、王晓艳等同仁，如果没有他们的付出，就没有我们这本书。

本书在编写过程中，参阅了许多专家、同行的成果，谨此致谢；凡未注明的，敬请见谅。

教育从来都是德智双修的，《礼记·大学》有云："大学之道，在明明德，在亲民，在止于至善"，这可以说是我国古代立德树人教育理念的重要体现。在新的历史背景下，"培养什么人、怎样培养人、为谁培养人"成为教育的根本问题。使学生树立热爱祖国语言文字的价值观与师德规范意识，培养学生良好的文化底蕴、丰厚的专业修养、正确的价值判断和高尚的教育情怀则是我们编写该教材的一份使命和一份追求！

编　者
2023 年 7 月

目　录

第一章 规范汉字的形成与书写

【本章重点】
- 汉学起源、演变和古代书法教育的基本情况
- 汉字标准化、语言规范的进程、原则和方式等
- 教师书写技能素养的相关知识和培养方法

第一节 汉字的发展与演变

世界上文字种类有成百上千种,但只有汉字是上古时期各大文字体系中唯一传承至今的文字。与世界上其他几种古老的文字如苏美尔楔形文字、古埃及文字和玛雅文字相比,汉字是当今世界上赫然仅存的尚在使用的表意文字。从古至今,中华民族对汉字的崇拜从未停止过,没有一种文字的发展像汉字那样多姿多彩,也没有一种文字像汉字一样,发展出篆、隶、草、行、楷等诸多书法体式。在数千年的历史发展中,它的意义已经不仅仅限于语言文字这一用途了,它更多的是在承载一种文明,传承一种文化,表达一种中国式的哲学理念,说它是一个文化的奇迹,不足为过!

汉字是汉民族独创出来的文字,作为一种文化现象,它的产生有其必然性,但由于时代的久远和在甲骨文之前没有足够丰富的资料,探讨汉字的起源已成为一个具有神秘色彩的话题。

一、汉字的起源及造字方法

(一)汉字的起源

汉字起源于什么时候,我们尚难以准确地回答,但汉字自出世之日起,就被赋予了神圣而又神秘的气息。《淮南子·本经训》上记载:"昔者仓颉作书而天雨粟,鬼夜哭。"《吕氏春秋·君守篇》、《韩非子·五蠹篇》均有"仓颉作书"的传说。那么,仓颉是谁呢?有的人说仓颉是黄帝的史官,有的说仓颉是古代帝王。文字是一个复杂的系统,不可能由某一个人一下子造出来。《荀子·解蔽篇》说:"故好书者众矣,而仓颉独传者,一也。"根据荀子的说法推测,仓颉之

1

所以传名后代，很可能是他作了汉字的整理工作。鲁迅先生认为："要之文字成就，所当绵历岁时，且由众手，全群共喻，乃得流行，谁为作者，殊难确指，归功一圣，亦凭臆之说也。"①"仓颉造字"只是初民的一个美丽的传说，是将汉字的发明权偶像化的结果。文字是在长期的社会实践过程中出现和发展的，它经过了全体社会成员的共同创制、加工、整理和提高，包含了实践范畴内的"创造"和"应用"这两个基本的要素。所以说文字是社会发展到特定阶段的社会需要的产物；它不是聪明人或圣人的创造，而是全社会的发明。

我们发现的最早的、能够（部分）确认的汉字是商朝盘庚时期（距离现在已经有 3500 多年）的甲骨文。甲骨文已经出现了大量的词汇，还出现了用甲骨文进行书写的作品。这些都说明在盘庚以前，汉字已经经历过一定时期的发展。不少人相信，在一些文化遗址中发现的一些原始符号，可能是甲骨文汉字的前身。例如，大汶口文化晚期的山东吕县陵阳河遗址发现的象形符号，同甲骨文、金文对比，可以看出早期汉字发展的脉络。郭沫若在《古代文字之辩证的发展》一文中说："那些刻划记号，可以肯定地说就是中国文字的起源。或者说是中国原始文字的孑遗。"但是，以上所说的符号或记号，具不具备文字的性质，是不是汉字的前身，都还值得探讨。应该说，从图画文字进入表意文字，才意味着真正意义上的文字的形成。因为，表意文字已经与语言相结合，记录了有声语言中的意义单位，反映了这些意义单位的结构关系，具有了符号性和社会性的特质。

（二）汉字的造字方法

汉字是在汉民族的文化土壤上独自发展起来的文字，在它的发展历程中很少受到其他文字系统的影响。汉字除了直接记载事物之外，由于本身蕴含着丰富的历史文化和社会心理积淀，所以，其自身又具体而生动地体现了中华民族的文化信息，袒露了中国古代社会的文化心理，显示了社会演进的踪迹。

构字方法又称"造字法"，指的是汉字按一定的原则结构字形的方法。汉字的构字方法主要有象形、指事、会意、形声四种：

1. 象形

许慎在《说文解字·叙》中指出："象形者，画成其物，随体诘诎，日、月是也。"象形字是一种在图画文字基础上的质的飞跃，它除了能运用图画之形表意，还具有固定的读音。凡是代表语言中客观事物的名称，又在字形上形象地描绘了该事物的形状特征的字，就是象形字。

---

① 鲁迅：《汉文学史纲要》，第 2 页，北京，人民文学出版社，1973。

象形字的能产性不高。因为"画成其物"，只能表示具体之物，不能表示抽象之物，所以它适用的范围很窄。同时，对于具体之物而言，用这种方式所造的字只能表示该事物的大类，不能区别同类中的小类。此外，象形字的书写是比较困难的，因为"随体诘诎"，着眼于描摹事物之像，对书写技能要求较高，往往不容易写好，也不便于读写者认知。在汉字发展史中，随着汉字总量的逐渐增多，象形字所占比例越来越少。因此，象形字现存的数量并不多。此外，还有一个重要的现象，在从古文字向今文字的发展过程中，象形字逐步增加了语言符号的属性，具象性减弱而抽象性增强。

2. 指事

《说文解字·叙》："指事者，视而可识，察而可见，上下是也。"意即一看见字的形体就能知道它是如何构成的，但要仔细考察才能知晓它的意思。《说文解字》中关于指事的说明实质上只谈了对指事字形义的感受，并未说到方法。从方法上讲，指事是用纯抽象符号或在象形字基础上加上指示性符号构成的字。

指事字主要是一些表示抽象概念的词，主要是指称事物的性状、数量、方位等。指事造字法使汉字在表示语言意义时摆脱了具象而走向抽象，使文字同图画的本质区别得到了明确的体现，汉字也因此带有了更多的符号性特征。有的学者认为许慎把指事置于六书之首，正是出于指事造字法更具有语言符号意义，这种说法不无道理。

3. 会意

《说文解字·叙》："会意者，比类合谊，以见指㧑，武信是也。"意指把两个或两个以上的字作为意义符号结合起来以表示一个新的意义的构字方法。

构成会意字的基础是象形字、指事字，以及不属于文字的符号。会意字利用文字的组合和文字与图形的比配来显示某一意义，它所构成的是合体字，一个会意字往往表示了从一个语句中提炼出来的语义。

在汉字发展史中，会意构字法具有较强的能产性。当汉字已经很成熟后，为了适应语言的需要，人们仍然采用了会意造字的方法，造出了许多的新字，如尖、鸣、吠、炎、森、磊、林等。在现代汉字中，有不少简化汉字就是用会意构字方式造出来的，如泪、尘、岩、阴、阳、休等。

4. 形声

《说文解字·叙》："形声者，以事为名，取譬相成，江河是也。"意指用表示事类的字作意符，再选取一个读音近似的字作音符，以此构成一个新字的方法。

从理论上来说，许多形声字的声符在造字时代应该起到标音作用，但是流传至今的形声字，声符读音与该字的实际读音相比，呈现出许多不能密合的情况，认识和理解这种造字方式，需要凭借古代音韵学知识。因此，认识形声造字法所造出来的字，应该以造字时代的音义作基准。

自今文字时代起，在汉字字量增加的总体情况中，所增之字，除极少数是会意字外，绝大多数都是形声字。

传统有所谓的"六书说"。六书是经汉代的班固、郑众、许慎等人概括出的构字理论，该理论将古文字（主要是小篆）的构字方法概括为六种：象形、指事、会意、形声、转注、假借。《说文解字·叙》："转注者，建类一首，同意相受，考老是也。"由《说文》关于转注定义可知，转注不是构字方法，而是利用同一部首的同义近义字相互注释的方法。《说文解字·叙》对假借的解释是："假借者，本无其字，依声托事，令长是也。"意指对于本来没有字记录的口语性语素，借用现成同音字去记录的方法。因为，转注、假借，都未造出新字，所以，严格地说它们都不是构字的方法。

二、汉字的形体演变及其特点

当今世界各种拼音体系的文字，究其本源，都不是由本民族自发产生的，而是各民族文化交流、融通的产物。文字学界把这类文字称为"他源文字"。古埃及的象形文字、古巴比伦的楔形文字、古玛雅文字、中国的汉字以及纳西族象形文字等自发产生的文字系统，被称为"自源文字"。由于他民族的入侵，或是由于本民族文化的脆弱，或者民族本身遭到毁灭，这些文字都早已或已经停止使用了。在自源文字中，只有汉字，由于所从属的民族文化的发达和巩固，也由于它在发展它的民族文化中始终如一地占据着重要的地位，人们一直使用到今天。不过汉字在其漫长的历史发展过程中，也随着本民族文化的发展而几经变化。今天的汉字，已远非甲骨文字的形象，但是由于它植根于本民族文化的土壤，我们至今仍很容易找到甲骨文时代留在方块汉字身上的烙印。

（一）汉字的形体演变

字体，从书法的角度我们称其为"书体"，即汉字书写的体态形式。在其发展史上经历了篆、隶、草、行、楷几次大的书体演变，在各体中又因时、因地、因书者不同，呈现出多种多样的艺术风格，给后世学习者的模仿、创作和发展提供了丰富的养分和经验。

字体是不断发展的，人们对字体的研究探讨也是逐步深入的。早在秦代，人们就对字体作过分类。《说文解字·叙》："自尔秦书有八体：一曰大篆，二曰小篆，三曰刻符，四曰虫书，五曰摹印，六曰署书，七曰殳书，八曰隶书。"这八体实际上只是战国时代的秦国和后来的秦王朝使用的篆书、隶书两种字体。魏晋以后，许多人对字体进行分类，标新立异，巧立名目，实质与字体演变完全无关。通行的分类，有"真草隶篆"四体，这种划分方法虽然较粗，但大致概括了汉字形体的几次重大变化。

从殷商到现代，汉字形体的演变可分为两个大的段落，通常把小篆以前的汉字总称为古文字，包括甲骨文、金文、六国古文、大篆、小篆。隶书以后的汉字，总称今文字，包括隶书、楷书及与此并行的草书和行书。古文字具有不同程度的象形性，今文字则摆脱了象形性的束缚，成了纯粹的书写符号。许慎在《说文解字·叙》中说："是时秦烧灭经书，涤除旧典，大发隶卒，兴役戍，官狱职务繁。初有隶书，以趣约易，而古文由此绝矣。"隶书是汉字形体演变史上的重要转折点，它把小篆不规则的曲线或匀圆的线条变成方折的笔画，改变了古文字的面貌，是古文字与今文字的分水岭。

书体在长期历史进化中从具有强烈模拟性质的图画化文字走向符号化文字，但却保留了丰富的"六书"遗意和原初文化基因。成熟后的书体具有完整的笔法系统和结体原则，此二者使汉字成为一种纯粹和简练的程式。

(二)汉字形体演变的特点

由于书写工具和承载材料的不同等原因，汉字形体发生过多次变化。这种变化主要表现在两个方面：一是结构，一是笔势(笔画的姿态)。从甲骨、金文演变到楷书，固然有结构方面的变化，但主要是笔势的变革。例如，"保"、"只"等字，隶变以后，已经看不出原来的象形意味了。

汉字形体的演变一般是缓慢的、渐进的。不是新字体一出现旧字体就废弃不用，而是新旧字体并存一段时间之后，才由新字体代替旧字体。而且旧字体也不是一下子就被消灭掉了，即便是在基本上不用之后，在某些场合还会继续使用。例如，汉魏时代通用的字体是隶书，小篆已用得很少，但许慎《说文解字》仍用小篆。又如，楷书从汉末到现在已通行近两千年了，但人们写对联、刻印章等还往往使用篆书或隶书，作为艺术的书法作品更是各体兼备，异彩纷呈。这都说明汉字形体的演变是有继承性的，新的字体只是取代旧字体而通行，并不一定要以消灭旧字体作为自己生存的条件。汉字的演变是由自然流变和主动改革这样两种相互交替又相互对立的演变模式推动的。

汉字的演变有这样一种总的趋势：形声字的比重越来越大。甲骨文时期，形声字约占汉字总数的20%；小篆时期，比例上升到50%以上；隶书时期，形声字的比例达到80%；而20世纪简化字运动之后，这个比例上升到85%左右；在现代字典中，形声字已占95%以上。

汉字形体的演变另一个显著特点就是由繁趋简，大致有如下几种情况：

图绘性的减弱。早期的象形字带有很浓厚的图绘性质，甲骨文、金文的象形程度均较高，有些字就是直接描摹实物的形状得来的，如甲骨文的"马"字作 𩣡，马的头、耳、躯干、足、尾毕现，甚至鬃毛也有所体现，可想而知刻写起来十分费事。古人为了书写的方便，逐渐把这些图绘性很强的字符改为比较平直的线条，使汉字的图绘性减弱，符号性加强。在从古文字演变为今文字的过程中，汉字的写法发生了更大的变化，绝大多数变成了完全丧失象形意味的，由点、横、竖、撇、捺等笔画组成的符号。图绘性减弱了，汉字形体也大大简化了。

笔画的简省。这包括两个主要方面，其一是减少重复的部分，如"韦"字甲骨文 𢆶，囗（城邑）+ 𣥂（众多脚趾，代表巡逻），金文 韋 省略一个右侧的"止" 𣥂，篆文 韋 承续金文字形。这类字还有"集"、"原"、"霍"、"郭"、"雷"，等等。其二是省去不重要的部分，如"车"字 𨍋，在甲骨文和早期金文中的形体都比较复杂，原有双轮、有辕、有厢、有横等形状，但后来只保留了最重要的轮部，又进而简化作"车"。这类字还有"戒"、"法"、"福"，等等。其三是用一些形体简单的物件替换形体复杂的部分。例如，小篆中从"辵"的字，如造，隶变以后绝大部分简化为从"辶"。

偏旁的归并。古文字中已有相当多的字其形体是由两个或两个以上的部件构成的（即所谓"合体字"）。综观各种部件，相同者少，相异者多，这样也造成了书写和辨认时记忆的负担，于是产生一种归并义近或形近部件的倾向。比如部首月，实际上是由月、肉、舟、动物的嘴，如龙、熊、羸（细腰蜂）等同化而来的；又如春、奏、春、泰、秦、奉等字的上部，也是由不同部首经同化而写法一样了。

当然，在汉字形体演变过程中，也有一些字由于形象化的需要等原因，存在着笔画或偏旁增加的现象：

增加笔画。笔画的增加有两种情况：一是为了使结构更为疏密匀称，如"保"字，甲骨文 𠈃，亻（人，父母）+子（子，幼儿）像一个大人张臂保护着小孩，金文 𠊠 误将搂孩子的手写成一撇 丿，有的金文 𠊤 则误将甲骨文中"子" � 和双手写成"呆" 𣎜。篆文 𠊻 承续晚期金文字形。隶书 保 将篆文似"子"非子的 𣎜 定形成"呆" 呆，至此面目全非。另一种是为了避免相互混淆，如"上"、"下"二字在古文字里本作 二、 ⌒，为避免与"二"字相混，后来各加上"竖"写作"上"、"下"。

增加偏旁。偏旁的增加也有两种情况。一种是增加义符，有的增加义符后意义更为明显，但没有变化，如"前—剪"，可谓叠床架屋，更多的是为了适应记录语言的需要以及区别同音异义的词，如"然"原来就表示"燃烧"的意思（用火烧肉），但后来"然"被借去表示"然而"等意思，于是又造了个"燃"来表示"燃烧"的意思，它们笔画和偏旁就比"然"增多了。这个方法很重要，因为绝大多数形声字都是这样创造出来的。另一种是增加声符，如"凤"由早期的象形字变为加声旁"凡"的形声字，等等。

简化和繁化是在有了文字以后就开始存在的、互相交织、贯穿始终的现象。简化是为了书写方便而创造新字，繁化是为适应语言的发展变化而创造新字。总的来看，繁化的现象虽然存在，但不占主导地位。汉字形体演变的总趋势是由繁趋简，小篆比甲骨、金文和籀文简便，隶书比小篆简便，楷书、行书又比隶书简便。

三、中国古代的书法教育

中国书法艺术伟大成就的取得，是与各个历史时期书法教育的推行密不可分的。中国古代一直很重视书法教育，从基础教育阶段的重视识字、书写，发展到科举考试以及官吏铨选时的重视楷法之美，直到在唐、宋时期形成了系统的书法教育专门机构，都鲜明地显示出中国人对"写字"的看重，从而最终形成了世界上独一无二的书法文化。

（一）中国古代书法教育概说

商代学校教育中已有文字书写的内容。如在殷墟出土的一个甲片上，重复地刻有五行"甲子、乙丑、丙寅、丁卯、戊辰、己巳、庚午、辛未、壬申、癸酉"连续的干支表，其中一行字迹特别工整，大概是教师所刻的范本，其余四行则歪斜不齐，显然是学生的习刻。这表明殷商时期的学校已经很重视对学生书写、契刻能力的训练了。

西周继承了夏、商的学校教育制度，建立了典型的政教合一的奴隶制官学体系，逐渐形成了一个以"六艺"为主体的教育体系。"六艺"即六门课程——礼、乐、射、御、书、数。书即识字与书写，表明当时文字的书写训练已作为"六艺"之一，成为学校教育的一项基本内容，据说当时的识字课本有《史籀篇》等。

秦始皇统一六国后，下令"书同文"，推行统一文字的政策。"书同文"是以秦国文字为基础，废掉其他六国文字中与秦文字不同的字，由此小篆成为现今各种书体的鼻祖。秦王朝对童蒙教育相当重视，在"书同文"后用小篆字体编写了不少识字课本，如李斯的《仓颉篇》、赵高的《爰历篇》、胡毋敬的《博学篇》等，这些字书，起到了对儿童进行书法基础教育的作用。

汉代十分重视文字教育，并辅以相应的制度来推广普及。据《汉书·艺文志》记载："汉兴，萧何草律，亦著其法，曰：'太史试学童，能讽书九千字以上，乃得为史。'又以六体试之，课最者以为尚书、御史、史书、令史。吏民上书，字或不正，辄举劾。"东汉鸿都门学实际上是一个进行书法交流、教育的场所，蔡邕的一些书法活动就和鸿都门学有着密切的关系。由他主持书写的《熹平石经》，在当时既是一本标准经书，又是一部标准字帖，对书法学习起到了订正字体的作用。汉代的书法教育与文化启蒙紧密地联系在一起，为汉代书法的辉煌成就打下了良好的基础。

魏晋南北朝时期，尽管各政权统治下的教育形式不同，但书法教习普遍受到重视，特别在上层世族中，书法成为童蒙教育的必修课。晋时在秘书监特设书博士一人，作为专职的书法教师，负责对书吏进行教育与培训。魏晋南北朝时期，士人阶层和平民阶层皆重视和喜爱书法，出了很多书法家，如王羲之、王献之等。书法在当时已成为一个专门的学业，师徒相授。

隋唐时期的书法是继汉晋之后的又一座高峰。据《隋书·百官志下》载："学生国子一百四十人，太学、四门各三百六十人，书四十人，算八十人。"可见，隋朝的高等学校中已设立了书法专业。唐代则延续了隋朝的做法，在唐朝的教育体制中，书法是一项必修的课程，设有专门的书法教育机构。据《新唐书》载："书学，博士二人，从九品下，助教一人。"如著名书法家褚遂良、柳公权等均为侍书出身。唐代考察、选拔人才，主要看四个方面：身、言、书、判。"书"的要求是"楷法遒美"，就连武官在谋文职时，也要取精于书法者。

两宋三百多年间，朝廷多重文轻武，教育、考试制度比唐代更加成熟，书法教育也同步提高。宋代学习书法的学生不仅要篆、隶、草兼习，而且还要学孔孟之道。对书法的评判不仅仅限于"均齐可观"，还要看"气清韵古"，"方圆兼备"，强调学习书法要具备全面的素养。宋代的这种对书法学习的要求是史无前例的。

元代，汉族文化受到一定的冲击，学校的书法教育也比不上前朝。明清时期的书法教育与唐宋时期一样，也是贯穿于整个学校教育的，《明史》中提到国子监的学生须"每日习书二百余字，以二王、智永、欧、虞、颜、柳诸帖为法"。从书法教育为科举考试服务这一点来讲，明清时期的书法教育带有很浓重的干预色彩，因而"台阁体"大行其道，士子竞相模仿，以邀功名。值得一提的是，虽然清王朝是满族贵族统治，但由于政治的需要，他们很快地接受了汉族的文化传统。识汉字、写汉字是接受汉文化的一条必由之路，从某种角度而言，不掌握书法艺术，就不能深入了解中国传统文化，所以清代的帝王，自顺治以下，都酷爱书法，且小有成就。

近代以来，虽然学校教育内容有所改革，增加了西方传来的自然科学等，但毛笔书写仍是文人中最常见的书写形式。

（二）中国古代书法教育的特点

古代书法教育依附于文化教育和科举制度，虽然书法比之经学、律学，地位有所偏低，但书法是学校教育的一项重要内容。古代的书法教育有如下几个特点：

1. 中国古代书法教育具有很强的功利性和实用性

中国古代书法教育的源起是出于实用。在中国封建社会里，书写是官吏选拔的一项基本的技能要求。这就决定了中国古代书法教育目的与国家政治意识具有天然的同构性。中国古代的书法教育经历了从文字教育到书学教育的过程，从技能学习到人格塑造，再到普遍价值观的建立，其目的的形成与演变也由外而内地体现出了一种浓重的政治需要——为统治阶级培养御用人才。因此，无论官方还是民间私学对此均很重视，即为科举考试服务。

事实上，在中国书法教育史上，不论是字体范式还是书体范式的确立都无不与皇权有关。这种导向作用更明显地体现于古代选官与书法教育的关系中。"籀书"、"史书"、"章程书"、"院体"、"台阁体"、"馆阁体"可以构成一条完整的线索，从中我们可以看到历代统治者意志对于书法教育的强大干预。这在明清时尤为突出，因此无论官学、私学，均比较重视楷书的训练。

2. 中国古代书法教育强调对人格的培养和道德的追求

古代书法教育的终极目是通过书法进行人格修养和道德修持以最后实现家国之治和圣贤之道。在"授之书"时，要求"书如其人"。书法教育客观上充当了促使人社会化的文化角色，具有特殊的社会功能，所以，历代统治者对书法教育都十分重视。在书法教育方面，呈现出一种典型的以"道统"观照"书统"的心理定势。项穆的《书法雅言》在这方面是具有代表性的，在他看来，书法的目的在于"书之作也，帝王之经纶，圣贤之学术"。[①] 运笔的"书贵中锋"、"和而不同"、"以退为进"，笔法、字法、章法中的"让"以及写字时要求的"凝神静思"等都充分体现了扬道重德、贵和尚中的政治伦理特点。

3. 中国古代书法教育比较重视字学

中国古代书法教育树立的规范意识使得中国人写字必须临帖，而且书写训练是与识字同步进行的，因此，古代的书法教育比较重视字学，《说文解字》是必修之课。如果临名家之帖而临得逼真，"得其神韵"，便受到内行的赞赏；如

---

① 项穆：《书法雅言·书统》，第 512 页，《历代书法论文选》，上海，上海书画出版社，1979。

果一个人写字别出心裁，自成体势，那么要得到大家的赞赏是很难的。书法的学习过程，即是被"法帖"之"法"不断规范的过程，是一个不断"克己"，忘掉"自我"，逐渐贴近法帖"古意"的过程，因为贴近了"古意"，也就是贴近了社会所认可的规范标准。

因而，书写者也偏重于人格的自觉和道德的追求，讲书法经验的学习和传承，不大看重哲学认识论的探索。所以，创作发达而理论薄弱，庞大的书写群体沉醉于书体笔画的摹仿，而忽略了对书学社会本质的探究与认识，他们在书法技巧的追求中，忽略了哲学思辨的价值和书学的主体性。

借助书法艺术，我们能够看到中国人心灵审美的极致。可以说，汉字这一独特的符号系统积淀了中国文化精神的内涵；一个汉字就是一个文化原型、一个意象世界。

第二节 汉字规范化的历程

语言文字的规范化包括两个重要的方面：一方面是根据语言文字的发展规律，结合社会应用的实际，确定使用的标准；另一方面是推广这种标准，使人们用合乎规范的语言文字进行交际，以提高交际的效率。

在不同的时代，汉字有不同的规范。如秦统一六国后，实行"书同文"以消除战国时期各地文字异形的现象，小篆就是当时的规范汉字。旧中国长期以繁体字为正体，以繁体字为代表的正体字也就成了当时的规范汉字。

规范汉字是对汉字整理的结果。这种整理工作，既是汉字自身发展的需要，也是社会发展的需要。我国历代政府都十分重视汉字的整理工作，这为服务于他们所处时代的规范汉字的形成和相应标准的确立奠定了基础。

一、古代汉字的规范化

汉字作为当今世界上最有生命力的古老文字之一，在几千年的发展和演变过程中，在文字形体和语音等方面，始终存在着单一与繁多、规范与不规范的矛盾。在各个历史时期，由于社会的政治、经济、文化、教育、军事等方面治与乱、盛与衰的差异，当时的掌权者和文人学士对待汉字规范的认识和态度也往往不同。

汉字作为人们记录汉语的工具，人们在使用时自然希望它结构简单，书写便利，利于使用。这样，在日常生活中就容易出现与正体字不同的随意书写的简体字、俗体字，甚至自造简化字，于是在社会上（主要是在民间）就出现了汉字的变异现象。但是各个历史时期的掌权者和管理文字的部门和官员，则要求文字具有稳定性，希望维持千百年传承下来的正规的文字形体。这样，变异性和规范性的矛盾便不以人的意志为转移，一直贯穿在汉字发展的过程中。从甲骨文到金文再到大篆，都是对原有汉字规范的突破，促进了汉字的进化。而秦王朝打破六国文字的旧规范，对古籀文加以省改，以小篆作为新的规范，这是汉字发展中极重要的一次变异。到了东汉，人们为了使书写更加便利，又将小篆圆转的笔画变成方折，于是隶书作为新的规范取代了原有的小篆。后来隶书变成楷书也是突破旧规范，树立新规范而来的。而每一次大的变异，都使方块字向着书写便捷和区分明显的方向不断发展和进步。

（一）古代汉字规范化的原则

　　从先秦到明、清，各个朝代的当权者和管理文字的官员，虽然对汉字变异现象的认识和所采取的措施有所不同，但从大的原则来看，不外乎两个，即着眼于当代的原则和立足于传统的原则。

　　着眼于当代的原则，就是对使用文字混乱的现象采取积极疏导的方针，尊重前代传承下来的传统文字，但对过于繁难、杂乱的文字要废除，使文字更有利于人们应用，也有助于安邦治国。秦始皇统一中国后，为了维护和巩固国家的统一，面对六国"言语异声、文字异形"的状况，决定废除六国文字，并将传统的正体字籀书、大篆整理简化改造而成小篆，作为秦国的规范用字，同时又允许使用写得比较简省草率、来源于俗体字的古隶书。同样地，唐代颜元孙的《干禄字书》，既维护正体字的权威，又对民间常用的后起字，社会上流行的通用字，也加以收录；他认为俗字"非涉雅言，用亦无妨"。所以秦代和盛唐时期的掌权者和有关官员，都是为了当时国家的统一和社会的稳定而采取了原则性和灵活性相结合的文字政策，既维护正体字的规范，又对使用俗体字、简体字不加排斥，甚至承认它们的合法地位。这种积极疏导的方针，更有利于汉字的健康发展，也更便于人们应用。

　　立足于传统的原则，就是对古代传承下来的文字奉若神明，对一字多体、用字混乱的现象不愿和不敢治理，对社会上流行的约定俗成的简化字、俗体字一概加以排斥，力图阻挡这些字进入正体字范围。宋元和宋元以后当政者和有关官员正是这样，面对当时汉字的变异现象，横加指责，不许广为流行的民间俗体字、简体字登入大雅之堂。他们实行的是封闭、保守的文字政策，企图墨守成规，抱残守缺。这样做只会造成社会上使用汉字正讹相混、是非不辨；不但不能治理好文字，反而可能增加用字的混乱。

（二）古代汉字规范化的主要方式

我国历史上的汉字规范工作主要表现在以下几个方面：

1. 整理汉字，订出标准字体，推出规范教本

《史籀篇》是西周周宣王时进行文字正形的范本；秦始皇统一全国后，在用小篆统一全国文字时，首先对秦文字进行了一番整理，订出了标准字体，李斯的《仓颉篇》、赵高的《爰历篇》、胡毋敬的《博学篇》就是这次整理的产物。

2. 刊刻石经，刊正经书字体，进行字体规范

石经指在碑石上刻的经书。东汉灵帝熹平四年所刻的《诗经》、《尚书》、《仪礼》、《易经》、《春秋》、《论语》等七种经书，是我国最早的石经，通常称作《熹平石经》。石经既有便于传写、校正经书文字的作用，同时也起到了规范字形的作用。

3. 编写字书，整理异体，辨别俗伪，统一字形

唐以后开始出现"字样"之书，对楷书的规范化起了一定作用，如《干禄字书》、《五经文字》、《九经字样》等。特别是《干禄字书》，曾被当作当时科举的字体标准，起到了规范字形的作用。

古代一些开明的君王和文人学士出身的官员在立足现实、着眼于当代的原则下，通过开展启蒙教育、编纂字书与字典等渠道和措施，为推进汉字规范所积累的经验，都值得我们认真地借鉴。

二、现代汉字的改革运动

我国在 20 世纪的汉字规范取得了显著的成就，这一百年的汉字规范工作，可以分为前后两个时期，每个时期大体上有 50 年。

（一）汉字拼音化运动

在 20 世纪降临的前几年，即甲午战争发生时，出现了切音字运动，它就是我国现代汉字改革的开端。

这个阶段有不少爱国人士纷纷提倡汉字改革，创制拼音方案。那时候中国人把拼音叫作"切音"，切音字运动就是现在我们所说的汉字拼音化运动。

"五四"时期，出于对中国落后状况的反思，一批了解西方文化和西方思想的知识分子把国力的落后归咎于教育的落后，又把教育的落后归咎于汉字的落后，于是提出废除汉字、改用拼音文字的口号。1918 年钱玄同发表《中国今后之文字问题》，像是声讨汉字的檄文。他提出："欲使中国不亡，欲使中国民族为二十世纪文明之民族，必以废孔学、灭道教为根本之解决；而废记载孔门学说及道教妖言之汉文，尤为根本解决之根本解决。"包括黎锦熙、傅斯年等人也

认为中国文字比英、法、德等国文字更难以掌握。

废除汉字的理由，归纳起来主要有：其一，汉字难学、难写、难认，是普及教育的障碍，拼音文字只要记住几十个字母，学习起来容易得多；其二，汉字不是记音文字，不能跟语言完全结合，不便推广白话文；其三，汉字不便记录来自欧美的现代科技名词；其四，文字是有阶级性的，几千年来汉字只为封建贵族服务，而不是为人民群众服务的。

从"五四"到新中国诞生前的 30 年中，中国先进的知识分子和学术界、教育界、文艺界不少著名的专家、学者、教授、作家都在关注和探讨汉字改革问题。1923 年国语研究会主办的《国语月刊》出版了特刊《汉字改革号》，发表了钱玄同的《汉字革命》、黎锦熙的《汉字革命军前进的一条大路》、赵元任的《国语罗马字母的研究》、蔡元培的《汉字改革说》等文章。这些文章明确地主张在我国采用拉丁字母。这个特刊的出版标志着我国的汉字改革已从切音字运动阶段进入到拉丁化运动的新阶段。1928 年，在苏联的瞿秋白、吴玉章、萧三、林伯渠等开始了创制中国拉丁化文字的工作，不久由瞿秋白写成《中国拉丁化字母方案》。实践证明，《中国拉丁化字母方案》是开展拉丁化运动的又一重要成果，这个方案与黎锦熙和赵元任创立的《国语罗马字拼音法式》是"五四"以后各种拉丁化方案中最完善的两个拼音方案。1931 年 9 月，中国文字拉丁化第一次代表大会在海参崴开幕，大会通过了《中国文字拉丁化的原则和规则》。

当时也有人不赞成废除汉字。例如，1936 年吴俊升提出："我们教育者实在不应也不必附和废弃汉字的提议，而应在改良汉字的教学上多用功夫。第一，应该更适当的确定常用字汇，以为教学的根据；第二，应该就儿童学习的心理和汉字本身的体系，研究出汉字的经济学习法。"[①]这是想通过改革教学方法来提高学习汉字的效率。1940 年 5 月 24 日，当时的教育部主管人员对中央社记者发表谈话，认为汉字"历史悠久"，有"六书之明体用"，而且"中华民族之所以巍然独立于世界，绵延数千年，文化之寄托，民族之团结，实有赖于文字之统一"；说拉丁化新文字不标声调，有很多同音词，"欲易更难"。这是对汉字价值的正面肯定和对拉丁化新文字是否容易学习的质疑。

不同意见的对垒，使人们对汉字的认识逐渐深化和全面，诸如汉字可以立刻废除，文字具有阶级性的一些偏激认识也逐渐得到克服。

（二）汉字拼音化存在的问题

拉丁化新文字从 20 世纪 20 年代末开始尝试推行，一直持续到新中国成立

---

① 转引自王力：《中国语言学的现状及其存在的问题》，载《中国语文》，1957(3)。

的 1949 年。实践表明，拼音文字必然受到劳动大众欢迎的说法主要出于一些知识分子的推测和想象，在实际推行过程中遇到了许多难以预料和克服的困难。

首先，中国数千年的文化都是用汉字记载下来的，一旦把汉字废了，将来的中国人就无法阅读古书、了解中国文化。

其次，中国文字原本是一字一音，同音的字太多，用拼音拼起来，不容易分辨清楚；"只要说出来能听得懂，用拼音写出来就一定能看得懂"的推测并不正确。现代语言界的泰斗赵元任很反对汉语拼音化，他曾写过一篇文章叫作《施氏食狮史》，全文共九十二字，每字的普通话发音都是 shi，用拼音来表示就根本不能懂。

最后，同一字各地读音不同，个人按照自己的乡音用罗马字拼出来，会变成完全不同的许多字，统一的文字与国家的统一有密切的关系，破坏数千年来文字的统一，其后果是不言而喻的。

汉字是世界上最稳定的文字之一，汉字支撑的书面语言在稳定中进步和演变，因此沿着既定轨道它大体上能适应不同时代的总体需求。但是，从汉字到汉语也还有许多不尽完善的地方，于是它又不能满足每一时代的全部需要。汉字字多难学，然而它的语素音节性质和几千年的定向发展又使拼音文字难以简单取代它。

三、现行汉字书写的规范化要求

经过数千年的发展，不仅汉字的字数越来越多，而且一字多形的问题也越来越严重，这就给人们的识读和书写带来了极大的不便。新中国成立后，党和政府十分重视文字整理工作，在解放初期就成立了专门机构——中国文字改革委员会。1985 年，为适应新时期语言文字工作的需要，党和政府又将"中国文字改革委员会"更名为"国家语言文字工作委员会"。50 多年来，这个"专门机构"在整理和简化汉字，制定汉字的规范性标准，指导汉字的规范化运动等方面，做出了巨大贡献。汉字整理的成果形式主要表现为字表，如《简化字总表》、《第一批异体字整理表》、《普通话异读词审音表》、《现代汉语常用字表》、《现代汉语通用字表》、《部分计量单位名称统一用字表》、《信息交换用汉字编码字符集基本集》，等等。这些字表是现行规范汉字的主要依据。

所谓现行规范汉字，是指新中国成立以来由政府发布的规范标准所规定的汉字。现行规范汉字的标准由国务院颁布实施。为推动国家通用语言文字的规范化、标准化及其健康发展，使国家通用语言文字在社会生活中更好地发挥作用，促进各民族、各地区经济文化交流，2000 年 10 月 31 日，第九届全国人民代表大会常务委员会第十八次会议通过了《中华人民共和国国家通用语言文字法》。《国家通用语言文字法》规定：本法所称的国家通用语言文字是普通话和规范汉字；国家推广普通话，推行规范汉字。按照《国家通用语言文字法》的规定，在公务活动、新闻媒体、教育教学和公共场所等社会交际领域，说话、写字不再纯粹是个人的行为，而是应该符合法律规范要求的社会行为。《国家通用语言文字法》的颁布，是号召全社会树立语言文字规范意识，自觉地按照法律的规定使用语言文字的号角，它标志着语言文字规范化、标准化全面纳入法治轨道的开始。

不少在校师范生并没有较全面地了解汉字标准化、语言规范化及其在实际使用中如何做到规范化等内容，因此，无论文科生还是理科生都有必要对此做进一步的了解，从而才能更好地理解"汉字及其书写符号的规范"对于教师这一职业的重要意义和专业要求。

（一）现行汉字书写的原则

我们在进行汉字书写时，应遵守以下几条原则：

1. 不写繁体字

大概是因为"以繁为美"、"以古为正"的观念在作怪，或是受港台文化影响，近年来写繁体字的风气盛行起来，有些地区街、市招牌匾额繁体字的出现率竟达到50％以上。例如：

艺术（藝術）　师范（師範）　种类（種類）　医疗（醫療）

作为准教师的师范生，绝不能助长此风。当然，如果是出于学习古代文化的需要或进行艺术创作而使用繁体字，这是可以的。总之，具体问题要具体分析，不能一概而论。

2. 不写异体字

比如，在下列各对词语中，我们选择前者而不选后者。

迹（跡）　栖（棲）　舔（舐）　峰（峯）

3. 不写俗体字

俗体字主要有两部分。一部分是"二简"方案中的字。1971年12月20日，我国公布了《第二次汉字简化方案》。由于方案一味求简，片面地以为越简越好，很多字的简化又不符合汉字的造字法，结果导致在总体上违背了约定俗成这个原则，不利于社会的应用。为保持汉字形体的相对稳定，国务院于1986年6月24日宣布废止这一草案。例如，"仪"、"边"、"甾"，这是二简方案中的字，已经不能再用，书写时要写规范的"信"、"道"、"留"。俗体字中还有一部分是民间自造的、从未被承认过的简化字。例如，"炒饭"写成"炒反"，"鸡蛋"写成"鸡旦",将"饭"简化成"反","蛋"简化成"旦",都是不规范的。

教师肩负着教书育人,培养祖国新一代建设者与接班人的重任,在汉字规范化方面,不但自身要率先垂范,而且要认真教育学生读写规范汉字,这既是国家法令的要求,也是教师职业素养的内在要求。为此,师范院校的学生必须确立用字规范的意识,加强正确书写规范汉字的训练。

(二)纠正汉字非规范化书写的主要方法

汉字规范化的意旨主要是:着眼于纠正错别字和修改语用错误。

1. 从主观、客观两方面入手防止和纠正错别字

首先,要树立严肃郑重的用字文风。重视用字的规范化,在我国是有历史传统的。文字是为群众服务的社会交际工具,维护它的纯洁性和规范性,是社会交际对我们的约束。文字上的误差,小则贻笑大方,大则贻误读者,甚至招致重大损失。所以,落笔匆匆,草草了事,是用字规范观念不强和文风不够严肃的表现。树立严肃郑重的用字文风,是防止错别字的重要的社会条件。就个人而言,要从思想上重视起来,养成一丝不苟地写字、用字习惯,勤查字典词典,把消灭错别字认真当作一件事来做。

其次,要加强对错别字的辨正认识。针对汉字本身致错致别的根源,联系字的形、音、义三要素,对错别字进行正误分析比较,找出规律,从理性认识的高度纠正错别字。具体方法有:

(1)通过分辨字形掌握字的正确写法。就是要弄清字的结构;辨别相似的形体;注意前后偏旁的互相影响。

(2)通过分辨字音掌握字的正确写法。就是要分辨形声字声旁的不同读音;辨别方言读音容易相混的字;还有些字声旁相同,读音不同,也需要识别记忆。

(3)通过分辨字义掌握字的正确写法。就是要了解不同形体的特定含义,了解词语的本义,了解成语的来源等。

2. 语用错误的产生与纠正

用词造句,是为了交流思想、传递信息。无论是状物、叙事、说理、抒情,都必须根据交际的需要,从已有的词汇中选用最贴切的词语,准确地表述事物事理,准确地表达思想感情。因此,准确是用语最基本也是最重要的要求。

语用错误的产生。常见语用错误产生的原因多为理解不透、事实不符、词类不对、语义不简、简省不妥、轻重不当、范围不合、对象不准、褒贬不分和含义不清等。

语言运用中要做到用语规范,除了要掌握必要的现代汉语语法知识外,还要做到"吃透两头":一是要准确理解词义,包括所用词语的内在含义、使用范

围、搭配对象和褒贬色彩，并掌握其所属的语法词类；二是要对反映的客观事实、现象深入考察，充分了解，去粗取精，去伪存真。为此，平时要留心学习和积累。如果对各个词语了解不透，我们就要借助词典，并运用所学的汉语知识理解、鉴别后，再准确运用。

（三）语言规范化的推进方法

在社会急速发展的进程中，语言也在不断地发展，语言的规范化是语言发展中非常重要的问题，要推进语言的规范化，应从以下几方面着手：

1. 加强规范意识

语言的规范代表着一个国家和民族的文明程度，民族共同语的确立与推广，有利于人们的交流，有利于国家的建设与发展。2000 年 10 月 30 日颁布《中华人民共和国国家通用语言文字法》，规定了"国家推广普通话"。

2. 摆正追求时尚与遵守规则的关系

目前语言不规范现象的重要原因之一，就是使用者盲目地追求时尚与新奇，而忽视语言的规则性。模仿强势方言，中英混写，滥用外来词，生造新词，这不是时尚与创新，而是对规则的背离，是民族文化意识脆弱与不成熟的表现。

3. 加强语文教学，提高全民正确使用祖国语言文字的能力

语言文字是语文教学的内核。突出语言文字的核心地位，由文入手，以文悟道，因道学文，文道并进，才是语文教学的核心价值。

4. 尊重语言自身的特点

任何一种语言都是民族的，语言的灵魂是民族精神，汉语的民族性表现得尤为突出。在对新词的选择与淘汰的过程中，我们要充分考虑汉语的民族特点，尊重固有的语法规则，选取符合汉语自身特点的新词加以推广。

5. 尊重语言自身的发展规律

语言的发展是一个缓慢的过程，又是一个相对独立的过程，在发展中既有继承，也有创新。无论是继承，还是创新，都要遵循经济实用、约定俗成的发展规律，既不可对语言的混乱趋势放任自流，从而加剧语言的不规范现象；也不可固守教条，阻碍语言的发展。

第三节　规范汉字的书写技能

文字书写是教师教学行为的重要方面。它不仅是一种实践活动方式，也是一种心智活动方式。所谓书写技能，是指运用书写工具和材料书写文字的技巧

和能力，是通过训练而获得的。

书法讲究艺术，书写讲究实用。书写是书法的基础，书法是书写的升华。写字，不仅是一项重要的教学基本功，而且是一个人文化素养的体现。中国教师书写技能所依托的是具有深厚文化底蕴和精神内涵的传统书法艺术。中国书法是从实用书写中产生的艺术，它通过汉字书写，借助于线条笔墨，构筑成完美的艺术形象，并且将民族特有的情感和审美理想融注在线条和笔墨之中。

现代学校教育中，教师常常需要"书写"：或是布置校园文化环境，或是上课时在黑板上演示，或是撰写备课笔记、批改作业……不同情况需要用到不同的书写工具，而不同的书写工具又有不同的书写技能，所以，教师的书写技能又可以分解为毛笔书写技能、钢笔书写技能和粉笔书写技能三种，即所谓教师职业"三笔字"技能。根据教师职业的特殊要求，师范院校学生进行书写训练的侧重点不是艺术的书法，而应该是实用的书写。但是，这种技能的训练，不能仅仅是浅层次的技巧技法训练，而要以学生对中国文化艺术的了解和喜爱作为基础；相关训练的最终目的，是使学生在获得书写技能素养的同时，提高文化素养，丰富精神世界，并为日后成为一名合格乃至优秀的教师打下良好的基础。

尽管毛笔字、钢笔字和粉笔字有许多差异，但是它们的书写对象都是汉字。在实际情况中，能够写出一手漂亮毛笔字的人，往往也能写好钢笔字和粉笔字；而能够写好钢笔字的人，却不一定能写好毛笔字。另外，通过毛笔书写技能的训练，不仅可以帮助学生掌握教师必备的书写技能，还可以增加学生对于传统书法艺术感性的体验，提高其欣赏书法艺术的能力。因此，"三笔字"的训练中，毛笔书写训练是关键。这是因为中国毛笔书法历史悠久，具有丰富而完备的技法技巧理论知识和实践范例，是钢笔字和粉笔字书写训练取之不尽、用之不竭的源泉。我们将着重介绍练习毛笔书写的相关知识、方法和技巧。

一、毛笔字的书写

毛笔书写技能是指教师掌握运用毛笔书写汉字的技巧和能力。同学们可以着重从毛笔书写工具的选择、如何选帖与读帖、临摹技法和书写要领四个主要方面循序渐进地学习。

（一）毛笔字书写的工具

书写离不开书写工具，书写工具的好坏对写字有一定的影响。常言道："工欲善其事，必先利其器。"精良的书写工具对书写技能的发挥确实是有帮助的。而且，考究的工具本身就给人一种美的享受，它能助长书写的兴致。毛笔字的书写工具主要有笔、墨、纸、砚，它们被誉为"文房四宝"。学会选择、使用和保养这些工具，对写好毛笔字有直接的影响。

1. 笔

在我国，创造毛笔的历史有五六千年了。考古发现在殷商时期就出现了原始的笔，现在我们能够见到的最早的毛笔实物是 1954 年在湖南省长沙市左家公山的战国楚墓中出土的毛笔。我国的制笔历史上，主要有"宣州笔派"、"湖州笔派"和"北京笔派"这三大流派。

笔最重要的部分当然是笔毫，所以笔的种类主要以"毫"来划分。就其原料和性能来说，可分为"软毫"、"硬毫"和"兼毫"三大类。软毫主要是选用羊毛、鸡毛等制成，软毫的特点是柔软圆润，容易濡墨，写出的字丰满而富有变化。硬毫主要有紫毫和"狼毫"，"紫毫"用兔毛制成，因色呈黑紫，故称"紫毫"；"狼毫"则是用黄鼠狼的毫毛所制，硬毫性质坚韧，弹性较强，锐利劲健，容易上手得势。兼毫是以羊毛和其他兽毛配制而成。此类笔，有紫毫与羊毫兼制而成的，也有鸡毫与狼毫兼制而成的，有偏硬的，也有偏软的，关键在于相兼成分各占的比例不同，其特点是刚柔相济、软硬得手。

2. 墨

墨是用来书写的黑色颜料，是我国特有的发明。墨的历史悠久，最早可以上溯到新石器时代，当时已有用墨色作美术装饰，不过那时可能是利用天然矿物质，与现在的墨不尽相同。周代正式出现了墨，据《述古书法纂》记载，西周"邢夷始制墨，字从黑土、煤烟所成，土之类也"。值得一提的是，唐末，河北易州著名墨工奚超、奚廷珪父子制出的名满天下的"徽墨"具有"丰肌腻理、光泽如漆"的特点，表明古代制墨技术已达到相当高的水平。清代光绪年间，我国在墨的制作上又创出一条新路，发明了液体墨汁，这比使用墨锭要方便许多。

墨的种类繁多，如按墨的原材料来分，大约可分三种，即松烟墨、油烟墨与油松烟墨。松烟墨无光泽，油烟墨有光泽却不浓黑，油松烟墨色浓而又有光泽。

在现代，墨锭的观赏价值已远远超过其实用价值，它更多是被看成工艺品。现代人运用毛笔书写时，为了节省时间及方便起见，盛行使用墨汁。目前，市场上的"一得阁"、"曹素功"、"中华"、"书画"墨汁及各地生产的普通墨均可以作为书写用墨。需要注意的是，使用墨汁前，要将墨汁轻轻摇匀，不要在瓶内添水或倒入用过的宿墨，以免墨汁变质发臭。

3. 纸

纸是我国古代"四大发明"之一，我国是世界上最早发明纸的国家。宣纸是传统的书画用纸，因为产于安徽宣城地区而得名。宣纸用檀树皮制成，因其纤维长、力度强、耐挫折、抗老化、不变色等特性而享有"纸中之王"的美称。

不过，对于书写技能训练来说，并不需要用昂贵的宣纸，最好选择便宜、吸水性强、比较粗涩的纸，如毛边纸、元书纸，皮纸等，也可以利用旧报纸，但不适宜使用质硬、光滑而不易吸水的纸。

4. 砚

砚是书写时注水、磨墨及舔笔的工具，俗称"砚台"、"砚池"或"墨海"。砚台早在春秋战国时代已经出现，到汉朝时更是被普遍使用。古代的砚，用料考究，制作精良，不仅具有实用价值，而且具有极高的观赏价值，常常成为文人摆放在书房中的艺术品。

砚因制作材料的不同，可分为玉砚、陶砚、石砚、砖砚、瓷砚等，其中以石砚为最佳。石砚中又以产于广东肇庆端溪的"端砚"和产于江西婺源（古属安徽）的"歙砚"最为名贵，产于山东的"鲁砚"和产于甘肃的"洮砚"次之。现代人运用毛笔书写，一般不研磨取墨，故砚已失去普遍的应用价值。

(二)毛笔字的选帖与读帖

学习书法必须从临摹碑帖入手，这是不可缺少的基础训练。碑帖是我国历代书迹保存和流传的重要形式。"碑"是指石刻的拓本，"帖"是把前人的手迹摹刻在石版或木板上，再拓印成帖。

1. 选帖

中国历代碑帖浩如烟海，风格千差万别，书艺也有高下之分，不是任何一种都可以作为初学者的临摹范本。当今充斥市场的当代人出版的字帖，更是鱼目混珠，泥沙俱下，选择这类字帖时，更要慎之又慎。在选择字帖时要注意以下几点：其一，要选择最优秀的碑帖作为临摹范本。古人云："取法乎上，得乎其中；取法乎中，得乎其下。"选择最优秀的碑帖，那么起点就高，一开始就走上了正确的道路；其二，初学写字，贵能获得法度，能应规入矩。所以应该选择法度型的字帖作范本。有些字帖，老辣高古，不拘法度，是书法家晚年人书俱老的作品，艺术境界虽高，但不适宜初学；其三，用帖不能强求一律，应该尊重各人的兴趣。俗话说，兴趣是最好的老师。对自己喜欢的字，总会情不自禁地想看、想学，写起来感觉轻松愉快。之所以喜欢，其中一定有与自己的内在气质相契合的地方。有这种契合，学起来便容易上手，易见成效。

汉字一般可分为篆、隶、楷、行、草五种字体，究竟应该从何种字体入手，历来争论不休。矛盾的焦点一般集中在隶、楷两体。如果从教师的工作和学习需要出发，顾及字体在现实生活中的实用性，学书应从楷书入手。楷书点画规范，笔法丰富，结构端正，法度森严，集中体现了书写中的用笔、结构法则。不管从实用的角度还是从艺术的角度看，学好楷书都具有重要意义，而且适宜作为教师的职业字体。

另外，行书是介于楷书和草书之间的一种字体，它写起来比楷书方便快捷、灵活多变，认起来又比草书清晰易辨，因而受到人们的广泛欢迎。可以说，行书是当前手写汉字的一种通行字体，也是教师职业"三笔字"书写中使用最多的字体，实用价值最大。但有些人认为，写行书无须临帖，这是不正确的。行书作为一种独立的字体，结字当讲究行法，用笔有其自身规则。对此，古人已总结出丰富的经验，留下了大量的行书法帖。如若置之不理，偏要自行创造，不仅不能合乎法度，而且也难以美观，不过"野狐禅"罢了。所以，学习行书也要临帖。最好在选帖时能选择与所临楷书法帖的风格特征相关联的法帖，以便临习时相辅相成，齐头并进。

2. 读帖

读帖是临帖的一个重要环节。临帖是为了掌握书写方法、技巧，提高手上功夫，读帖则是为了培养分析能力，加强理解能力，提高鉴赏能力。读帖对于不断提高学书者的艺术修养，有潜移默化之功。

读帖不同于读书，读书重语言，即对书写的准确、语辞的美妙、语言的内涵等因素给予关注。读帖则不然，它重视的是文字形式在书写过程中的全部法则和艺术因素，即对笔法、结体、章法、势态、意趣、神韵等诸多因素给予关注。这与其说是"阅读"，不如说是"观察"、"玩味"更加确切。

那么如何读帖？书写者如何从读帖中受益？

分析法是研究性的读帖方法，对初学者的临帖具有直接的指导作用。当初学者选择了某一本碑帖之后，要对其点画、用笔、结构等最一般的特点进行理性的分析研究，仔细揣摩，深刻体会。这样才能得之于心，用之于手，心手相应，迅速从无法到有法。

记忆法是为了脱帖后独立地书写汉字。从临帖到脱帖是有一定距离的，这需要凭借记忆去背临。碑帖的气息、格调、韵味、行气、笔势、笔意等，往往因为其"模糊性"和"互渗性"而很难用语言解释清楚，需要通过反复玩味与不断感受，于赏心悦目中不知不觉地心领神会，才会获益匪浅。

比较法是要求学书者在对某一本法帖进行专一临习的同时，将它与同一字体的其他两种或两种以上的法帖进行比较分析。这样有利于学书者对所临法帖个性特征的认识，以及对其外在形式和内在意蕴作全面的把握。如对楷书"四大家"中欧体、颜体、柳体、赵体进行比较，各自个性分明：欧体险劲、颜体浑厚、柳体挺拔、赵体清媚的风格特征都在具体的点画、用笔、结构的比较中显而易见。临帖只能是重点约取，而读帖可以广泛博览。

以上几种方法在读帖过程中不是决然分割的，而是紧密相关、互为依存，而且一定要和实践临写相结合，心摹手追，才能收效。

(三)毛笔字临摹技法

临摹即依照字帖进行摹写和临习，这是书写训练的主要内容。

要练好字，就必须遵循一定的法度。怎样用笔，怎样结体，都是有法则、有规律的。要想掌握写字的法则和规律，并且将它转变成书写技能，唯一的途径就是反复不断地进行临摹；要改变不良的书写习惯，也只能通过临摹。临摹是练字最好的"捷径"。历代书法家学习书法都是从临摹开始，即使是后来在艺术上取得了很高的成就，他们也仍然临帖不辍。他们把临摹当成汲取艺术养料、激发创作灵感的有效手段。

临帖是对前人书写技巧的一种摹仿性练习。摹仿过程，就是熟悉、掌握一般规律的过程，也是练习基本功的过程。一个人的字写得好与不好，关键在于间架结构和点画用笔是否符合法度要求。所谓练字，就是通过练习来逐步掌握某种字体结字和用笔的法则，学会表现其特点的技巧。临帖即是实现这一目标的唯一途径。

然而，临帖不等于抄帖。如果能够掌握和运用得当的临帖方法，往往可以取得事半功倍的效果；反之，则会事倍功半，白费时日。临帖的方法我们一般可分为摹写、对临、背临、意临四种。

1. 摹写

摹写比较容易，这是初学阶段常常采用的一种方式，传统的做法主要有描红、双勾填墨、映格等。摹写对于掌握范本字的形体结构有帮助，但往往由于机械地描摹而无所用心，结果写不出帖中笔意，而且也记忆不牢。根据师范院校在校学生的年龄结构来看，由于具有较强的直观感受能力，学生大可不必运用这种练习方法。

2. 对临

通过观察和理解来模拟范字，要求忠实于字帖，有人称之为写实性临写。临字可与范字一般大，也可以扩大和缩小。对临不仅要临笔画的形态，还要把握字的结构和神韵。对临时，应看一字写一字，甚至一连看几个字，然后一气呵成，避免看一笔写一笔，造成结构松散、笔意多失。现在大多数学书者直接采用这种临帖方法，教师书写训练可从此法起步。

3. 背临

背临是在对临的基础上，不看字帖，凭记忆默写范字的一种方法，要求尽量保持范本中字的原形，有人称之为印象式临帖。背临的优点很突出：背临既能增强对范字的记忆，检验临帖的熟练程度，又能促进对笔意的理解，为脱帖后独立书写汉字和进行书法创作做好准备。

4. 意临

现代摹仿心理学认为，摹仿可以是再创造性的。意临就是带有创造性的临习方法，也可以称之为对范本书法的再创造。即临帖中强调主观因素的自由发挥，不求一字一画与范本肖合形似，在用笔和结构等方面都渗入了个人的理解和方法，而着重追求其行气及整体的神韵、意境，故有人称之为表现性临写。如果说对临、背临是"入帖"，属"无我"阶段，那么意临则是为了"出帖"，走向"有我"阶段。"入则重规叠矩，出则奔逸绝尘。"可见意临是临帖的最高阶段。初学时切不可采用这种方法。

(四)毛笔字书写要领

笔法是指操持使用毛笔的方法和技巧，被认为是书法技巧中最重要的基本功。如果说练习毛笔字有捷径可循的话，那么，掌握正确的笔法就是行走在捷径上。

书写涉及书写者的身手，尤其执笔，需要指、腕、肘、臂乃至全身的配合。因此，我们谈笔法，自然离不开书写姿势和执笔的方法。

1. 书写姿势

书写姿势直接关系到执笔和用笔，不可忽视。写字时，身体姿势得当，不仅有利于写好字，而且还有益于身心健康。另外，汉字形体的平直、对称、稳重、端正等特点也要求书写者必须身正、头正，才能笔正、字正。如果写字时不注意姿势，已经养成了一些不良的习惯，应当下工夫赶紧将它纠正。

写毛笔字，主要有坐书和立书两种姿势。一般写中小字取坐势，写大字则取立势。日常写字，坐着写的时候为多。坐着写字，姿势要上身端正，两脚平踏地面，右手执笔，左臂横案，让左侧右，双目注视着笔端。其基本要求是头正、肩平、身直、臂开、足安。

2. 执笔方法

所谓"把笔无定法，要使虚而宽"，意思是执笔无固定方法，但无论怎样执笔，做到"虚"和"宽"是定则。要体现出这"两条"法则，执笔就要做到：笔杆垂直、指实掌虚、运动灵活。

执笔方法中，被认为最合理的是"五指执笔法"（见图 1-1)，即"撅、押、钩、格、抵"。自古而今，这种执笔方法被书家们普遍采用。

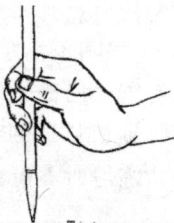

图 1-1

"擫、押、钩、格、抵"这五个字，分别说明了把握笔管的五个手指的作用。

擫：大拇指指肚紧按笔管的左内侧，用力于右前方。

押：食指中上端压住笔管右外侧，用力于左下方，与拇指相对。

钩：中指上端钩住笔杆，助食指与拇指相对。

格：格，即挡住的意思。无名指指甲根部紧贴笔管，由左内侧向右上方推动。

抵：抵，取垫、托之意。小指紧托无名指，和无名指一起挡住中指的回钩之力。

以五指法执笔，五指齐聚，紧贴笔管，这就是"指实"；五指向内弯曲，手掌中空，形同握卵，这就是"掌虚"。指实则笔稳，掌虚则灵活。"指实掌虚"是一项关键性的执笔要领。

执笔还涉及笔位问题。所谓笔位，是指执笔的高低深浅而言。执笔过高不易稳，执笔过低不易活。唐代的虞世南说："笔管不过六寸，捉笔不过二三寸，真一、行二、草三。"一般认为，从无名指的指节算起，楷书约离笔头一寸左右；行书高一些，在二寸左右；草书更高一些，在三寸左右。

3. 运笔腕法

腕法是执笔中腕部的状态，分为枕腕、提腕和悬腕三种。枕腕是以左手背垫在右手腕下，但不要枕得太死，多用于写小字；提腕是将右肘搁在桌面，而腕部提空，比枕腕运笔灵活，适宜写中楷；悬腕是指手腕与肘部都要离开桌面，悬腕必须悬肘，大楷及草书必须要用悬腕法。悬腕、悬肘，对初学者来说开始有些困难，而且难免腕部、肘部疼痛，但坚持一段时间，便可施展自如，无束缚之感。

4. 楷书用笔"三步骤"和"三原则"

姜夔在《续书谱》中说："一点一画，皆有三转；一波一拂，皆有三折。"[①] "三转"、"三折"，即书写过程中的起笔、行笔和收笔。用笔"三步骤"，是指楷书中的任何点画都包括这三个部分或者说是运笔的三个步骤。而用笔"三原则"，是指不论书写楷书中任何一种笔画，在运笔过程中都要贯彻逆锋起笔、中锋行笔、回锋收笔的三种用笔方法，这三点构成了楷书用笔的最基本原则。用笔"三原则"是贯穿在"三步骤"中得以体现的，而"三步骤"是行笔过程的三个环节，练习时不可截然分割进行，须紧密衔接，一气呵成(图1-2)。

---

① 姜夔：《续书谱》，见《历代书法论文选》，第388页，上海，上海书画出版社，1979。

总的来说，初学阶段最重要的是平正。孙过庭在《书谱》中说："初学分布，但求平正；既知平正，务追险绝；既能险绝，复归平正。"①这里的第一个"平正"，就是我们所说的初学阶段要强调的结字端稳，重心平衡；"险绝"讲的是取险势、求变化；后一个"平正"指的是艺术形式上的返璞归真，自然天成，是艺术上的最高境界。

图 1-2

二、钢笔字的书写

钢笔书写技能，是指教师掌握运用钢笔书写汉字的技巧和能力。钢笔书写是硬笔书写范畴中的主体，也是教师职业技能的重点训练对象。教师运用钢笔书写范围广泛，如写备课笔记、批改作业、起草一切函件等，无不利用钢笔书写。而且，教师的钢笔字是否规范、美观，也会对学生的书写产生直接的影响。钢笔书写重在应用，教师应该注重对规范汉字和简化字的书写训练。

目前，汉字的硬笔书写尚未形成一套比较系统而科学的基础训练体系，对其源流、价值、品评、工具、性能、形式、技法、自身特质、艺术内涵等一系列问题，都尚在探索之中。

应该看到，作为现代硬笔书写工具的钢笔，在形式上与传统书写工具——毛笔截然不同，但它们表现的对象却是一致的，即都是汉字。汉字的笔画、结体、章法、幅式等表现形式，属于结构方法的内容。不论是钢笔书写还是毛笔书写，这两者在汉字结构这一方面，书写的原理、法度几乎是一致的。因此，它们在书写技能、方法上是相似的，有的甚至可以照搬。

钢笔书写根基于毛笔书写，两者有着密切的联系，但由于使用两种不同的书写工具，两者又有着各自不同的特点。我们要比较分析钢笔与毛笔书写的异同点，从中了解钢笔书写的特性，从而掌握钢笔书写的方法要领。

（一）钢笔字书写的特性

首先，钢笔书写尽量要以毛笔书写为基础。对初学者来说，如果能够穷源追本，知难而进，先学毛笔字，有一点毛笔书写的基础，了解毛笔书写的基础知识和基本技法，那么练习钢笔字便可事半功倍。当然，直接进入钢笔临帖的书写训练也未尝不可，但重要的是仍然要和毛笔书写训练一样，先临摹碑帖，

---

① 孙过庭：《书谱》，见《历代书法论文选》，第129页，上海，上海书画出版社，1979。

把临摹作为学书的第一手段和登堂入室的捷径。

其次，钢笔书写要借鉴毛笔书写。要写出具有毛笔字风味的钢笔字，宜先选用毛笔字的小楷法帖作为钢笔字研习的范本，以临毛笔字帖作为临习训练的第一阶段。若范本的字较大，可用复印机缩小至接近钢笔字的大小，令字体硬柔粗细的差距缩小，便于领悟，从而把握钢笔笔画。

研习方法可采用"单钩"摹写法和临写法。

"单钩"摹写即以透明、半透明的薄纸，蒙在书法真迹上面，笔尖沿着点画的"中路"走，写成一个个钢笔字。"笔随影走"，一则"易得位置"，摹出来的字与帖上的范字是相仿的；二则易于提炼各种笔画形态的特征。由于钢笔缺乏毛笔的弹性、柔性，不如毛笔字在笔画表现上那么强烈，因此就更需要凭借毛笔字笔画，去提炼和铸造钢笔字笔画的真正面目。钢笔字的摹写不应对范本上的笔画外形做勉强的摹拟，而应尽量表现范本点画的运动趋势、力度变化、节奏变化及结构章法的特征。花一定时间进行钩摹训练，是书写训练中不可忽视的环节。

临写，即面对毛笔字字帖，用钢笔仿写，能多得范本笔意。这是书写训练中最重要的阶段，也是一个较长的训练过程。一般来说，"临写"的过程是"无我"的阶段，学书者应该努力从范本中感受体悟，不必掺入太多自己的书写意识。只有这样，才能在离开范本时，改掉原来不良的书写习惯，否则是徒费时日。

最后，钢笔书写应选择今人规范化的钢笔字帖作为书写训练的范本。学古人法帖定基础，是因为古人法帖经过历史检验和筛选，临习它可以避免不良的习气。同时，在临习中提高了识别鉴赏的能力，再选择现代钢笔字字帖，"眼力"就高，便能"取法乎上"，效应更佳。

总之，钢笔书写与毛笔书写一样，都有特定的法度。钢笔书写要根据自身的特质，掌握"入门"的要领。如果随心所欲、不入规矩地横涂竖抹，就不能彻底改掉自己原有的书写弊病，也无法在钢笔书写上取得进步。

(二)钢笔字书写的执笔方法和运笔技法

有人认为，用钢笔写字不必讲究执笔，用不着专门训练，这种错误的认识常会导致不正确的执笔习惯。如有的执笔如握拳，笔杆未执在手指的上节端，而是握在各手指的屈节上，用笔难控制、不灵活；有的像执毛笔那样，掌竖笔垂，也不利于充分发挥钢笔的性能。钢笔执笔不像毛笔那样复杂严格，但依然需要有正确的执笔法。根据钢笔的特性，最好采用三指执笔法，"捏、垫、挡"三字诀是其执笔要领。"捏、垫、挡"，就是用拇指和食指捏住笔杆，中指挡住下方，无名指垫在中指下方，小指垫在纸上（见图1-3）。

钢笔书写中的运笔，依然要遵循汉字书写的一般规律，结合钢笔的特质，重视运笔的技法，通过手的运动，使用笔写成点画，组成既有意味，又具美感的字形。

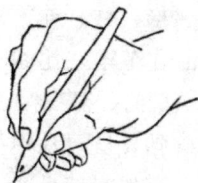

图 1-3

钢笔笔尖不像毛笔笔锋柔软，它是用金属制成，硬而尖锐，弹性差且运动幅度小，因而运笔时不能像毛笔那样逆锋、换锋、提笔、顿笔，但书写钢笔字时也不能一味地横竖提按，形成如"火柴梗"似的笔画，呆板乏神。实际上，钢笔正由于是硬性的笔尖，更要在用力的轻重上把握适度。"力度"和"速度"，这是钢笔运笔技巧的基本要素。此外，临写时要特别注意不要过分追求像毛笔书写一样的提、按、顿、挫，以免做作；所用的纸张要求不渗水，也不能太光滑。

和毛笔字一样，钢笔字的每一个笔画，也都有起笔、收笔和中间的行笔。这三个动作有机合成，就是运笔的"三步骤"，各步骤都有一定的书写规律、法度和方法。

（1）起笔。起笔有两种：轻按，落笔时用力较轻，形成尖细的点画形状；重按，笔尖较重地着落书写，稍作停顿，墨水注入较多，点画粗重。

（2）行笔。行笔一般较快，但也有轻重，讲究节奏。在行笔过程中，有折笔和转笔两种：折笔，在笔画与笔画处，方折而下，但要注意折角不能太露；转笔，在线条转变方向之时，通过指腕的转面，使笔尖表现出圆转的线条。转笔法在行书中尤为明显。

（3）收笔。有顿笔回提、顺势出锋和顿笔出钩三种：顿笔回提，笔画行至末尾时用力顿笔，再将笔尖朝笔运行的相反方向提起；顺势出锋，笔尖顺着行笔方向提起出锋收笔；顿笔出钩。笔尖先用力顿笔，再根据笔势，向某一方向出钩，以连带下笔，这种方法常用于行书中。

用笔时，要防止两种倾向：一种是过分夸张提顿动作，刻意曲折点画的起收笔；另一种是无轻重提按，点画如柴棍一般。

运笔技法是一个实践性很强的训练过程。方法不等于成功，理论也不能替代实践。运笔的技巧要在训练中心领神会，字是"写"好的，应多在书写技能的训练上下工夫。

（三）钢笔字书写的有效方法

1. 从"程式感"强的结体入手

初学者选择传统碑帖时应回避那些技法变化丰富和个性较强的作品，如颜、柳、欧、苏等楷书，而应选择技法变化幅度不大，程式感、流动感较强的作品作范本，比如《张玄墓志》、褚遂良的《雁塔圣教序》、钟绍京的《灵飞经》、赵孟頫的《胆巴碑》、《妙严寺记》、《洛神赋》及文征明的小楷等。以钢笔临习毛笔碑帖，虽要从中汲取"养分"，提炼"意味"，但绝不能对范本的笔画外形做勉强的摹拟，而是要表现范本笔画的运动趋向、力度变化及结体、章法的特征，尤重对结体特征的领会。

2. 对典型字作"强化"训练

书写的基础技法训练有一个很大的特点，就是反复地临习范本，以范本的"模式"改造自己的书写习惯。要使范本成为自己感受力和技法发展的生长点，对范本的临习，要如古人所说的"上百通"（通：遍）。书写本身就是一项实践性很强的技能训练，各人应视自己的书写情况，坚持一定的学程，研习到书写的字能"像样"地拿出来。要达到书写的这一目的，没有"上百通"的书写训练是不可能的，这是不变的定律。

总之，要通过自己的整理汇集，再强化书写训练，既从理性上研究揣摩，又从实践上深入把握，触类旁通，在实际应用中就能得心应手了。

三、粉笔字的书写

粉笔书写技能，是指教师掌握运用粉笔在黑板上书写汉字的技巧和能力。它不仅指粉笔字的书写，还包括"板书设计"等，后者属于课堂教学技能的范畴，在此不加展开。有人称粉笔书写技能是教师职业的"第一书写技能"，这是由教师课堂上的教学形式所决定的。板书是教师教学行为方式的一个关键部分，其演示性直接影响到教师的形象。有人认为毛笔字、钢笔字能写好，粉笔字就不成问题，这其实是一个认知误区。粉笔字书写有其自身的特点，也需要在训练中获得。

粉笔从 19 世纪末随新学堂一起由西方传入我国，至今已有近百年的历史。粉笔犹如教科书一样伴随着教师，因而人们常把教师工作称之为"粉笔生涯"。可见，粉笔字与教师、教学工作的关系是何等密切。

如果毛笔书法、钢笔书法练好了，了解一些板书设计的方法和规律，那么粉笔书法的问题便迎刃而解了。因为书写的工具虽然不同，但写字的规律有很多共性，尤其是结字几乎同理。

众所周知，凡学习一门知识或技法技巧都要讲究方法，学习粉笔书法与板书当然也不例外。在几年的高校公共书法教学实践中，我们总结了一种常用而有效的学习方法，那就是"多看、多写、多悟"。

所谓"多看"，就是留心观察优秀的粉笔书法与板书或其他优秀书法作品，如毛笔书法或钢笔书法作品等，并尽量默记于心，以便为我所用，如蜜蜂采花酿蜜之理。

所谓"多写"，就是根据自己的写字基础和自己的气质习性，在书法老师的正确指导下，选一本适合自己练习的好范本（字帖），温习得烂熟于心，以致逐步摆脱原来的"我体"。"多写"与"持之以恒"相呼应，做任何事，如果一曝十寒，那只能半途而废。有的同学为了把某个字写好，就依次连续练写几十遍，结果事与愿违，因为写多了或许带有急躁心理，不去思考校改，反而形成定势，这样会出现越写越差的现象。

（一）粉笔字书写的身法和执笔方法

教师在黑板前板书，书写时全身的姿态尤为重要。粉笔字板书是地道的"面壁立势"，即面对直立的板面写。"身法"是粉笔字书写技能的基础，是基本功训练的一个重要方面。其身法的要领是：身体与板面的距离不宜太远或太近，可距离黑板约 30 公分，以书写时手臂伸缩自如为度。下身两脚不并立，略分开如肩宽，令下身安稳，同时右脚向板前跨出半小步。全身可向左略有倾侧，以减少对台下学生视线的阻挡。尽量不作踮脚姿势，不在过高处书写。书写视平线以下的字，可适当蹲下，身体距离板面远些，但要使身体上部分姿势基本保持"立势"，以保持良好的视线。

粉笔执法与毛笔执法不同，和钢笔的"三指执笔法"有些相似，但也不尽相同。其提笔的方法较像炭条画素描的方法，只是粉笔较短且易折，又是对着竖直的黑板书写，故粉笔的大部分应握在手内。这里，用"按、压、靠"三字诀来说明其执笔要领（见图 1-4）。

图 1-4

按指，即大拇指上节端和中指上节端分别从左右方（或为内外侧）相对用力捏住粉笔杆；压指，即食指上节端从笔杆的上方用力往下压，使执笔三指的力点集中在粉笔末端的同一圆周面上；靠指，即无名指和小指依次靠紧中指下面，自然放松弯曲。

粉笔和钢笔的三指执笔法不同处在于：钢笔执笔时，主要靠大拇指、食指分别在笔杆的左右上方用力，中指垫在笔杆的下方用力；而粉笔执笔时是大拇指和中指分别在笔杆的左右下方用力，而食指压在笔杆的上方用力。

（二）粉笔字书写的用笔技法

毛笔书法主张"悬腕"，但不提倡"转腕"。粉笔字的笔画要写得粗细匀称、坚实、圆劲、流畅，就要常使粉笔书写端的"棱角"接触板面，就非转腕不可，这是由粉笔不断磨损的特性决定的。书写中时而转腕，时而转笔，这是粉笔字运笔中的最大特点。要理解粉笔书写中特有的"转腕"和"转笔"技法，必须先认识一下粉笔的"三锋"，即中锋、左锋、右锋。

在粉笔未写之前，笔端圆周上的任何一点(棱角)都可作为中锋，一旦下笔书写完一画，粉笔因磨损即会出现一个斜面，面的两边，就有左、右棱角出现，即为左、右锋。写一个字，往往是侧锋和中锋的交替运用。要变换锋尖棱角，方法有二：一是转腕，由手腕转动引起手指与粉笔连带转动，从而保持粉笔端的棱角能经常接触板面，并按笔势的变化，变换三锋；二是转笔，靠手指的捻动旋转粉笔，调整书写端的位置，也带来线条的粗细变化。

在粉笔书写中，如果不能娴熟地运用"转腕"和"转笔"技法，会使得粉笔与黑板接触的"面"越来越宽，写出的笔画越来越粗，失去笔力，同时也会使粉笔易折。

(三)粉笔字书写的要领

1. 强化力度和速度

粉笔字和钢笔字一样，尤重结体。两者在结体的原则上是一致的，因此可以按照钢笔字结体的法度去训练粉笔字。但是板书作为特定的书写形式，又有一些特殊要求，如在结字上架势要宽绰而笔画要奔放，因此，要强化用笔的力度和速度训练。

粉笔易损、黑板面易滑，如果书写力度不够，笔画就会出现失控变形。所以，要写好粉笔字，首先就要解决对基本笔画的"力控性"。另外，教师日常板书需要一定的速度，不能在黑板上一笔一画做慢动作，但也不能一味地图快，而应是一种有节奏的运行，一种富有魅力的起伏变化。

粉笔板书时，笔画之间应该有联系，运笔中提按、轻重、快慢等问题要处理好，虚实的结合也不能忘记，要做到节奏分明、富有力度，经过快速滑行、适当按顿，写出清晰有力的板书。

2. 注意布局平整

在强调结体的基础上，还要注意粉笔板书的整体布局要平整。布局是板书视觉上的第一印象。在没有格子的黑板上，要使字写得平整匀称、条缕分明，并非易事，必须克服改变日常板书容易斜上或偏下的毛病。而且，由于板书有成段成行的表述，也有一句、一词、一字的呈现，所以板书书写训练也要从不同的布局上考虑，要单字、单词练写，也要成行整篇练写，切忌在黑板上杂乱无章地涂写。

要想写字平整，可以"写后字看前字，字字对齐成一线"。也就是说，板书时可将第一字作为准星，在写第二字时，只要与第一字对准就可以了，这主要看与第一字的顶部是否平齐；写第三字时看第二字，这样逐字对齐，自然就成了一条水平线。如果左边是一个较小的独体字或合体字，如"书"、"必"、"的"，就要以它们的重心为准，让其居于右字的中间区域。

板书布局中还应注意字距与行距，字距约相当于每个字的1/3，而行距约相当于一个字，这样感觉上就会条缕分明了。

写粉笔字主要靠腕力运笔，辅以臂力，"臂随腕动，腕随指动"。由于粉笔硬中有软，易于折断，书写时不宜将"笔尖"一端留得过长，也不要用力太大。写粉笔字也要恰当运用轻重和提领变化，不可平均使用力量。运笔全程都重，粉末容易层叠，字迹模糊而不流畅；运笔全程都轻，笔画纤细，且不清晰。笔画的轻重与快慢也有一定联系。往往运笔过重，笔速较慢；运笔过轻，笔速较快。因此，应该注意轻重快慢适度，以清晰、流畅、稳实作为运笔的标准。书写过程中，粉笔尖并不固定，要不断捻转笔体，调整尖锋，写出笔画一致的粉笔字来。

粉笔字主要是作教学用字，一般写拳头大小的字，既能让学生看得见，又便于安排较多的板书内容，以完成教学任务。粉笔字的书写一般按横行排列，从左至右。如果黑板较长，可以将黑板分为二至三等分来安排板书，以免横排太长，来回走动。另外，还要避免没有安排，没有章法，东写一个字，西写一个词，造成"满天星"式的板书。

3. 以毛笔字范本临习

粉笔字的书写也离不开对范本的临习，这是汉字书写训练的规律。虽然目前粉笔书写训练几乎没有自己的范本字帖，但它与钢笔书写训练一样，也可以选择较好的毛笔字帖作范本。我们主张"三笔一帖"，这样，初习者的感受会更加深刻。例如，赵体楷书属于行楷的类型，无论用笔、结字、字形大小都很规范，能切合"三笔字"书写的共同要求。

目前，电脑以前所未有的速度普及，在成为年轻一代新的书写工具的同时，也成为了学生书写能力下降的直接原因。而学校书写教育薄弱，则是书写危机形成的关键因素。近年来，一批专家学者强烈表示，汉字和汉语是中华民族应该首要保护的、最大的非物质文化遗产，每一个汉字都像一块活化石。汉字及其书法艺术作为一个文化系统，是中华民族传统文化的根，是祖先智慧的结晶。放弃汉字，或者失去了汉字，那就很可能彻底断绝与传统文化的联系。

汉字书写是个人基本素养的体现。汉字作为中国传统文化核心，是世界文化宝库里最重要的财富之一。汉字在自己博大精深的文化根基里，蕴藏着不可侵犯的民族尊严和永不枯竭的创造智慧。汉字书写是对学生进行热爱母语、提高民族自尊心教育的重要载体。电脑打字只能说是一种技能，而汉字书写是中国人最基本的素养。人们常说："字如其人"，古时候，汉字书写是文人道德修养的一面镜子；在今天，字是一个人的门面，一手好字能赢得他人的赞赏和好感，能为自己赢得更多的机会。

汉字书写还是中华文化传承的基本方式。对于个人而言，汉字书写不只是一种技能，更是修养的体现；而对于整个中华民族来说，汉字书写不仅是一种文化现象，而且还是承载和传播文化最基本的方式。"全国书法教育"的热心倡导者、著名书法家刘炳森曾指出，写字的意义超过写字本身，完全可以上升到对民族文化的感知、认知上去。

无论科学如何进步，无论电脑、网络技术如何取代人体功能，良好的书写习惯、熟练的书写技能以及起码的书法艺术欣赏能力，是现代中国人应有的基本文化素养。

【复习与思考】

1. 怎样才能改变和消除社会用字的混乱状况，促进汉字规范化呢？汉字规范化的途径和方式有哪些呢？

2. 在教育现代化的大背景下，粉笔、黑板等传统教学工具日益远离课堂，取而代之的是幻灯片、多媒体课件等现代化教学手段。传统教学工具是否真的落伍于时代，必须退出"历史舞台"？现代化教学手段能否完全将之取代？其巨大优势是否意味着可以无限制地应用？两者之间到底是一种什么关系？

3. 书法艺术的学习与教师书写之间有何联系与区别？教师书写训练应选择何种字体？为什么？

4. 我国将实施语文能力综合测评，你如何看待这一举措？

【拓展学习】

1. 苏培成. 标点符号实用手册. 北京：中国社会科学出版社，1994.

2. 林穗芳. 标点符号学习与应用. 北京：人民出版社，2000.

3. 中国语言文字网：http://www.china-language.gov.cn.

4. 语言文字网：http://www.yywzw.com.

第二章　教师的书面表达技能

【本章重点】

•教师在教育教学中常用的应用文体，如教学计划、教学总结、述职报告、鉴定评语等。

•教师的专业文体写作技能，包括如何写好课时教案、教学设计与说课文稿、导学案等。

•教师书面表达技能还包括撰写教育教学研究论文，如教育教学案例、教育研究(调查)报告等。

第一节　教师常用应用文体写作

教师常用应用文体指教师在教育教学活动中，通常会使用的文体形式，如计划、总结、鉴定评语、述职报告等，这些文体形式在其他职业中也有普遍应用，只是具体内容不同。

一、教学计划

一个教师接受了某班的课务以后，首先就要制订教学计划，它是为完成学期教学任务而预先做出的安排或打算，是一种框架性、方向性、总体性的谋划。

(一)教学计划的含义

教学计划在学校里有大、中、小三个含义。大计划是指学校对该届学生在校期间的整体安排，包括培养目标、学习年限、课程设置、开设时间等，这是内学校领导层制订的。小计划是指教师授课的课时计划，包括课题、教学目的、教学设想、教学过程等，这种计划，现在通常称之为教案。中计划指的是对某门课程全学期的教学安排、整体设想，这里讲的教学计划就是指此。

(二)制订教学计划的依据

教学计划的制订要有相应的依据，从学校、班级实际情况出发，思考实施计划的有效措施以完成预定目的。制订教学计划遵从的依据如下：

1. 课程标准(大纲)和教材

课程标准是实施课程教学的指导性文件，教材是根据课标而编选的课程教学载体，它们规定着所要教给学生的知识范围、深浅程度、先后次序、达到的目标等，是每个授课教师的教学依据。因此，教师在接受某课程的教学之后，必须先吃透课标(大纲)精神，通览教材，把握内容、特点、要求。随着教改的深入，素质教育的实施，大纲和教材随之不断修订，甚至出现了"一纲多本"、"多纲多本"这种变动的状况，决定了教师更要事先钻研。

2. 学生情况

教师要吃透两头，一头是教材，另一头就是学生。吃透了，就能依据教材和学生因材施教，即依照学生的年龄、水平、能力性格、志趣等具体情况施行恰当的教学。需要注意的几种情况：

(1)新生班级的学生情况。要注意到不同学段之间学生知识和能力的衔接，相应安排一些过渡内容，以使学生很快进入"新角色"。

(2)后续课程的前期情况，例如，语、数、外的课程是连续而不中断开设的，理、化、史、地的课程是要开设1～2学年的。

(3)班级的学生数。教学计划应着眼于班级的多数学生，即从多数学生的水平和能力出发来制定施教方案。避免只为少数"尖子生"着想的情况，教学内容的安排可以根据学生情况分层计划。

3. 自身特点和借鉴他人经验

俗话说，教学有法，教无定法，贵在得法，说明选择和运用教学方法是一种艺术。选择教学方法，一要立足于自身特点，扬长避短，例如一个语文教师，如果普通话好，擅长朗读，那么可以把示范朗读写进计划；二要借鉴他人的教学经验，取长补短。名师课堂教学实录、教案等资料都是可以学习的材料。

(三)教学计划的基本格式

教学计划一般采用条文形式，由标题、正文、落款三部分组成。

1. 标题

通常包括计划适用学期、课程名称、文体说明三个要素，为便于拿出去交流、展览或长期保存，还可加上校名，例如："××中学 2011—2012 学年度第一学期数学教学计划"

2. 正文

主要包含前言、目标、方法、措施等。

(1)前言：交代教学对象、所教课程、制订计划的出发点等，这是制订教学计划的总依据、大前提。

（2）教学目标：概括说明要教给学生什么知识，培养学生什么能力，树立学生什么观念等。

（3）教学方法：常用的教学方法有讲授法、谈话法、讨论法、演示法、实验实习法等。各门课程往有自身的主要教学法，并辅之以其他方法，任课教师应该根据学生情况，结合自身专长，采用恰当的教学法，以期取得更好的教学效果。并注意把现代化的教学媒体引进教学。

（4）教学措施：包括管理、因材施教（尖子生吃得饱、成绩稍差的学生跟得上）、学法指导、学习态度的端正、课外活动的安排等。

（5）课时安排：是按照大纲、教材、校历做出的进度计划，一般以周次编排，即第几周教什么，做什么实验，有什么练习，布置什么课外作业，进行什么课外活动，什么时候考核，等等。

3. 落款

写出教学计划的制订者以及日期。一般成文的教学计划落款处还有审阅人（教研组、教务处等）签名，表示可以执行。

教学计划对教师个体和学校管理者都有重要的意义。合理的计划对自己可以做到全局在胸，使本课程的教学按部就班、有条不紊地进行，克服盲目性、随意性，如进度的或快或慢、练习和实验的或多或少，课外指导的或缺或滥；对学校则是检查一个任课教师教学状况的依据，看你是否按教学计划执行，执行得怎么样。因此，对教学计划的制订需要深思熟虑，合理布局，不能马虎应付，掉以轻心。

二、教学总结（报告）

教师在某个教学活动结束，或某个阶段教学任务完成之后，就应写教学总结，它是一种自我回顾、反思和评估类的文种，要求客观、真实，回顾总结做了什么，做得怎样，有什么经验教训等。

（一）教学总结的种类

1. 活动总结

根据各门课程自身的特点，往往举办一些与课程相关的活动，例如演讲比赛、作文比赛、知识竞赛、参观访问、实践活动等，结束之后就需要写活动小结。这种总结可以为学期总结或学年总结积累素材。否则如果活动过后没有及时总结，时间长了就会遗忘很多细节，如参与的人、具体每个人都做了什么、效果如何等。

2. 学期总结

一学期的课务完成之后，对照计划检查执行的情况，回顾教学实践，反思取得了哪些成绩，存在哪些缺点，积累了什么经验，以及教训、体会和规律性的东西。它的时间跨度比较大，而且具有综合性。

3. 专题总结

如果说学期教学总结具有综合性，那么专题总结的特点是单一，即抓住某个侧面做纵横的开掘，包括总结某个方面的经验体会，以及总结某个方面的失败教训。如有的教师事先有目的、有计划、有措施地设计了某个方面的教学改革，经过一学期的探索和实践，成败、得失、经验、策略优化等，就是写总结的好材料，这种总结已经带有研究报告的性质。

(二)教学总结的一般写法

1. 标题

活动总结和学期总结，通常采用公文式标题。例如"《××中学九(1)班举办朗诵比赛的总结》"，包含学校、班级、活动名称、文种说明四个要素。例如"《××中学高二(2)班 2011—2012 学年度第二学期英语教学总结》"，包含学校、班级、学期、课程、文种五个要素。专题总结通常采用文章式标题：例如"《学生是如何自己管理自己的》"，只是一种内容的概括；也可采用正副标题式，例如"《让学生在实践中锻炼成长——组织初二(2)班学生参加历史调查的体会》"，正题概括内容，副题点明范围、实践内容和文种。

2. 正文

主要包含以下几个部分。

(1)基本情况概述。这是总结的开头部分，概述教学工作的全貌，包括背景、过程、主要工作、成果等，文字要简明扼要，给人以总的印象，并为下文做好铺垫。

(2)成绩收获叙述。在专题总结里，成绩收获融进了经验获得的内容。在学期总结里，成绩收获却单独占着重要的位置，是总结质量高低的标志。

(3)存在问题叙述。一般而言学期总结主要是反映成绩收获，问题和教训也应如实反映。问题，是指已经认识到了但还来不及解决或解决不好的事；教训，是指当初认识上的偏差或方法上的失误，造成了不好的效果。总结这方面的情况，是为了进一步提高认识，避免今后再走弯路，特别是带有全局性的问题和教训，不要回避，可作今后的借鉴，不能重蹈覆辙。

(4)今后努力方向概述。这是总结的结尾部分，或表态，或展望，或建议，宜短不宜长，宜简不宜详。即使写今后打算，也不要过细过详，因为这属于计划的内容。

这四个方面的内容，并不是固定不变、千篇一律的，有的只有基本情况和成绩收获两部分，有的只有情况、做法和今后改进方向三部分。有种检讨性的总结，可写情况、问题教训和改正意见三部分。只要是总结，情况和收获（教训）则是必不可少的。

3. 属名

总结人的名字（部门）一般写在正文的右下方，并注明年月日；也可以具名在标题的正下方，文尾注明年月日。

4. 写总结须注意的几点事项

（1）要注意材料的积累。平时养成记录重要事项的习惯，避免到总结时再绞尽脑汁回想。

（2）要做到观点和材料的统一。即形成的观点必须有事实材料佐证，而不是凭空臆想。

（3）要实事求是。对于成绩不过度谦逊和虚饰，对于缺点也不随意掩盖和夸大。

（4）遣词用语文字尽量通俗易懂。总结是要让人看明白的，文字最好简洁明了、所指明确无误。

三、述职报告

述职报告，是指个人就担任某一职务或职称在某一阶段或全部期间的工作学习情况，向本单位或上级有关部门、考核机构全面汇报的一种总结性的文体。

教师在晋升职称，或在担任某一教学工作时，都要用述职报告对自己的工作学习情况做出全面的总结汇报。述职报告可以作为教师晋升职称时的一种自检他核的方式。

述职报告从内容和结构上与总结有些相近，但又不同于总结，有它自身的特点。首先它不像总结那样讲述做了哪些工作，取得哪些成绩，还有什么不足，今后如何改进等，而是讲述自己职责范围内的事，是如何履行自己职责的，在履行职责过程中自己是否称职。其次，总结的着眼点在于个人的工作业绩，而述职报告的着眼点在于自己政策水平和履行职责的能力。最后，总结不受职责范围的限制，而述职报告必须限定在述职人的职责范围内。

（一）述职报告的基本结构与写作格式

述职报告的外在结构是格式化的，包括标题、称谓、正文和署名四部分。

一般的述职报告可以大致依托一个基本的格式来行文。

1. 标题

(1)单行标题："述职报告"或者"在……(上)的述职报告"。

(2)双行标题：正题写主题，或者写述职报告类型。

2. 称谓

称谓是报告者对听众的称呼。称谓要根据会议性质及听众对象而定。称谓放在标题之下正文的开头，有时根据需要在正文中间适当穿插使用。称谓一般采用提行的写法。要用"谢谢大家"等礼貌语言。如一篇在教职工代表大会上述职报告的称谓："尊敬的各位领导、来宾，全体教职工代表，全校教职工同志们。"

3. 正文

述职报告的写法依据报告的场合和对象而定，一般来说采用总结式写法，共分四部分。

(1)基本情况。如履职背景、主要承担的工作任务、起始时间、事件经过等。这部分力求用语平直、概括、简短。

(2)内容概括(以成绩、经验为主)。这部分可用简短概括的文字将主要的成绩或存在的问题、总结出来的规律性的认识、主要的经验或教训等写出来。

(3)点明主题。包括问题教训和今后计划，要分出层次来分析证明主题。有三个要求：一要以事实和材料为依据；二要点面结合，重点突出；三要分析事实与材料，找出规律。

(4)结尾。述职报告通常采用表达愿望、自己提出努力方向等语句形式结尾。

(二)述职报告的特点

1. 个人性与真实性

与一般报告不同，述职报告特别强调个人性，个人对工作负有职责。在写法上，以叙述说明为主。述职报告是教师工作业绩考核、评价、晋升的重要依据，自己亲身经历或者督查的材料必须真实，述职者一定要实事求是、真实客观地陈述，力求全面、准确地反映述职者所在岗位履行职责的情况。对成绩和不足，既不要夸大，也不要缩小。

2. 通俗性和艺术性

写出述职报告文稿后，述职行为的完成是要用口头表达的方式面对会议听众的，因此要尽可能让个性不同、情况各异的与会人员全部听懂，这就决定了述职文稿必须具有通俗性——格式化结构，大众化、口语化语言。

艺术性一般恰好表现在口语化、感情化、个性化的语言上。写述职报告时要变文字为有声语言，基本上要求做到语言生活化、口语化、大众化。注意几点：多用短句，注意长短交叉合理；慎用文言和外语；少用单音词；尽量避免同音不同义或易混淆的词语；不随便用简略语。可以适当增加语气词如"吧"、"吗"之类语气词；为了方便聆听，有些标点符号最好用文字代替，如顿号改为"和"，破折号改为"是"，引号表示否定时加"所谓"，括号补充另用文字说明，等等。

四、操行评语

根据《中华人民共和国教师法》第二章第七条第三款"指导学生的学习和发展，评定学生的品行和学业成绩"的规定，教师要给学生写出操行评语，即教师对学生个人的看法、鉴定和评价。此项工作通常是由班主任负责的，现行的中小学学生评语中，增加了"任课教师评语"项目。

(一)操行评语的内容和来源

操行评语不是班主任、老师临时凭空写出来的，而是平时对学生方方面面的了解和积累的结果。其来源包括：班主任的亲自观察、谈话、亲见亲历等及其记录；通过各科老师了解的学生情况；通过自习课和课外活动了解的学生情况；通过学生与学生干部了解的学生情况；通过出操集会等集体活动了解的学生情况；通过家庭和社会，从课外、校外了解的学生情况等。

(二)操行评语的写法

行评语一般包括优点、缺点、努力方向三个方面，但以表扬为主。优点，包括进步，要充分肯定；缺点，包括不足，要友善地指出；努力方向要就人就事而谈；总的要考虑到学生年龄、心理等特征，取以表扬为主的态度，取得应有效果。评语的一般写法有两种：

1. 评价式写法

这是一种传统的、现今仍然十分通用的写法。它采用评价方式，判断语气。例如："该生能遵守《中学生守则》，尊敬老师，团结同学，乐于为集体服务，尤其在班级活动中做了不少好事，受到称赞。该生积极参加体育锻炼和体育比赛。但学习成绩较差，缺乏科学的学习方法，希望开动脑筋，多下工夫，争取进步。"

2. 鼓励式写法

这是一种正在探索的写法，它采取抒情的语调，把优缺点和希望融入其中，使学生产生一种受到感染后的激励。

例1：当你一次次主动地帮助同学打扫教室时，当你为一道道难题凝神沉思时，当你单薄的身体奔跑在运动场上时，当你弯腰拾起地上的纸屑或果皮时……作为老师的我，是多么地高兴！我为你的热心、勤奋和勇敢而高兴。相信你就是那个未来成功的人。

例2：如果你能抓紧时间，精力集中，踏实认真，那么，我想你的成绩不会如此不如人意的。因为你有一定的飞跃基础。所剩余的学习时间不多了，衷心希望你在下学年能够奋起直追，赶上大家的步伐，别让今天的失误变为永久的懊悔。

例3：老师看到你的字写得比以前漂亮了，作业能按时完成了，真从心底里为你高兴。不过，每当老师看到你做事、说话、走路等都慢腾腾时，就会想到小蜗牛。要知道，未来社会是一个快节奏的时代，"慢一点"就会被别人甩得远远的。老师非常希望你能由"慢"变"快"，成为奔驰的骏马。

(三)撰写评语的原则与要求

1. 全面性

教师撰写评语议论类首先要多角度观察与了解学生深入学生内心世界，深入了解教学活动开展的过程和学生工作进展的情况，力求全面、立体地给出评语和鉴定，以达到打动学生，开启学生心扉的目的。

2. 情感性

评语议论类应表达出教师的真情实感，拒绝矫揉造作、凭空想象。

3. 分寸性

评语议论类既要有广度、深度，也要注意把握分寸，让受评价对象全方位地认识自己，以便更好地扬长避短。

4. 真实性

教师应站在事实的基础上给予中肯、令人信服的评价，切不可主观臆断。

总体要求可以用"六言"来概括：言之有据、言之有情、言之有度、言之有理、言之有序和言之有文。

第二节　教师专业应用文体写作

教师专业应用文体主要指教师职业特有的文体形式，如教案、教学设计文稿、说课文稿、学练案、导学案等，区别于前一节的常用文体(其他职业也会使用的文体形式)，是体现教师职业特点的文种，也是每个教师都必须学会且熟练运用的文体。

一、课时教案[①]

教案,也称课时计划,是教师经过备课,以课时为单位设计的具体教学方案,教案是上课的重要依据。通常包括班级、学科、课题、上课时间、课型、教法、教学目的、教学内容、课的进程和时间分配等内容。有的教案还列有教具和现代化教学手段(多媒体)的使用、练习题、作业题、板书设计和课后教学反思等项目。这些都要经过周密考虑,精心设计而确定下来,体现着很强的计划性。由于学科和教材的性质、教学目的和课的类型不同,教案不必有固定的形式。

撰写教案要依据课程标准和教科书,从学生实际情况出发,精心设计。一般要符合以下要求:明确地制定教学目标,具体规定传授基础知识、培养基本技能、发展能力以及思想情感教育的任务;合理地组织教材,突出重点,解决难点,便于学生理解并掌握系统的知识;恰当地选择和运用教学方法、教学辅助手段,调动学生学习的积极性,面向大多数学生,同时注意培养优秀生和提高学困生,使全体学生都得到发展。

(一)撰写教案遵循的原则

教学是一种创造性劳动。设计一份优秀教案是教师的教育思想、智慧、动机、经验、个性和教学艺术性的综合体现。教师在写教案时,应遵循以下原则:

1. 科学性

所谓符合科学性,就是教师要认真贯彻课标精神,按教材内在规律,结合学生实际来确定教学目标、重点、难点,设计教学过程,避免出现知识性错误。

2. 创新性

教案既是以往教学经验的总结,又是开拓知识新领域的钥匙,能够体现学科发展前沿的要求,具有一定的前瞻性,与时代发展相适应。教学方法要有创新,遵循精讲多练的原则,让学生在教师启发引导下,通过自身的探索,不但知道相关学科领域核心知识"是什么"和"为什么",还要知道"做什么"、"怎样做",培养学生勇于实践勇于探索的精神和能力。

3. 差异性

由于教师个体的知识、经验、特长、个性是千差万别的,而教学工作又是

---

① 中学学科网(教案频道):http://ja.zxxk.com。

一项创造性的劳动。因此，教案要结合本地区、学校、班级的特点编写，使写教案的过程成为每一个老师充分发挥自己的聪明才智和创造力的过程。

4. 艺术性

艺术性就是构思巧妙，能让学生在课堂上不仅学到知识，而且能得到艺术的熏陶和快乐的体验。开头、经过、结尾、要层层递进，扣人心弦，达到立体教学效果。教师的说、谈、问、讲等课堂语言要字斟句酌，善于运用词汇、语音修辞，做到言简意赅、言近旨远。

5. 可操作性

教师在写教案时，一定要从班级、学生实际出发，要考虑教案的可行性和可操作性。尤其是一些较有新意的构想，务必要考虑到课堂教学的可行性；否则尽管"点子"新，但不具备操作性，也只能停留在纸上。

6. 变通性

课堂教学既要"预设"，也会有"生成"。由于我们教学面对的是一个个活生生的有思维能力的学生，又由于每个人的思维能力不同，对问题的理解程度不同，常常会提出不同的问题和看法，教师又不可能事先都估计到。在这种情况下，教师要根据学生的实际情况改变原定的教学计划和方法，积极引导学生的思维。因此，教师在备课时，应充分估计学生在学习时可能提出的问题，确定好重点、难点、疑点和关键点，多考虑几种教学方案。

(二)教案的具体内容

教案的具体内容一般包括以下十项：

1. 课题(说明本课名称)

2. 教学目的(或称教学要求，或称教学目标，说明本课所要完成的教学任务)

3. 课型(说明属新授课，还是复习课)

4. 课时(说明属第几课时)

5. 教学重点(说明本课所必须解决的关键性问题)

6. 教学难点(说明本课的学习时易产生困难和障碍的知识点)

7. 教学过程(或称课堂结构，说明教学进行的内容、方法步骤)

8. 作业处理(说明如何布置书面或口头作业)

9. 板书设计(说明上课时准备写在黑板上的内容)

10. 教具(或称教具准备，说明辅助教学手段使用的工具，通常要说明多媒体的使用)

(三)撰写课时教案的基本要求

1. 形式完整、规范

教案的整体设计要美观大方，书写工整。无论是电子版还是纸质版，都应条理清晰，字迹清楚，给人一目了然的感觉。

2. 项目齐全

完整的课时教案，应该具备以下项目：

(1)课型。应注明是新授课，复习课，练习课，讲评课，自学课，实验课，还是社会调查课等。

(2)教学目标。传统教学思想影响下拟订的教学目标往往注重知识方面，忽略或弱化能力、方法、德育等方面。一个好的教案，教学目标应包括知识、技能、情感等方面的要求，体现三维目标。

(3)教学重点、难点。是课时教案必不可少的重要组成部分，是学生掌握知识的关键所在。

(4)教学方法。中小学常用的教法有讲授法、谈话法、讨论法、演示法、实践法、榜样促进法等。具体到某一课时采用哪种教法，在教案中要注明。

(5)教具(或多媒体)。教具包括挂图、模型、实验器材等，可以将抽象的教学内容具体化、形象化，便于学生理解和接受。现代教育技术应用于教学已比较普遍，如投影、音频视频、PPT 等。采用什么样的教具、如何使用多媒体等在教案中要注明。

(6)板书设计。板书集教材编写的"编路"、教师的"教路"和学生的"学路"于一体，是教学过程不可缺少的重要内容。富有艺术性的板书，是课堂教学的集成块，是展示课文内容的屏幕，是教师教学的导游图，是开启学生思维的钥匙。传统的以"黑白"为介质的板书仍然是课堂教学取得良好效果的重要手段，不应该被 PPT 上的"电子版"所取代。

(7)教学过程。教案编写过程中，教学过程是关键，一般包括以下几个步骤：

A. 导入新课

教师用不同方式，使学生对所学内容做好心理准备，或激发学生兴趣。可以有若干细节，如界限标志：指明一个新话题或新要求的开始。导入新课的环节关系到学生对本堂课的学习兴趣，新颖的导入可以使学生集中精力，激起求知欲望。导入设计应新颖活泼，精当概括，用时不宜过长。如比较常见的复习提问法导入，要考虑提问哪些学生，需用多少时间，怎样进行，复习哪些内容等。

B. 讲授新课

针对不同教学内容，选择不同的教学方法。在这一环节，通常要用到叙述语、描述语、提问语、解说语、评述语等教师专业语言。写教案时就要考虑叙述哪些新知识、描述一种什么现象、怎样提出问题、如何解说概念、以什么观点评述或分析事件，教师怎么做？教学生怎么学？这些步骤都需要做详细安排，包括每个步骤需用时间的估算。

C. 巩固练习

在新授内容完成后，通常要给学生留出消化新知识的时间，一般考虑做练习。练习的设计要精巧，有层次、有坡度、有密度。还要根据时间安排是做课堂练习还是课下练习，是做口头练习还是书面练习等。

D. 归纳小结

是教学过程的尾声，通过小结可以使学生明确本堂课重点、知识体系等。备课时要考虑小结怎样进行，是教师总结还是学生归纳，需用多少时间等。

E. 作业安排

作业是检验学生掌握知识达到何种程度的重要途径。作业内容包括课本上已有的作业题，也包括任课教师自行设计的作业题。作业设计要考虑学生知识的拓展、学生能力的培养。

(8)教后记。教后记也称教学反思，是教师课堂教学活动完成后的信息反馈记录，又是教师教学活动的延伸，是教师改进教学，提高教学质量的有效途径。

3. 教学进度适中

教学进度既不能太快，也不能太慢。要有适当的超前备课内容。一般来说，备课应超前一周。这样，便于修改和熟悉教案，保证课堂教学的质量。

4. 有单元备课和集体备课的内容记录

通过单元备课，沟通知识间的横向联系，对学生所学的知识进行归类梳理，使知识联成网、结成片，形成比较系统的知识体系。

5. 有教师和学生活动设计

教学活动是师生的双向活动，教师的主导作用和学生的主体作用，是相互制约、相辅相成的。因此，一个完整的、规范的教案，必须有教师和学生活动情况的设计，比如示范、讨论、点评等。

6. 内容科学、严谨

(1)要科学、实用。教案内容应有严格的科学性，不能出现知识性的错误；板书提纲应有严密的逻辑性。整个教案要操作性强、实用价值大，杜绝形式表现。

(2)要体现"六备"。即备课要备教材和《课标》备学生，备教法和学法指导，备习题，备实验或活动，备资料和有关新信息。

二、教学设计文稿[①]

教学设计是教师针对特定的教学问题，根据课程理论、教学理论、学习理论以及教学设计理论，系统规划和实施旨在创设有效教学系统的方案的过程。

教学设计是根据教学对象和教学目标，确定合适的教学起点与终点，将教学诸要素有序、优化地安排，形成教学方案的过程。它是一门运用系统方法科学解决教学问题的学问，它以教学效果最优化为目的，以解决教学问题为宗旨。具体而言，教学设计具有以下特征。

第一，教学设计是把教学原理转化为教学材料和教学活动的计划。教学设计要遵循教学过程的基本规律，选择教学目标，以解决教什么的问题。

第二，教学设计是实现教学目标的计划性和决策性活动。教学设计以计划和布局安排的形式，对怎样才能达到教学目标进行创造性的决策，以解决怎样教的问题。

第三，教学设计是以系统方法为指导。教学设计把教学各要素看成一个系统，分析教学问题和需求，确立解决的程序纲要，使教学效果最优化。

第四，教学设计是提高学习者获得知识、技能的效率和兴趣的技术过程。教学设计是教育技术的组成部分，它的功能在于运用系统方法设计教学过程，使之成为一种具有操作性的程序。

(一)教学设计的原则

1. 系统性原则

教学设计是一项系统工程，它是由教学目标和教学对象的分析、教学内容和方法的选择以及教学评估等子系统所组成，各子系统既相对独立，又相互依存、相互制约，组成一个有机的整体。教学设计中的每个子系统应协调于整个教学系统中，做到整体与部分辩证地统一，系统的分析与系统的综合有机地结合，最终达到教学系统的整体优化。

2. 程序性原则

教学设计是一项系统工程，诸子系统的排列组合具有程序性特点，即诸子系统有序地呈等级结构排列，且前一子系统制约、影响着后一子系统，而后一子系统依存并制约着前一子系统。根据教学设计的程序性特点，教学设计中应

[①] 中学学科网(教案频道)：http://ja.zxxk.com。

体现出其程序的规定性及联系性，确保教学设计的科学性。

3. 可行性原则

教学设计要成为现实，必须具备两个可行性条件。一是符合主客观条件，主观条件应考虑学生的年龄特点，已有知识基础和师资水平；客观条件应考虑教学设备、地区差异等因素。二是具有操作性，教学设计应能指导具体的教学实践。

4. 反馈性原则

教学成效考评只能以教学过程前后的变化以及对学生作业的科学测量为依据。测评教学效果的目的是为了获取反馈信息，以修正、完善原有的教学设计。

(二)教学设计的要求

对各学科教案的设计，都有一个基本要求。每一个教师在达到了基本要求之后，要写出学科特色，体现个人教学风格。

1. 教学设计中必须有的要素

教学内容(教学课题)、教学目标、教学重点、教学难点、板书设计、主要教学方法、教学工具、各阶段时间分配、教学过程(五个环节)、教师活动、学生活动、各阶段设计意图、课后评价与反思等内容。

2. 教案设计灵活多样，注重实效

同一个教学内容，在同一时期，不同的教师设计的教案形式可以不同。同一个教学内容，在不同时期，同一个教师设计的教案也会不同。每个人都有自己的设计方法和风格，只求基本部分相同，不求完全相同。

教师的备课和讲课，要依据《纲要》和《课标》、依据教材，但是不能唯《纲要》、《课标》和教材是从。根据该地区的情况、学校的条件、学生接受能力和水平，二次开发教材。要发挥出自我的优势，要体现出自身的价值来，让听课的专家、领导和同行在课堂上能够看到执教者的悟性。

(三)教学设计与教案的区别

1. 概念范畴不同

教案是教育科学领域这的一个基本概念，又叫课时计划，是以课时为单元设计的具体教学方案，是教学中的重要环节。教案的基本组成部分是教学进程，内含教学纲要和教学活动安排，教学方法的具体应用和各种组成部分的时间分配等。

教学设计也称教学系统设计，是教育技术学科的重要分支，形成发展于20世纪60年代。它包括宏观设计和微观设计，主要是运用系统分析方法、解决教学问题，以优化教学效果为目的，以传播理论、学习理论和教学理论为基础，具有很强的理论性、科学性、再现性和操作性。课堂教学设计属于微观教学设计的范畴。

2. 对应的层次不同

教学设计是把学习者作为它的研究对象，所以教学设计的范围可以大到一个学科、一门课程，也可小到一堂课、一个问题的解决。目前的教学组织是以课堂教学为主，所以课堂教学设计是教学设计中运用最多的一个层次。

教案就是教学的内容文本，指导老师自己上课用的，也是考察教师备课的一个依据。从研究范围上讲教案只是教学设计的一个重要内容，因此教学设计与教案的层次关系是不完全对等的。

3. 设计的出发点不同

教案是教材意图和教师意图的体现，它的核心目的就是教师以对教学内容的理解为依据的一种纯粹的"教"案。强调教师的主导地位，却常常忽略了学生的主体地位。

教学设计是"一切从学生出发"，以学生对知识的理解能力、掌握程度为依据，教师在设计中既要设计"教"，更要设计"学"，怎样使学生学得更好，达到更好的教学效果是教学设计的指导思想。

4. 包含的内容和侧重点不同

教案一般包括教学目的，教学方法，重难点分析，教学进程，教具的使用，课型，教法的具体运用，时间分配等因素，从而体现了课堂教学的计划和安排。

教学设计从理论上来讲，有教学目标分析、教材内容分析、学习重点目标阐明、学情分析、教学策略的制定、媒体的分析使用及教学评价七个元素。

教学设计重点强调的是分析、依据、理由、策略、流程；而教案更多强调的是细节、操作、行为、语言、设问、板书、作业、后记等。

二者比较如下表：

教学设计	课时教案
任务分析（目标、教材、学生）	基本信息（上课班级、地点、教师）
教学目标（确定的依据和理由）	教学目标（是什么）
重点、难点（确定的依据和理由）	重点、难点（是什么）
教学资源（媒体的使用时机、依据和理由）	教学资源（有哪些）

续表

教学设计	课时教案
设计思路(解决问题、优化教学效果的策略)	
教学流程(各环节安排的依据和理由)	教学过程(按教学环节顺序呈现)
板书设计(依据、思路)	板书(内容呈现)
学生作业设计(理由、目的)	作业(是什么)
教学评价(学生掌握知识、形成能力的状况;学习方法的指导和教学媒体的有效利用)	教后记(反思课堂教学得失)

三、说课文稿①

说课是教师以口语表达为主要形式,向同行阐述自己对某一教学内容的理解、施教方案的设计及其理论依据,以及施教效果的预测与反思,然后由听者评说,达到互相交流、共同提高的目的。说课是一种教学研究方式和师资培训的活动形式。这种方式能有效地促进教师深入钻研课程标准与教材、灵活运用教学理念进行教学设计以及自觉进行教学反思。目前,说课也是教师资格证考试和教师招聘考试中常用的考核手段。

说课既可以是针对具体课题的,也可以是针对一个观点或一个问题的。简言之,说课就是说教学设计:准备怎么教(或怎么教的)?为什么这么教?教的效果(或可能)怎样?

(一)说课的类别

说课的类型很多,根据不同的标准,有不同的分法。从整体来分,说课可以分成两大类:一类是实践型说课,一类是理论型说课。实践型说课就是指针对某一具体课题的说课;而理论型说课是指针对某一理论观点的说课。

(二)说课的内容

1. 说"教材的地位和作用"

"教材的地位和作用"说得恰当与否,直接反映说课者对教材的理解程度,并影响到教学目标的制定。对教材理解越深刻,说课内容将越充实、全面,反之就只能是蜻蜓点水、触及皮毛。

2. 说"教学目标"

分析教材后,就可以确定教学目标。教学目标是教学设计的出发点和归

---

① 育星教育网:http://www.ht88.com/article/article_11266_1.html。

宿，它对教学活动具有很好的导向和监控作用。根据课程标准的要求，教学目标应力图体现"知识与技能"、"过程与方法"、"情感态度和价值观"三维课程目标。但三维目标往往是融为一体、并在同一学习过程中实现的，所以说课时没有绝对的必要人为的将教学目标划分为三个方面。

3. 说"教学重点、难点"

从一定意义上讲，教学过程就是强调重点和突破难点的过程。因此，确立教学重点、难点成为教学设计的一个关键，也是说课活动必须阐述的一个内容。要确定重点、难点，就必须搞清什么知识是重点、分析学习难点是如何形成的。

教学重点是指有共性、有重要价值（包括认知价值、迁移价值和情意价值）的内容。教学重点知识主要包含核心知识（基本概念、基本理论）、核心技能（知识应用技能、学科用语表达技能和实验技能等）、核心的思想观点等。这些内容的学习不仅有利于知识本身的系统化，而且还有利于学生能力水平的提升。

所谓难点，就是学生难于理解和掌握的内容。一般说来，学习难点的形成主要有以下几个方面：①学生没有知识基础或者知识基础很薄弱；②学生原有的经验是错误的；③内容学习需要转换思维视角（如从宏观到微观）；④内容抽象、过程复杂、综合性强。具有上述一个或多个特点的内容，都可能成为教学的难点。

4. 说"学情"

深入分析课程标准和教材，在于把握教学目标和内容。但仅仅把握教学目标和内容是不够的，因为学生是学习的主体，学生情况制约着学习的开展，影响着目标的达成。因此，学情分析也是说课必须突出的一个方面。

由于学习不仅受学生原有的知识基础和技能水平制约，而且还受学生的认知风格、能力状况和学习兴趣等影响。因此，一个好的说课方案，应尽可能从学生的"已知"、"未知"、"能知"、"想知"和"怎么知"五个方面综合分析学生情况，这些方面都是因材施教的基础。

（1）学生的"已知"。这里的"已知"是指学生已经具备的、与本节内容相关的知识经验和能力水平等。明确这点很重要，它决定了教和学的起点。

（2）学生的"未知"。"未知"是与"已知"相对而言的，它既包括通过学习应该达成的终极目标中所包含的未知知识与技能等，还包括实现终极目标之前的过程中所涉及学生尚不具备的知识与技能等。

（3）学生的"能知"。"能知"就是通过这节课教学，学生能达到怎么样的目标要求。它决定学习终点(即学习目标)的定位。

(4)学生的"想知"。所谓"想知",是指除教学目标规定的要求外,学生还希望知道哪些目标以外的东西(学生往往会通过提出疑问来体现"想知")。

(5)学生的"怎么知"。"怎么知"反映学生是如何进行学习的,它体现学生的认知风格、学习方法和学习习惯等。

5. 说"教学流程"

教学流程是指教学过程的系统展开,它表现为教学活动推进的时间序列。换句话说,它就是教学活动如何引入、如何展开以及如何结束等。根据学生学习活动的一般过程,教学流程先后顺序一般为导入新课、新课研习、课堂小结、巩固训练等。当然,新课研习包含多个环节在其中,说课时要根据不同类型的学习内容来进一步细化。

阐述教学流程是说课的重点,因为教学内容的处理、教学方法的选择、教学目标的达成等,都是通过这个环节来实现的,而且教师的教学理念也必须通过它来体现。通常可以从不同的角度入手"说教学流程":

(1)可根据学习过程的要求来阐述教学流程内容。学习过程经历了定向、活动、反馈与调控阶段。定向阶段,则要让学习者明确学习内容以及学习目标;活动阶段,学习者根据学习目标与内容开展相应的学习活动;而反馈与调控阶段,则要获取(测量)学生学习效果以及调整学生学习活动等。因此,阐述教学流程时,必须说明以下主要内容:教学活动在怎样的情景下开展、怎样体现新课导入和结课的呼应;怎样呈现相关材料、怎样指导学生开展信息加工、怎样指导学生开展学习内容的整合、怎样指导学生实现知识迁移并使学习内容进一步整合与内化等;采用怎样的手段来测量或评定学生的学习效果、通过哪些途径收集学生的反馈信息、如何根据学生反馈信息调控学生的学习活动等。

(2)可在三维目标的指引下,从教师教和学生学两个方面阐述教与学双边活动的设计。在教师活动的设计方面,包括设计怎样的情景导入新课、如何组织和呈现教学内容、设计和指导开展哪些实验活动、选择哪些教学辅助设备、如何进行讲解、设计怎样的问题或练习供学生使用、如何进行归纳小结以及怎样板书等;在学生活动方面,围绕教师引导、指导,开展哪些有效的学习活动(如阅读什么材料、观察什么实验、完成什么练习、如何进行实验、怎样开展讨论、如何进行自我学习反馈、如何实现知识迁移等)。

此外,由于教学是围绕着教学重点来开展的,而教学的关键又在于突破难点。因此在阐述教学流程时,必须就如何突出重点和如何突破难点上多做文章。此外,学习者学习热情和兴趣制约着学习活动的开展和学习效果的高低。

所以，教学设计的阐述也要体现如何激发学生的学习热情和兴趣等内容。

6.说"教学反思"或"创新之处"

说课活动中的反思是一个值得深入探究的问题。一般说来，教学反思就是教师以研究者的心态或视角，审视自己教学实践的过程。它包括两个方面：教师对教学中的缺点和错误进行反省与批判；对教学中的优点和长处的肯定和坚持。所以说课时说教学反思，无非是剖析自己在教材分析、学生分析特别是教学设计等方面有哪些可取之处以及存在的不足之处。具体包括：

(1)教学预设中的成功之处(或创新之处)。例如，对教材分析和学生分析有哪些独到之处；根据学生学习情况，准备了哪些调控措施；怎样有效地激发学生学习兴趣；如何落实对学生学习结果的反馈与监控；在课程资源开发中有哪些过人之处等。

(2)教学预设中尚存在的不足或难以把握之处。具体包括：对教学目标的定位特别是隐性目标(如过程与方法、情感态度与价值观等)存在哪些困惑；学情分析还有哪些难以把握的地方；教学设计中设计的活动中哪些可能无法达到预期的效果等。

三、导学案①

导学案是教师编制的用于引导学生自主学习、自主探究的学习方案。是教师精心指导学生进行自主学习，自主探究，自主创新的材料依据，从教师备课的角度来看，编写导学案是一种创造性劳动。传统教案式教学重教轻学，而学案式教学又重学轻教，"导学案"作为继教案、学案之后的第三种教学设计，力图吸收二者的优势，克服二者的不足，在教师导的基础上引导学生的学，做到"先学后导，以导促学"。

"导学案"具有主体性、超前性、自主性、交互性和生成性五大特点。师生互为导学中的主体，体现主体性；导学中注重"先学后导，以导促学"，强调"学"对于学生发展的主导性，体现超前性；"导学案"将学生自主学习能力的养成作为本质追求，体现自主性；导学中注重师生、生生之间的合作、交往和对话，体现交互性；"导学案"不仅强调教学设计的预设，而且还更强调教学的非预设性生成，这体现了生成性。

在操作中，"导学案"教学的自主学习指导可以从确定导学目标、指导学习方法、学生自主预习、师生双向主动、练习巩固及总结反馈六个方面来考虑。

---

① 21世纪教育网(学案资料专区)：http://www.21cnjy.com/xuean。

"导学案"内容一般包括：学习目标、学习重点、学习难点、自主预习、合作探究、教师精点、自主测评、学习反思、拓展延伸等环节。

(二)编制导学案的原则

1. 课时化原则

尽可能地将一课时的内容写成一个导学案。按课时内容确定导学案的内容编写，有利于调控课时学习的知识量，加强授课的计划性、针对性、时效性，构建高效课堂。

2. 问题化原则

将教材中的知识点、德育点隐入创设的一个个具体的材料情景(生活场景)或课堂活动中。通过一个个具有探索性的问题，引导学生进入自主学习。在问题的解决过程中，培养学生的能力。问题的设置，应当由浅入深，由易到难，充分考虑学生个性和认知规律，学科信息要准确，问题的针对性要强。设置的问题既有利于学生扎扎实实打好基础，又有利于加强知识的拓展，强化与生活的联系，具有较强的思考性。从而有效地把学生引入课本，把生活纳入课堂，激发自主学习，引导交流讨论又学会看书。

3. 方法化原则

在学生读书、思考、解答问题等环节的学习中，教师都要站到学生的角度去考虑问题，以便能够及时适时地点拨学生应该如何去做。导学案中学习目标设计、疑难问题提示、解题思路、方法、技巧等指导性内容和要素，构成一条明晰的学法线。

4. 层次化、递进性原则

导学案的设计，要体现教师对学生的因材施教，要让优等生看到挑战，中等生看到激励，学困生看到鼓励。不同层次的学生都能得到发展。无论在哪个层面上，都要让学生在"最近发展区"内去自主探究，获取知识。设疑应首先考虑其知识的层次性和个性的差异性，导学导练要有适当的梯度。做到这一点，教师必须对自己的学生的学习水平和知识状况有一个清楚的了解。

(三)备课模式

"导学案"备课的基本模式：提前备课—集体研讨—轮流主备—优化学案—师生共用。

1. 整体备课

根据学段(年级)、学科备知识体系，备课程标准，备教材，备学情。

2. 集体备课

备课组长提前召集全体组员就一周内所要讲的内容进行说课，着重围绕教学目标的确定，教学方法的选择，教学流程的设计，学生情况的分析等方面共同探讨。

3. 轮流主备

在集体研讨的基础上，备课组长将内容进行分工，主备教师提前一周拿出"导学案"初稿，并交给备课组长审查修改；备课组长将一周的"导学案"草稿交分管领导审定，制成正式文本。

4. 课前备课

上课前一天将"导学案"发至学生，正式上课前收齐后适度批阅，任课教师对"导学案"再次进行阅读理解和补充完善。

5. 课后备课

师生共用"导学案"实施课堂教学，课后教师在"导学案"的有关栏目或空白处填写"课后记"。

导学案立足教与学的统一，关注学生课堂中的学习获得，有助于改变传统教与学的分离，促进课程改革进程中教学方式的转变，让课堂教学从"先教后学"转变为"先学后导，以导促学"。

第三节 教育教学研究文体写作

新的时代呼唤研究型的教师，传统观念下的只管埋头教书、不管科学研究的教师已不能满足时代的要求。行动研究法倡导"教师即研究者"，只有研究型的教师才能胜任教育的改革与创新。教师研究的问题必须来自实践、服务于实践，解决实践问题最终是为了探寻某种规律，以形成一些可供遵循的基本原理。教师的研究成果可以通过教育教学案例、教育调查(研究)报告、读书笔记等文体形式呈现。

一、教育教学案例

教育教学案例是对某个具体的教育、教学事件发展全过程的完整叙述和理性思考，属于叙事性报告(教育叙事)，是教师用第一人称讲述自己亲身经历而又隐含哲理的教育故事。

(一)教育教学案例的类别

描述性案例：是指案例中包含了对某一问题的出现直到解决的全过程的描述性介绍，包括背景、过程、结果，从头至尾写出来。

反思性案例：教师对某一具体教育教学事件或现象的深度理解和阐释，内化为教师的个人理论。

研究性案例：通过对某一具体教育教学事件的描述，揭示具有普遍意义的命题，是新理论产生的源泉。

(二)撰写教育教学案例的原则

1. 真实性与典型性

教育教学案例应是教师自己在教育教学实践中亲身经历的事件，而不是为了写作而杜撰的故事。案例应尊重客观事实，暴露真实的自我，表达真实思想。案例的典型性应该是通过"小"事件引起"大"思考，做到以小见大。

2. 问题性与意义。

案例写作是研究，不是简单罗列一件件事情。让人振奋、激动、惊诧、感慨或者忧虑、悔恨、彷徨、困惑的事件背后还有什么？是"关于什么的案例"？问题要具体、独特、个人化，选择故事的标准：这个故事(事件)对我产生过情感冲击吗？是否呈现了我难以解决的困境？需要我做出困难的选择吗？我是否对自己对这个问题的解决并不满意？它是否具有道德上或伦理上的启迪？是否对自我专业成长和对教育的深入理解具有最大的促进潜力？承载一定教育意义的教育故事才是值得叙述的故事。

3. 可读性

案例通常采用叙述手法呈现，应具有可读性，能吸引读者，诱使读者想知道事情的发展、结果等。因此，情节、细节(表现故事内容的重要元素：场景、人物行为、对话、心理活动……)等应该具体、生动地叙述出来。

(三)教育教学案例题材的来源

1. 课堂教学叙事

课堂教学中出现的教学亮点、惊喜、收获；教学中遇到的困惑、问题、疑难、遗憾；教学过程中的突发事件等，都可作为案例叙事的素材。意义挖掘的重点在两个方面，一是课程(前提性问题)：课程目标、内容、资源、评价等；二是教学(技术性问题)：教学内容设计与组织、方法与技巧、师生互动与教学场景等。

2. 学校生活叙事

学生是成长中的个体，在学校生活中，学生的认知、情感、个性、社会性等发展中的成长故事等可作为案例叙事素材。意义挖掘的重点在于对"教育与人的发展关系"的反思，对"什么是(真正的)教育"的感悟。

3．教师自传叙事

具有自传性质的教师个人生活史。此类叙事的意义挖掘重点在于对教师成长和专业发展的感悟和思考。

(四)教育教学案例的结构

1．背景

案例的背景主要反映事件是在怎样的情况下发生的，说明事件发生的起因、场合以及相关条件等。案例的背景有大背景和小背景两类，大背景一般指课程背景、学校发展背景、区域文化背景、课程改革背景、学生生活背景等；小背景一般指构成案例的具体原因，如"大多数学生在几何证明中面临困难。如何有效地解决这个教学难点是我们课例研究的出发点"。

2．过程

指记叙事件发生发展的经过及其结果，表现事件发展的主要情节和种种细节。过程是构成案例内容的主要部分，也是体现案例意义和价值的主要部分。过程的写法有以下几种样式：

(1)叙述式。用于所有题材的案例。

(2)实录式。一般用于课堂教学案例，采用师生对话的形式来记叙教学的过程。为了精简案例的内容，需要在叙事中对教学进程进行提炼，概括性地叙述教学过程。

(3)反思式。案例既包含叙事者对所观察到的"事"的故事性描述，又包含对"事"的分析。反思就是对案例所描述的事件所进行的分析与思考，是叙事者对事件的评论，或阐述通过这一事件所得到的感受和启示等。反思类型主要有：评论式反思、分析式反思、说理式反思、感想式反思、总结式反思。具体地说，反思一般包括以下几个方面的内容：

点明案例的主题，揭示事件本身所蕴含的某些意义，使读者加深对案例的认识与理解；对案例所描述的事件进行总结，指出其成功或失败之处，并分析成功与失败的原因；借助于事件，发表作者的某些思想观点，对有关问题提出自己的看法；提出某些问题，给读者留下思考的空间，让读者自己去体味和思考。

(五)教育教学案例撰写思路

1．拟定题目

(1)以案例的关键事件为题，直接呈现案例内容。

例："一场差点开砸的班会"；"数学考砸了"；"老师，你替我管一管"；"凭什么要我背书"；"老师，我很郁闷"；"多讲了一道题"；"闷葫芦会讲话了"；"竞选之后"；"理发之后"……

(2)将案例事件中的主题离析出来，通常不是直接呈现案例的具体内容，读者无法从题目中了解具体的案例事件，但能知道案例的基本主题。

例："寻找回来的自信心"；"我思故我教"；"学生为什么抄袭作文"；"学做一名懒教师"；"五次转到蓝色之后"；"认知，在'意外'中深化"……

2. 明确主题

明确主题的方法是多样的，如表达观点、揭示现象、展示方法、提供范例、提出教训等。

3. 选择材料

依据逻辑(主线)、内容(具体、充实、生动、有新意、有个性……)来选择材料，确定一个或几个(成系列的)可叙述的事件。

4. 确定案例的形式与结构，撰写初稿

案例的核心内容是"问题"，但问题不能直接呈现，而要通过故事来呈现。叙述者要将一个事件的来龙去脉、发生发展有技巧地讲述清楚：有相对曲折的情节、合理的结构、发生发展高潮，故事的展开具有一定的戏剧性；最重要的是之所以讲述这个故事是因为其中隐含着需要解决的问题和深刻的教育意义。

5. 案例修改、完成

修改是一个更为深入的思考过程。通过重读、自我评价，进一步完善案例。修改的重点可从几个因素入手：文字尽量精简，增进案例叙述品质；事件引人入胜、包含意外增进案例可读性并触动情感；多从读者的角度思考内容。

二、教育研究报告

教育研究报告的撰写是教育科学研究的最后一个环节，是科学研究成果的集中体现。研究报告就是把研究的过程和结果用书面的形式表述出来。

教育研究报告包括一般学术论文、教育调查报告、实验研究报告和经验总结报告等。

(一)教育研究报告撰写的一般步骤

确定题目及报告类型。研究问题在开始确定课题时就已经明确，但具体撰写的研究报告时，还要根据研究得出的结论和研究报告的读者对象重新明确研究报告的题目。一项研究课题结束之后，研究结果可以从不同的角度来表述，这样就需要确定与表达的研究结果密切相关的报告题目。一个规模较大的研究课题可以分为不同的子课题。总课题可以写成一个总的研究报告，每个子课题也可以拟定一个题目，形成一个研究报告，从不同侧面反映研究成果。

研究报告的题目要切中主题，简洁具体，准确反映研究问题。一个好的研究报告题目可以使读者清楚了解报告的范围和内容，也从某种意义上确定了研究报告是否对读者具有吸引力。

1. 提炼主题及选择材料

研究报告的主题就是作者想要表达的中心问题。它是作者阐明道理、说明事物所表现出来的基本思想和观点。研究报告的主题必须与研究的主题一致，一般来说，研究报告的主题就是研究开始时确立的主题，但有时研究报告的主题也可以根据实际研究分析和结果而有所改动，特别是一项研究可以分为不同的子课题时，就需要在写报告时撰写不同的主题。为准确表达主题就要围绕主题选择材料。

2. 制定写作提纲

在撰写研究报告之前，必须精心设计文章的结构、内容层次，按文章布局的构思来制定写作提纲。写作提纲是研究报告的"骨架"，是作者对研究报告的设计蓝图。写作提纲分为条目提纲和观点提纲两类。条目提纲就是从层次上列出研究报告的纲目，而观点提纲是要在此基础上列出各分所要叙述的观点。编写提纲的过程实际上也是清理思路的过程。

3. 撰写研究报告

研究报告一般由标题、署名、正文、参考资料等部分组成。

标题是经过提炼主题以后而形成的，标题必须与文章的内容相一致。

署名一般在标题之下，用作者真实姓名，并签署作者的工作单位。署名的目的是表示对研究报告的负责，也表达作者付出的劳动，给予他们应得的荣誉。

正文是研究报告的主体，可由不同部分组成。不同类型的研究报告正文也有所不同，一般包括前言、主体、结尾等部分。

参考资料包括引文注释、参考文献和附录。撰写研究报告时，如果引用了别人的观点、材料，必须注明出处，这是尊重别人劳动的表现，反映了作者严肃的科学态度，体现出研究报告的科学依据，同时，也有利于读者更好地理解研究报告的内容，还能为读者深入讨论这些问题提供寻找有关文献的线索。

引文注释主要分脚注和尾注两种。参考文献排列可按主题分类，也可以按论文引用的先后顺序排列，还可以按作者姓氏笔画排列。参考文献的格式应当按统一的标准书写。

附录一般直接引用原始资料，放在研究报告后面。附录的作用在于使读者更好地理解研究报告的内容，有时，它对研究报告的内容也起到补充说明或提供参考材料的作用。如果附录超过一种以上，必须加上附录编号的标题，如附录一、附录二等。

4．修改研究报告

研究报告初稿写出来后，要进行反复推敲，不断修改。修改时，不但要对文章的内容进行核实、补充或删改，必要时，还可以对文章的结构进行适当的调整。此外，在文字上必须进行认真的加工。

(二)研究报告的一般类型

1．学术论文

学术论文是科学研究成果的文字表述。无论哪一类学术论文，形式格式上要遵循"绪论—本论—结论"的逻辑顺序。规范性学术论文的框架结构一般包括六个主要部分：标题、内容摘要、序言、正文、结论与讨论、引文注释与参考文献。

无论撰写投稿论文还是学位论文，都应充分注意以下几个问题：

一是要有较强的学术性。一篇论文的学术性主要表现在：研究成果能对某一领域提供新知识或丰富所涉及另一领域的知识，为新的研究过程提供新材料和新观点；研究成果是对别人的某一理论观点或实验结果的验证，或提出新的见解，修正别人的某一结论；研究成果是对前人的理论加以补充、完善或发展；把一些分散的材料加以综合，系统化，用新的观点或方法加以论证，得出新的结论。

二是要有一定的新意。在撰写学术论文的时候，要破除盲从权威，敢于提出新观点和自己不同的见解。对事物的评价分析，应有自己独到之处，不要人云亦云。

三是行文多样性。在方法上，要善于运用各种逻辑方法，多维度、多方向、多层次地论述问题。在材料的运用上，有事例，也有数据；有正面的，也有反面的；有历史的，也有现状的；有国内的，也有国外的。各种方法结合起来，交错运用。

2．教育调查报告

一般来说，教育调查报告从提出问题、分析问题、解决问题三个层次考虑，由题目、前言、正文、总结及附录五部分组成。

(1)题目。用一句话点题，反映主要研究问题。可加副标题，副标题是对主标题的补充，用来说明在什么范围内基于什么问题的调查。

(2)前言。开宗明义地交代清楚调查目的、意义、任务和方法。第一，简要说明调查的是什么问题，调查此问题的缘由和背景，调查的筹备过程，主要调查内容，国内外对同一课题的研究概况以及此次调查的意义和价值。第二，要说明调查的基本情况：概述调查的时间、地点、对象、范围、取样及调查的方式方法。第三，对此次调查的有利因素和不利因素作简单分析。

（3）正文。正文部分即调查内容。通过叙述、调查图表、统计数字及有关文献资料，用纲目、项或篇、章、节的形式把主题内容有条理地、准确地揭示出来。调查报告正文部分写法多种多样，一般有两种不同的写法。

一种是把教育调查的基本情况按种类分成并列的几个部分或方面来写。如对一个地区教育状况的调查，分为该地区经济发展水平、文化水平、学校教育发展状况等几个方面。学校教育又可分为学校规模、教育经费、课程设置、教学设备、师资队伍等不同项目，将有关的资料分别加以组合，使问题的论述相对集中，形成专题。

另一种是将调查的基本情况按照事物发展的逻辑顺序演变过程加以排列，分成互相衔接的几部分，层层深入地来写。即按所调查的教育现象产生、发展、变化的过程来写，如总结先进典型等。

（4）结论和建议。在对整个调查内容进行整体的定性、定量分析的基础上，概括出事物的内在联系和规律，并提出新的见解、新的理论和参考意见。

（5）附录。必要时要把调查工具或部分原始材料附在报告后面。附录包括：各种调查表格、原始数据、问卷、访谈提纲、研究记录等。

参考案例

淄博市经典教育现状调查报告

孙传鸣　刘　强

【摘要】：通过问卷调查，对淄博市经典教育的现状进行研究，结果表明：经典教育有其开展的必要性，同时也反映出开展过程存在着地区和学校的差别以及认识、师资等方面的问题。

【关键词】：经典教育　淄博市　调查报告

【正文】

一、调查目的及方法

经典教育就是让儿童在大脑发育最迅速的年龄阶段（0～13岁），通过接触代表人类最高智慧的经典文化，开发儿童的高度智力、培养其健全人格，为儿童的成人成才奠定坚实基础的一种教育方法。淄博市小学生及其家长对经典教育的认识情况如何？城区乡村是否存在差别？……（略）

二、调查结果与分析

（1）关于《小学生经典教育认识的调查问卷》的相关情况

（略）

（2）关于《学生家长经典教育认识的调查问卷》的相关情况

（略）

(3)关于《小学教师关于经典教育认识的调查问卷》的相关情况

(略)

(4)关于《师范专科学校大学生关于经典教育认识的调查问卷》的相关情况

(略)

三、存在的问题

通过调查可以发现……(略)

注释：①(略)

[参考文献]

[1]教育部发展规划司.2006年统计分析资料//教育统计报告[R].第二期(总第三十期).

[2]于冬青，梁红梅.中国农村幼教师资存在的主要问题及发展对策[J].学前教育研究，2008(2).

[3]……(略)

(资料来源：《淄博师专学报》，2010(2)。)

3. 教育实验报告

实验报告是对整个教育实验研究的全面总结。其基本框架包括题目、前言、方法、结果、讨论等部分。

(1)题目。实验报告的标题常常直接采用研究课题的名称，指明所研究的主要变量，要简练具体，使研究问题一目了然。

(2)前言。也称引言、导语、绪论，是研究报告的正文开头部分。主要内容包括：提出问题，表明研究的目的；通过对有关文献的考察，说明选题的依据、课题的价值和意义；目前国内外在这方面的研究成果、现状、问题和趋势；该项研究所要解决的问题以及研究的理论框架。

(3)方法。该部分要阐明实验研究所使用的研究方法。要让别人了解研究是在什么条件和情况下，通过什么方法，根据什么事实得来的，以评价实验研究的科学性和结果的真实性、可靠性。同时，也便于他人用同样的方法进行重复实验。基本内容包括：研究课题中出现的主要概念的定义；被试的条件、数量、取样方法；实验的设计(实验组与控制组情况，研究的自变量因素的实施及条件控制等)；实验的程序(通常涉及实验步骤的具体安排、研究时间的选择)；资料数据的收集和分析处理以及实验结果的检验方式。

(4)结果。这是研究报告的主要部分，要求简要地说明每一结果与研究假设的关系，将研究结果作为客观事实呈现给读者。基本内容包括：对研究中所搜集的原始数据、典型案例、观察资料，用统计表、曲线图结合文字进行初步整理、分析，既有对定性资料的归纳，又有对定量资料的统计分析等；在对资料进行初步整理分析基础上，采用一些逻辑的或统计的技术手段，得出研究的最终结果或结论。结果部分的撰写要注意以下要求：一是实事求是，真实可靠；二是定量与定性分析相结合；三是资料翔实，层次清晰，文字准确简明。一般不用"我认为""我主张"等表述形式，而应该使用"研究结果表明"等方式来表达研究者的观点。

(5)讨论。讨论是对研究结果的内涵和意义进行评价。研究者根据研究的客观事实和结论，结合自己的认识与了解，讨论和分析与实验结果有关的问题，以对当前教育理论或实践的发展提出自己的认识、建议和设想。

讨论和结论的主要区别在于：研究结论呈现的是研究中的客观事实，并可以在相同的研究中重复出现；而讨论则是主观的认识与分析，是研究者将研究的结果引向理论认识和实验应用的桥梁。

参考案例

"和谐教育"实验的报告

袁晓松

【摘要】：我区"和谐教育"实验是从 1990 年 9 月开始的，经武汉市教育科研领导小组和专家的考核论证，被确定为武汉市"八五"教育科研重点课题。

【关键词】：和谐教育 全面和谐发展 教育方针《中国教育改革和发展纲要》教育途径 教学目标 改革课堂教学德育工作 教育质量 教育目标

【正文】

我区"和谐教育"实验是从 1990 年 9 月开始的，经武汉市教育科研领导小组和专家的考核论证，被确定为武汉市"八五"教育科研重点课题。现将我区三年的实验情况报告如下：

一、实验课题提出的背景和理论

学生究竟应该怎样培养？学院究竟应该怎样办？我们一直在思索这样两个问题。从基础教育的现状看，目前困扰教育的诸多问题、矛盾，究其缘由，很多是不和谐所致。如在办学指导思想上……(略)

从教育改革的实践看，我区教育改革是从单科、单项改革开始的。但局部的单项改革无法改变目前教育存在的诸多问题。以后，单科、单项改革逐步向整体改革发展，这无疑是一个很大的进步。……(略)

从面临的时代看。当今国际竞争是综合国力的竞争，而决定综合国力的根本因素是民族素质。为此，许多国家为了面向 21 世纪，在教育方面都制定了

或正在制定新的对策。……(略)

为此，我们提出了实施和谐教育的设想。

我们认为和谐教育史一个可以体现教育的历史性、阶级性、民族性、继承性和发展性的概念，可以作如下表述：(略)

作为实现素质教育的一种教育模式，它具有以下几种特征：(1)总体协调性。……(略)。

二、实验的实施

1. 做好实验的准备——建立组织，制定方案

(略)

2. 确定实验的策略——突出重点，逐步深入，抓点促面，有序推进

从我区当前基础教育的实际出发，我们对下面几个问题首先着手研究。

其一：德、智、体、美、劳之间的和谐。……(略)

其二：课堂教学与课外活动之间的和谐。……(略)

其三：学校教育与家庭教育、社会教育之间的和谐。……(略)

其四：教育者与被教育这之间的和谐。……(略)

其五：幼、小、中各学段之间的和谐。……(略)

……(略)

3. 抓好转变思想，更新观念

4. 建立"三全两结合"的德育工作格局

5. 重点是改革课堂教学；丰富课余生活；优化育人环境

(1)激发学生的学习积极性。

(2)从实际出发，优化课堂教学结构、方法。

(3)从全局着眼，注重科学横向协调。

(4)丰富课外活动。

(5)优化校园环境。

三、主要收获和体会

1. 三年来实验的主要收获是：……

2. 主要体会是：……

(资料来源：《中国教育学刊》，1994(6)。)

【复习与思考】

1. 根据你自己的学科选择一个年级的教材，按一学期20周计，试着制订一份学期教学计划。

2．根据自己的学科专业，选择一个课题，撰写一份教学设计。

3．利用教育实习的机会，确定一个调查主题，明确调查对象，拟定思路，选择调查方法，分析调查结果，尝试写出调查报告。

【拓展学习】

1．郑金洲：课堂教学的 50 个细节．福州：福建教育出版社，2007.

2．王鉴：课堂研究概论．北京：人民教育出版社，2007.

3．李镇西：听李镇西老师讲课．上海：华东师范大学出版社，2010.

4．吴永军：校本教学研究设计——教师教学研究设计指南．南京：南京师范大学出版社，2007.

5．马云鹏：教育科学研究方法．长春：东北师范大学出版社，2001.

6．裴娣娜：教育研究方法导论．合肥：安徽教育出版社，1995.

7．中学学科网：http：//www.zxxk.com.

8．21 世纪教育网：http：//www.21cnjy.com.

9．第二教育网：http：//www.dearedu.com.

第三章　教师口语表达技能基础

【本章重点】

• 认识语音的基本属性及其特点

• 训练正确发音、正音等技巧，明确发声器官、部位、发声原理，进行科学的发声训练

• 解决普通话学习中的难点；熟悉测试大纲的要求，提示应考注意事项

第一节　语音概说

一、语音的性质

语音是语言的物质外壳，是语言的意义的载体，它是人类发出的、用于表示意义进行交际的声音。它具有物理属性、生理属性以及社会属性。

(一)物理属性

发音体振动，作用于空气或其他介质，形成音波，通过耳膜的接收、听觉神经的传导，到达人的大脑，就形成了声音的感觉。语音属于一种物理的运动，所以具有物理属性。

"语音"有四要素。任何一个声音都具有四个方面的基本特征：

1. 音高

音高指声音的高低，它取决于发音体振动的快慢。振动得快，音高就高，反之音高就低。

物体振动快慢由发音体的形状决定。其表现如下：大的、粗的、厚的、长的、松的物体：振动慢，音高低。小的、细的、薄的、短的、紧的物体：振动快，音高高。一般说来，儿童和女性的声带比较短，比较薄，所以发音比较高；而成年男性的声带比较长，比较厚，所以发音比较低。

音高是由频率决定的。频率是指单位时间内物体振动的次数，其单位是赫兹，一秒钟振动一次是一赫兹，而一秒钟振动一百次是一百赫兹。频率越高则音高越高，频率越低则音高越低。人耳朵能够感知的声音频率为 20～20000

赫兹,低于或者高于这一范围的声音,我们都不能感知到。

人可以通过调节声带的松紧改变音高。人的声带可以发出不同频率的音,原因就在于人具有调节声带松紧的能力。声带松时发音较低,而声带紧时发音较高。但是,发音时如果用力不当,可能会造成声带的损害。所以,发高音时,喉部肌肉不要过于用力,以免导致声带拉伤。

2. 音强

音强指声音的强弱,取决于发音体发音时振幅的大小。振幅越大,声音越强,反之则越弱。振幅是指发音时物体振动的幅度。振幅的单位是分贝。

同一个发音体,用大小不同的力量去敲击,则使得发音的振幅不一样。因此,声音的强弱由发音时用力大小所决定:用力大,则振幅大,音强就强;用力小,则振幅小,音强就弱。

振幅小的音不会对人的听觉器官造成损害,而振幅大的音则容易造成听觉器官的损害。

音强有时可以用来区别意义。汉语中的轻重音就是以音强作为其主要特征来区别意义的,例如:"过去"重音在前,轻声在后,表示"过"这个动作;而"过去"前后都读重音,表示"以前"、"以往"的意思。

3. 音长

音长指声音的长短,由发音时物体振动持续时间的长短所决定。发音体振动时间长,音长就长,否则就短。

汉语中一般不用音长作为主要的区别意义的手段,但音长作为发音中的一个自然属性,经常以伴随性的特征出现,比如重读音节以音强作为主要特征,音强较强,音长也比较长,而轻声音节音强较弱,音长也比较短。例如:"不辨东西"中"西"的发音音长较长(都是重音),而"不是东西"中"西"的发音音长较短("西"读轻声)。

汉语中的音长也与音高有着一定的联系。普通话的声调以音高为主要特征,音长只作为伴随性特征出现。在汉语普通话四个声调中,阴平55调、阳平35调、上声214调,音长较长,214调音长最长;而去声调值为51,音长较短。

4. 音质

(1)音质。音质也叫音色,指声音的本质特征,是一个音与其他音互相区别的最根本的特征。音质取决于发音时的音波形式,音波形式不同,音质就不同;而音波形式由三个方面决定:发音体、发音方法及共鸣器形状。

(2)纯音与复合音。所有的音都可以根据音质分为两种。纯音:只有一个单纯频率的音是纯音；复合音：由许多不同频率、不同振幅的音混合而成的音。纯音很少见，比如音乐中使用的音叉，可以发出纯音，而一般的音多是复合音。

（3）基音与陪音。复合音中，有一个频率最低的音，叫基音，其他的音都是陪音。

（4）乐音与噪音。乐音是指基音与陪音的频率成整数倍关系的复合音。乐音的声波有周期性，听起来和谐悦耳；而噪音是指基音与陪音在频率上没有整数倍关系的复合音。噪音的声波杂乱，没有规律，缺少周期性，听起来比较刺耳。一般来说，语音中的元音都是乐音，而辅音则大多是噪音。

（二）生理属性

语音的生理属性表现在它由生理器官发出。人类的发音器官可以分成三个部分：提供发音原动力的肺和气管；作为发音体的喉头和声带；作为共鸣器的口腔、鼻腔和咽腔。

（三）社会属性

人类的语音都是含有一定意义、作为意义的载体而起交际作用的，这就决定了语音具有社会属性。这也是语音区别于自然界其他声音的最根本的性质。

语音与意义的结合是由社会决定的。语音作为一种符号与它所代表的意义相联系着，但这种联系并不是必然的。一个语音表达一个什么样的意义，是由使用这种语言的社会群体在使用中约定俗成地固定下来的。所以，一个意义可以用不同的语音形式表示。比如某个普通话的词汇在不同的方言、不同的民族、不同的国家中可以有多种不同的语音表示。另外，同一种语音形式也可以表达多种不同的意思，如汉语里有大量的同音字、音同义不同的词汇。

同时，语音与意义的结合由社会约定俗成之后，个人不能任意改动。这也是语音具有社会性的表现。

语音的系统也是由社会决定的。任何语言或方言都有其独特的语音系统，比如有哪些音、没有哪些音；音与音之间的组合关系等。这些语音系统上的特点没有生理的、物理的或其他方面的原因，只是由使用这种语言的社会约定俗成的。比如汉语中有zh、ch、sh等卷舌音，而英语中没有；英语中有[b、d、g]等浊塞音，而汉语大部分方言没有，这并不是汉、英两个国家的发音器官有什么不同，也不是由于地理的原因，而仅仅是由于汉、英两个国家各自约定俗成地选择了各自的语音系统。

由于自幼受特定语音系统的熏陶，一个人往往对母语中具有的语音特征，听觉上比较敏感，发起来也容易，对母语中所没有的语音特征，则不易听出，也不容易发出。如西方人对汉语的四声和汉族人对西方语言的颤音、浊塞音，都是不易分辨和难以准确发音的。但是，经过训练，一个人可以掌握各种语音系统。这说明语音系统与生理和地理等非社会因素无关，而只是社会习惯的产物。

语音以人的发音器官为其必不可缺的生理基础，又同其他声音一样，具有物理的属性，但最根本的是它具有社会的属性。它与意义紧密结合，成为语言的物质存在形式。

语音的社会属性是它区别于其他声音的本质属性。语音不同于自然界的风声、雨声等声音。这些自然界的声音不是由生理器官发出的，也不能表示意义，它们只有物理属性，而没有生理属性和社会属性；语音也不同于其他动物发出的叫声。动物的叫声虽然具有物理属性和生理属性，但没有社会属性；语音也不同于人类发出的咳嗽声、鼾声等声音。咳嗽和鼾声虽然是由人类的发音器官发出的，但不能表达意义、进行交际。

二、教师的声音美

(一)普通话是教师的职业工具

把普通话确立为教师的职业语言，意味着所有的教师在一切履行教师职责的活动中都必须使用普通话。不仅语文教师要使用普通话，数、理、化、音、体、美的教师也要使用普通话；不仅中小学教师要使用普通话，高等学校的教师也要使用普通话。目前，国家采取各种措施促进教师普通话水平的提高，比如把普通话水平测试是否达标同师范生能否毕业、取得教师资格挂起钩来，同教师的职称晋升挂起钩来，同是否能够从事教师这一职业联系起来等。

师范生作为准教师，应把训练普通话视为教师的基本技能训练，把使用普通话变成自己的自觉行动，把说一口标准流利的普通话作为自己追求的目标。目前我国教师的普通话水平，已远远高出各行业的平均水平。

(二)教师声音美的标准

1. 语音规范

语音规范是指使用标准的普通话语音进行口语表达。

普通话是教师的职业语言，教师的教学口语应该建立在普通话的基础之上。一口标准的普通话不但能使学生准确地理解、领悟教师所表达的内容，还能使学生爱听、乐听、高效省力地接受教育，从中得以情感和美感的熏陶，从而取得良好的教育教学效果。能使用标准的普通话进行教育教学工作是一个合格教师所必须具备的职业素质之一，是教师教学取得良好效果的前提条件。

2. 语音清晰

教师的口语，应该干净利落，字字句句都清清楚楚，每个字的吐字归音都不含糊。"语清意自明"，这说明教学口语的清晰度与教学内容的表达有密切的关系。对教师语音清晰度的影响因素是多方面的：

(1)固有的发音习惯。发音时发音方法不对，如：咬声母用力不够，发韵腹时开口度较小，发韵尾时归音不到位；声调的调型不完整；用鼻音说话，如鼻子不通气一样的声音。

(2)教学心情。教师在教学时如果心情不好或急躁，会影响音节的不完整或不到位；人为地加快语速会使每个音节连滚带爬、拖泥带水。

(3)对教学内容的理解。对教学内容理解的不深刻、不准确，表达思路不明晰，使语音发飘，话语模糊。一个口齿伶俐的老师，能给学生以一种"纯听觉的美感"，一种"难以拒绝的亲和力"，从而产生意想不到的教育教学效果。

3. 语流流畅

教师"所说的话不流畅"，主要受以下几个方面的制约：

(1)表达前对自己所要表达的言语准备不够充分，意脉不清晰，东一榔头西一棒子，影响正常顺畅地表达。

(2)思维的流畅度不高，缺乏应变的语言机智。在碰到一些意想不到的突发事件，如学生提出古怪问题，课堂气氛沉闷或过于活跃时，显得毫无办法，无言以对。

(3)普通话使用不熟练、没有注意到语调的高低、轻重以及语速的快慢等。教师要使自己的教学口语流畅，就必须对自己所表达的言语内容做充分的准备，提高自己的思维品质，自觉地训练普通话语音。

4. 语速适宜

教师的教学语言要讲求合适的语速。据调查，教师的讲析的语速应该在每分钟 150～190 个音节之间。这样的语速是由教师口语的讲析特点决定的，过快，学生没有思考的余地；过慢，语言的信息含量太低。因此，超出这个范围就不太适宜了。

语速的快慢受几个因素的影响：

(1)教学内容的量。教学内容量多，语速容易加快，以求在一定时间内完成相当的教学内容；教学内容量少，语速则容易慢，以便在较长的时间内完成较少的教学内容。

(2)固有的语言习惯。"固有的语言习惯"因为是长期形成的积习，不容易改变，教师往往并不在意，对自己固有语速感觉迟钝。讲话过快的人，上课前多提醒自己一个"慢"字；讲话拖沓的人，应该尽可能把上课的内容考虑成熟，并且对自己教学口语速度多做自我监听，自我调整。

（3）教学心情。教师的教学心情往往也会影响语速的快慢。人的声音传送情绪状态，活跃的感受或急不可耐想把教学内容完成，容易出现"抢"的情况，语速会过快；自信心不足，心情郁闷，教师讲课常常会显得迟钝，因而语速会显得较慢。

5. 响度适中

教师教学口语响度应该注意四点：

一是不宜过低。教师讲课，声音的响度应清楚地直达于坐在最后一排学生的耳中，否则，学生就不知所云。有人认为，教师在上课时适当放低音量，能调动学生的听觉注意，并且学生会感到亲切，也能够显示出教师的从容与自信。但要注意，教师的声音低要低得合理、适度，做到低而不虚、沉而不浊，每句话要字字有声，有一定的内在的力度。

二是不宜过高。响亮的声音让学生听课不吃力，不用很费力地辨听，学生的听觉不会觉得疲劳，响亮是教学口语的第一要求。但响亮又不是一味地高调大嗓门的"高音教学"，声音过高，字音反而听不清楚，似乎传得很远，却并不在学生耳边，也容易引起听觉疲劳。从表情达意的角度去调节音量，教师说得轻松，学生学得自然也就愉快了。

三是不宜过亮。过亮的声音显得尖利、单薄、刺耳，令人紧张。天生音色偏亮的人，说话时适当降低音调，松弛喉部，尽量使自己的音色变暗一些，这样的声音有助于沟通和交流。

四是不宜过柔。细声细气、奶声奶气、嗲声嗲气、轻声轻气、软弱无力，这样的教学口语不可能产生亲和力，只能让人生厌。声音过柔的人，说话时尽量做到朴实，不要装腔作势，可用"喊嗓子"的方法加以改进。

6. 声音变化

教师的课堂教学口语在声音上也应该突出一个"变"字。魏书生老师对此有过总结，他认为：声音变化表现在四个方面：一是调整音量，根据需要，有时故意抬高声音，有时故意压低音量，以激发学生学习兴趣，引起注意。二是调整音调，有时用高调值讲话，有时则用低调值讲话，根据教材的内容，学生的实际，甚至自己的身体状况，变换语调。三是调整音速，有时讲话速度极慢，以引起学生对所讲内容的重视，有时一连串的排比句子说得极快，同样也能引起学生的重视。四是以情感人，同一句话、同一段话，用不同的感情去读或去说，引导学生比较，以增强兴趣。①

　　教师在教学活动中用比较标准的普通话语音、适当的语流语调传递信息的效果，通常比方音浓重、含混不清的语音要好；也可以说一个教师的优美的声音总是会给学生带来良好的听觉体验。

第二节　发声原理与科学发声训练

一、声音的认知

　　人类没有单独的发音器官，而是利用呼吸器官、消化器官作为自己的发音器官。其作用原理是如下。

　　呼吸：气乃声之本。气息是发声的动力，储藏和控制运用气息是表达发声的基本训练。

　　声带：靠气息振动发出声音，但这只是基本音源，声带产生的音量只占讲话音量的5％。

　　共鸣：通过头腔、口腔、咽腔、鼻腔、胸腔把声带的音量放大美化的过程，其作用占音量的95％。

　　吐字：人类与其他动物表达方式最大的不同在于字音的表达，而字音是靠我们的唇、齿、舌的控制来完成的。只有练好吐字才能准确地传情达意。可以说吐字和发声是构成有声语言表达的唯一载体。动听的声音和标准的吐字发音是我们练好有声语言表达的重要环节。

二、发声器官与发声原理

　　人类发出的声音是人的发音器官共同活动的结果，人的发音器官可分三部分。

　　(一)动力器官：

　　这是产生语音的动力基地，由肺部呼出的气流是发声的动力。气管输送气流的通道，由肺部呼出的气流通过气管、支气管到达喉头，作用于声带，经过一些发音器官的调节，才能发出不同的语音。

　　(二)声源器官：喉头和声带

　　喉头由软骨组成，下通气管、上接咽腔。声带位于喉头中间，是两片富有

---

① 　魏书生：《魏书生中学语文教学改革实践研究》，第50～51页，济南：山东教育出版社，1999。

弹性的薄膜。声带的前端、后端分别固定在软骨上。两片声带之间的空隙叫声门。肌肉收缩，使软骨活动起来，也同时带动声带活动，使声带放松或拉紧、使声门打开或关闭。从肺部呼出的气流通过声门使声带振动发出声音，声音的高低不同是控制声带的松紧造成的。

(三)调音器官：口腔、鼻腔

声带发出的声音只有经过共鸣器的调节，才能获得响亮的复杂的音色。口腔是语音的主要共鸣器，也是各种音色的主要制造厂。口腔中的发音器官包括：上下唇、上下齿、齿龈、上腭、小舌、舌头等，舌头是口腔中最活跃的发音器官。

鼻腔是一种共鸣器，与口腔相通，通过小舌和软腭与口腔隔开，关闭鼻腔通道，发口音，打开鼻腔通道，发鼻音。

我们平时说话，不必考虑操作和控制气息，但在朗读，演讲等艺术语言里，气息是催发感情的重要手段，因此，要想使自己的声音运用自如、清晰响亮、音色圆润，优美动人，就必须学会控制气息，掌握呼吸和换气的技巧。

三、科学发声训练

(一)气息训练

气息是发音的基础，气息充足方能发音持久有力。气息调控常用胸腹式联合呼吸法。

1. 深吸慢呼气息控制延长训练要点：吸气时，像闻花香，快而深；呼气时，像吹蜡烛，慢而匀；呼吸时，要取抬头、舒肩、展背、倾胸、变腹、并脚姿势；练习后期可练习绕口令提高气息调控。

2. 深吸慢呼数字练习

(1) 数数字练习："吸提"同前，在"推送"同时轻声快速地数数"12345678910"，一口气反复数，数到这口气气尽为止，看你能反复数多少次。

(2)"数枣"练习："吸提"同前，在"推送"同时轻声发音："出东门过大桥，大桥底下一树枣，拿竹竿去打枣，青的多红的少(吸足气)一个枣两个枣三个枣四个枣五个……"这口气气尽为止，看你能数多少个枣。反复4~6次。

(3)"数葫芦"练习："吸提"同前，在"推送"同时轻声念："金葫芦，银葫芦，一口气数不了24个葫芦(吸足气)一个葫芦二个葫芦三个葫芦……"，这口气气尽为止，反复4~6次。

(二)声带训练

声带决定发音的音质中的音调、音色。

训练要点：清晨"吊嗓子"——腹胸吸气，从最低音到最高音呼气发"啊"、"咿"。正式发音之前，要先小声发几个音，做好预备。

（三）共鸣训练

共鸣决定发音音质中的音高。头腔、鼻腔共鸣区为高音共鸣区，声音通过该区能产生高音；咽腔、口腔共鸣区为中音共鸣区；胸腔共鸣区为低音共鸣区。

训练要点：放松喉头，用"哼哼"音唱歌。学鸭叫，声发 gaga 音，学牛叫，声发 eng 音，学汽笛鸣声发 di 音。

（四）吐字训练

吐字三要素：出字——声母发音要准确有弹力；立字——韵腹发音要拉开立起；归音——韵尾发音要干净利落。

训练要点：标准模仿训练，选择标准普通话语音的资料进行模仿。注意声调、鼻音、翘舌音的区分。

四、嗓子保健的一般常识

保护嗓子不是一朝一夕的事，而是每时每刻都应该注意的事情。我国著名戏剧大师梅兰芳先生有以下一段精辟的用嗓保护总结："精神畅快，心平气和；饮食有节，寒暖当心；起居以时，劳逸均匀；练嗓保健，都贵有恒；由低升高，量力而行；五音饱满，唱出戏情。"可以作为借鉴。教师的嗓音保健应从以下几个方面着手：

（一）科学运用嗓音

1. 正确运用嗓音

有些人认为：发声，特别是言语发声，是属于生理本能，无所谓方法。其实，人们发声并不是单纯的喉部器官活动，因为声带振动所产生的"喉原音"，只有音高特性而没有音色个性，并且音量很小，必须经过共鸣腔体的共振，加工改造成为我们实际发出的声音。这个加工改造过程对教师尤为重要，教师必须充分发挥共鸣腔体的扩大音量、赋予嗓音色彩的效能，正确运用嗓音。

2. 合理使用嗓音

不要过度用嗓。不要尖叫，不要在嘈杂的区域高声讲话。如果感觉嗓子发干或者说话嘶哑，那就停止讲话。讲话的声音要保持正常，不要过高或过低，低声讲话对于保护嗓音来说也是不利的。

由于控制声带活动的喉内肌都是很小的肌肉，负荷能力不大，如果发音时间过长或强度过大，就容易引起疲劳。如果在疲劳的基础上强制使用，日积月累，就会导致喉肌劳损。

声带是高振动体，发声时声带为保持一定的张力而处于拉紧状态，特别是在大声喊口令时，要加大呼出气流强度，以增大声带的振幅，这些情况如果持续时间过长，由于机械性刺激，会引起咽喉黏膜充血、水肿和炎症，造成声音嘶哑。在炎症条件下继续用声，就可能使声带血管发生病变。因此，教师在教学、训练过程中应根据自己的实际情况控制用声时间和声音高低强弱，如体育教师可以尽可能地运用哨子、手势、掌声等非语言信号的帮助，以减轻嗓子的负担。

3. 生活中注意保护嗓音

(1)加强平时的体育锻炼，增强机体的各项生理功能，增强机体对感染性疾病的抵抗能力。感冒和上呼吸道感染会直接引起发声器官的炎变。吸入冷空气对咽喉的刺激很大。所以要注意冷暖、预防感染。患上感冒后要及时治疗，并应根据病情节制用声或短期禁声。

(2)不抽烟、少喝酒、少食辛辣食物和过冷过热食物。多饮茶，工作与休息安排适当，劳逸结合等都会减少教师患咽喉病的机会。尤其是在讲课前，不宜吃过辣、过咸、过腻的食品，否则容易引起咽喉不适和声音嘶哑。另外烟酒直接损害嗓音、影响发声功能，所以教师最好禁烟戒酒。

(3)培养良好的心理素质，培养乐观主义精神，温和的情绪，戒焦躁、愤怒以及过度的精神消耗，避免情绪大起大落。高兴时、愤怒时、兴奋时戒大声叫喊，以免造成声带损坏，导致声音嘶哑。在生活中和工作实践中遇到着急上火的事情常出现声音嘶哑，所以教师应加强自身修养，保持平和的情绪。

(4)维护良好的授课环境。环境嘈杂、空气污浊、粉尘多，则造成咽喉受损，容易受到感染。因此，保持教室大小适中，注意开窗通风，使用无尘粉笔，使用普通话教学，改进教学方法吸引学生注意力，减少课堂上的嘈杂声，对于保护教师嗓子，提高教学质量都是行之有效的办法。

(5)积极防治呼吸道感染。因为发音器官包括了呼吸系统几乎所有器官，特别是上呼吸道从鼻、咽一直到气管、支气管。如遇上炎症，特别是感染性炎症，必然造成对整个发音器官的功能性影响。一旦感冒、着凉、鼻塞、嗓子疼，就要及早到医院诊疗，避免造成对人体，特别是发音系统更大的伤害。一般来讲，呼吸道炎症转为慢性炎症后，治疗都比较困难，并且病程会拖长，对发音系统的伤害也就越大。

声音沙哑失声，是需要长时间讲话或不正确使用喉咙的人时常碰到的困扰。如果持续沙哑超过两周以上，最好找耳鼻喉科医师检查与治疗。一般而言，禁声休息是治疗声音沙哑的最佳方法。

有咽喉慢性炎症存在时，要及时使用对症的中、西药品进行治疗，不要认为这是"教师职业病"，就抱着一种无所谓的态度，任其自然发展，后果不堪设想。

另外在使用药物时要有所选择，激素类药物、抗生素等必须慎重使用；含片等虽然能给口腔咽喉带来清凉感，但不宜长期连用。

(二)注意日常保养

说话声音好听，也是人们追求美的一个重要方面。常言道，闻声如见其人，一个甜美圆润或浑厚而富有磁性的声音，会给人留下美好的回味和遐想。而声音的美，有其先天声带发育的条件，也是后天保养的结果。事实上，后天保养与嗓音有密切的关系，欲获得美好的声音，应从以下三方面对嗓子进行保养。

1. 饮食上的保健

对用嗓职业的人来说，应特别注意从饮食中补充维生素 A、维生素 C 和 B 族维生素。如缺乏维生素 A，鼻咽喉部易发干、发炎。维生素 C 缺乏，易导致鼻黏膜出血和声带无力。B 族维生素能维持耳鼻喉的正常功能。

多选用有利于保护嗓子的食物：对嗓子有益的食物有苹果、梨、桔子、香蕉、青萝卜、西红柿、黄瓜、小白菜、大白菜、油菜、芹菜、菠菜、蜂蜜、豆腐、豆浆、鸡蛋等，这些清淡食品有益于润喉、清嗓和开音，并含有多种维生素，对维持健康有益。

少吃过冷过热食物：食物过热易引起咽喉黏膜充血，影响发音和共鸣。过冷的食物可使咽喉部肌肉产生不正常的收缩和血管痉挛，引致黏膜损伤，影响喉肌和声带的正常功能。

不要过度饮酒及食用过于辛辣的食品，因为酒精和大蒜、辣椒、花椒等食物，对口腔、喉咙和食道黏膜刺激最大，易使这些部位充血、肿胀，并使嗓音失调。

2. 生活习惯上的保健

人的声带很娇嫩，不要在上呼吸道感染时过度用声，也不要在月经期或变声期过度用嗓子，在此期间，发音器官处于充血状态，无节制地说唱喊叫，会使声带"雪上加霜"。坚决戒掉烟瘾。因为点燃的烟草雾气中含有大量的尼古丁，容易降低呼吸道和发音器官黏膜的防御能力。生活要有规律，睡眠要保证充足，睡眠不足会使体内血液偏向酸性，致使肌肉疲劳，尤其是喉部小肌肉非常敏感，往往造成声带嘶哑。

3．生活细节方面要注意的保养方法

(1)限制工作之外的说话时间，减少不必要的长时间聊天或打电话。

(2)使用适当的音量说话，善用麦克风以应付不足之音量。

(3)说话速度要慢，说话之间要常停顿吸气，一句话不要拉得太长。

(4)说话音调不宜太低或过高。

(5)长时间讲话时，应多喝温开水保持咽喉湿润。

(6)尽量用腹部(即丹田)轻松发声，不要用胸部或绷紧脖子肌肉的方式讲话。

(7)应避免用力清喉咙、咳嗽等动作。因为这种动作会使气流猛烈地振动声带，从而损伤声带。如果觉得喉咙难受，那么可以采用小口地饮水或是吞咽使之缓解。

(8)感冒时应尽量减少说话，此时更须多喝温开水。

第三节　普通话的学习与测试

一、普通话概说

(一)什么是普通话

普通话是指以北京语音为标准音，以北方话为基础方言、以典范的现代白话文著作为语法规范的现代汉民族共同语。

"以北京语音为标准音"，是就北京语音的音系而言，不是所有的北京话的语音都是标准音。"以北方话为基础方言"，指的是以广大北方话地区普遍通行的说法为准，同时也要从其他方言吸取所需要的词语。

"以典范的现代白话文著作为语法规范"，指的是具有广泛代表性的现代和当代许多著名的文学作品和科学论著中的一般用例，而不是特殊用例或不纯洁、不健康的用例。

(二)现代汉语方言概况

现代汉语方言大体上可分为七大区：

1．北方方言

北方方言一般叫"北方话"，以北京话为代表，是现代汉民族共同语——普通话的基础方言。在汉语各方言中分布地区最广，使用人口也最多，占汉族人口总数的 70%以上。主要分布在长江以北地区，长江南岸的镇江到九江以东的沿江地带，湖北(东南除外)、四川、云南、贵州等省和湖南省的西北部，以及广西北部一带。

2. 吴方言

吴方言一般叫"吴语"，也叫"江浙话"或"江南话"，以苏州话或上海话为代表。主要分布在上海地区，江苏省长江以南镇江以东（镇江不在内）、长江以北一部分沿江地区和浙江的大部分地区。使用人口占汉族总人口的 8.4% 左右。

3. 湘方言

湘方言一般叫"湖南话"，以长沙话为代表。分布在湖南大部分地区（西北角除外）。使用人口占汉族总人口的 5% 左右。

4. 赣方言

赣方言一般叫"江西话"，以南昌话为代表。分布在江西省大部分地区（东北沿江地带和南部除外）及湖北东南一带。使用人口占汉族总人口的 2.4% 左右。

5. 客家方言

客家方言一般叫"客家话"，以广东梅县话为代表。分布在广东东部和北部，广西东南部，福建西部，江西南部，此外，广东的南部、湖南、四川也有一些客家方言点。客家人从中原迁徙到南方，虽然居住分散，但客家话仍自成系统，内部差别不算太大。使用人口占汉族总人数的 4% 左右。

6. 闽方言

闽方言主要分布在福建省，广东的东部潮州、汕头一带，海南省和台湾的大部分地区。华侨和华裔中有很多人是说闽方言的。闽方言使用人数约占汉族总人口的 4.2%。

7. 粤方言

粤方言以广州话为代表。分布在广东中部、西南部和广西的东部、南部。海外华侨很多是说粤方言的。使用人口占汉族总人数的 5% 左右。

汉语各大方言的分歧主要表现在语音方面，其次表现在词汇方面，语法方面的差异则比较小。不同方言基础的人学习和使用普通话的难点各有不同，要根据自己的方言中所存在的语音系统性问题进行针对性的训练。

（三）推广普通话工作概况

1. 立法

1955 年 10 月国家召开了"全国文字改革会议"和"现代汉语规范问题学术会议"，确定了"普通话"名称及含义，并制定了"大力提倡，重点推广，逐步普及"的十二字方针。1956 年 2 月 6 日，国务院向全国发布了《关于推广普通话的指示》，规定了普通话的定义。1958 年 2 月，第一届全国人民代表大会第五次会议批准通过了《汉语拼音方案》，为教学和推广普通话提供了有效的工具。

1982 年，第五届全国人民代表大会第五次会议通过的《中华人民共和国宪法》第 19 条明确规定："国家推广全国通用的普通话"，为推广普通话确立了法律依据。

2．标准确立

为了适应改革开放、经济建设和社会发展的需要，1986 年国家把推广普通话列为新时期语言文字工作的首要任务。1992 年确定推广普通话工作方针为"大力推行、积极普及、逐步提高"，在强化政府行为，扩大普及范围，提高全民普通话应用水平方面提出了更高的要求。1994 年 10 月国家语言文字工作委员会、国家教育委员会、广播电影电视部联合发布了《关于开展普通话水平测试工作的决定》(国语[1994]43 号文件)，明确提出了普通话水平测试的对象、目标和等级要求。之后，教育系统和广播电影电视系统成功地开展了大规模的普通话水平测试工作。

3．推广普及

1997 年 1 月 6 日，国务院第 134 次总理办公会议决定，每年 9 月份第三周举办一届"全国推广普通话宣传周"活动。1999 年 5 月，人事部、教育部、国家语委又联合发出了《关于开展国家公务员普通话的通知》，对公务员的普通话提出了相应的要求。

2000 年 10 月 31 日第九届全国人民代表大会常务委员会第 18 次会议通过的《中华人民共和国国家通用语言文字法》中也明确规定："国家推广普通话，推行规范汉字"，"本法所称的国家通用语言文字是普通话和规范汉字"。本法从 2001 年 1 月 1 日起施行。

目前，我国推广普通话的主要举措之一即开展普通话培训与水平测试工作。

二、普通话学习的难点与方法

(一)送气音与不送气音的分辨

在塞音和塞擦音两组音(bp；dt；gk；jq；zh；ch；zc)中各有 3 个送气音(p、t、k)、(q、ch、c)和 3 个不送气音(b、d、g)(j、zh、z)。它们指的是气流送出的状态。送气、不送气是相对而言的，没有不用气就可以发出的声音。气流微弱且短的，自然流出的是不送气音。用力喷出一口气的叫送气音。在普通话中它有辨义的作用。发送气音时要注意控制分寸，以免气流太强，有噪音。

(二)平舌音与翘舌音的分辨

首先要能够听辨，其次要找出两组音发音的区别。共同点是舌头整个呈现马鞍形，即有两个焦点，一个在前(舌尖与上齿龈)，一个在后(舌面后部与硬腭)，前高后低，舌面中部呈下凹形态。舌尖前音的第一焦点比舌尖后音靠前，但第二焦点舌尖前音比舌尖后音靠后。舌尖前音的舌面中部下凹度较浅，而舌尖后音的舌面下凹度较深。

受方言发音习惯影响，很多人存在平翘舌音不分的语音问题，有些是只有平舌音 z、c、s，没有翘舌音 zh、ch、sh；有些是平翘舌音不分，即便是能够区分，在发音和字的归类上跟普通话也不尽相同。那么如何掌握这两组声母的发音呢？

1. 区分发音部位

平翘舌音对应的发音方法相同，区别主要在发音部位。zh、ch、sh 是舌尖后音，发音时舌尖翘起并后缩，触击(zh、ch)或靠近(sh)硬腭前端，翘起的舌尖与硬腭前端构成阻碍，使气流受阻摩擦成声。z、c、s 是舌尖前音，发音时舌尖平伸，触及(z、c)或靠近(s)上齿背，舌尖与上齿背构成阻碍，使气流受阻摩擦成声。

2. 增强翘舌能力

方言中没有翘舌音的，要从发音动作和语音听觉上反复训练，首先要练习翘舌动作，初学时，可以夸张地把舌尖尽量后缩，以致舌尖的背面接触到了硬腭后面。这样可以找到、体会翘舌的感觉，反复操练，直到有了翘舌能力，再把舌尖前后位移，发出相对明晰的翘舌音。从听觉上，可以试着让舌尖依次抵住上齿背、上齿龈(上牙床)、前硬腭、后硬腭，依次发音，细心体会、揣摩。舌尖平伸，发 s；舌尖翘起，发成 sh；舌尖平伸，又变成 s，就像用耳语不断地说"四十"。从音色上来讲，平舌音音色窄而细，出气不畅，翘舌音则相对宽而粗，出气较畅。

3. 发翘舌音主要存在的问题

(1)发音部位靠前。这种情况往往是应试者用舌尖抵住上齿龈发音。

(2)舌尖过于后卷，或接触上腭的面积过大，发音含混。

(3)舌尖肌肉过于紧张，舌叶上翘，外部又同时伴有拢唇动作。

(4)舌尖过于上靠，带有舌面音色彩。

发音是一种口耳技能训练，正音是掌握汉语普通话标准读音的途径，属于一种记忆的训练，如果不知道哪些字读翘舌音，哪些字读平舌音，恐怕就不是找准发音部位的问题了。

(三)翘舌音与舌面音的分辨

翘舌音与舌面音易在粤方言区产生问题，如知道——机到。要分辨这两组音，首先要学会发音要领，它们的发音方法有相同之处，都是塞擦音，不送气音，但发音部位不同。发翘舌音舌尖翘起后，抵住或靠近齿龈后部，而发舌面音的时候,舌面前部抵住或接近硬腭前。

舌面音 j、q、x 跟 i、ü 或以 i、ü 开头的韵母拼合的,叫团音;舌尖前音 z、c、s 跟 i、ü 或以 i、ü 开头的韵母拼合的,叫尖音。普通话里没有尖音,只有团音。有些方言区的人把舌面音发成了尖音,也就是将舌面音发得太靠前了。

(四)唇齿音 f 与舌根音 h 的分辨

要读准这两组音,首先要掌握发音要领,弄清楚它们的相同之处和不同之处是什么。首先它们的发音方法是一样的,都是清擦音,区别是在成阻部位上,唇齿音 f 是上齿和下唇形成阻碍,而舌根音 h 的成阻部位在舌根和硬腭与软腭的交界处。了解了发音部位,着重练习发音部位,这是分辨两个声母的前提。其次要进行听力训练,从听感上能灵敏地区分 f、h。

(五)鼻音 n 和边音 l 的分辨

它们的发音部位相同,不同的只是发音方法。n 是鼻音,发音时气流从鼻腔流出。l 是边音,发音时气流从舌的两边流出。如感觉不到,可把鼻子堵住,发音困难的就是鼻音,因为气流出不来了,相反,发音不困难的就是边音。练习发边音时可适当地将嘴咧开一些,这样就可以帮助气流从舌头两边顺利流出。有的人不是不会发 n、l,而是受方言影响不知道哪些音节该发 n 或 l,这就需要去牢记。

(六)前鼻音和后鼻音的区别

前后鼻音的区别实际上就是-n、-ng 两组韵母的区分。这在普通话韵母学习中占有重要的地位。主要区别有三点:

1. 韵腹元音舌位的前后不同是主要标志

如 an-ang 的区分在于 an 中的 a 是前低不圆唇元音[a],而 ang 中的 a 是后低不圆唇 a,主要是口型大小的区别。-n 属舌尖元音,发-n 音时,舌尖顶住上齿龈,不要松动,不要后缩;-ng 属舌根元音,发-ng 音时,舌头后部高高隆起,舌根尽力后缩,抵住软腭;

2. -n 与-ng 后鼻韵尾的发音方法区别

发完前面的元音,-n 口型迅速下压,用力部分在前口腔,归音位置在 n;而-ng 口型并没有迅速前压,发音用力由元音迅速转移到后口腔,口型开口度较大。如 in-ing,二者元音相同,主要区别是后面的鼻辅音。因此二者在方言中很难区分。

3. 音色不同

前鼻音-n 较尖细清亮;后鼻音-ng 的声音则浑厚响亮。主要抓住二者口腔大小、用力前后、归音位置的不同来区别体会,很快就可掌握。

三、普通话中的"音变"

在一个语流中，语音有时会发生各种临时变化，这种变化有别于语音经过一段时间而产生的历史变化，这种音变叫作语流音变。语流音变也是普通话学习中的难点，而正确掌握和运用语流音变是说好普通话的标志之一。普通话中的语流音变主要有：

（一）变调

变调指在语流中所产生的声调变化现象。普通话中常见的变调有：

1. 上声变调

上声的变调，一般是位于别的声调之前，而单独读时，或位于其他音节之后时，不发生变调。上声变调的主要类型如下：

（1）上声（214）＋上声（214）→阳平（35）＋上声（214）

例词：好马　理解　美好　洗脸　讲演　乳品　打水　保险　水果　影响　我俩

（2）上声（214）＋非上声→半上（21）＋非上声

例词：武装　喜欢　打听　好说　语言　举行　想赢　你们　只是　努力　伟大　许诺

（3）上声同轻声连读，有两种情况，以读半上居多。

上声（214）＋轻声→半上（21）＋轻声

例词：姐姐　小子　椅子　奶奶　宝宝　婶婶　耳朵　马虎

上声（214）＋轻声→阳平（35）＋轻声

例词：法子　响起　把手　哪里　讲法　写起　眼里　水里

（4）三个上声字连读，也有两种情况。

上声＋（上声＋上声）→半上（21）＋阳平（35）＋上声（214）

例词：小老虎　很勇敢　李小姐　厂党委　纸雨伞　补语法　很美满　老领导　我想走

（上声＋上声）＋上声→阳平（35）＋阳平（35）＋上声（214）

例词：展览馆　雨伞厂　洗脸水　讲演稿　哺乳品　保险锁　虎骨酒

2. 几个常用特殊汉字"一"、"七"、"八"、"不"的变调

"一、七、八、不"这几个汉字，由于它们都来源于中古的轻声母入声字，所以具有独特的变调方式。其中"七、八"的变调正在趋于消失，有时只存在于方言区，一般情况下读原调，而不再读变调。

"一"和"不"的变调非常普遍，其规律如下：

(1)"一、不"＋去声(51)→阳平(35)＋去声(51)

例词：一定 一向 一对 一个 一去 一样

不去 不唱 不会 不行 不对 不孝 不敬

(2)"一、不"＋非去声→去声(51)＋非去声

例词：一听 一说 一人 一行 一举 一想

不说 不吃 不行 不成 不准 不许

(3)"七、八"的变调

"七、八"(55)＋去声(51)→阳平(35)＋去声(51)

例词：七岁 七个 八度 八代 七上八下

4. 形容词重叠的变调

(1)单音形容词重叠，无论是何声调，后一音节读阴平，这时多伴有儿化。

例词：轻轻 长长 好好 慢慢

(2)"ABB"式的形容词，后边的叠音后缀都读成阴平。

例词：黑漆漆 亮堂堂 明晃晃

(3)"AABB"式重叠后的形容词，第二音节读轻声，后两个音节读阴平。

例词：认认真真 清清楚楚 高高兴兴 舒舒服服

(二)轻声

1. 轻声的表现

轻声是指在一定条件下，音节失去其原来的声调，而读成又轻又短的调子。轻声是一种复杂的语音现象，它牵涉到音强、音长、音高和音质四个方面。一般说来，轻声音强比较弱，音长比较短，音高则由前面的音节的声调所决定，大体情形如下：

阴平字＋轻声字→2(半低) 例词：桌子 星星 吃着 酸的

阳平字＋轻声字→3(中) 例词：馒头 德性 梨子 红的

上声字＋轻声字→4(半高) 例词：椅子 码头 喜欢 美的

去声字＋轻声字→1(低) 例词：面子 看头 绿的 护士

轻声在音色方面的影响，可以表现在声母和韵母上。声母方面表现为使不送气的清塞音、塞擦音浊化；韵母方面表现为元音央化①和失落。

---

① 元音央化指元音在实际发音中，受到前后音的影响，使得实际的发音部位有所改变，前元音舌位比应有的舌位偏后，后元音比应有的舌位偏前。如单韵母 e 是后元音，但在复韵母 en 中，e 的实际舌位向央元音偏移，舌位靠前。

2. 轻声音节的出现范围

(1)助词"的、地、得、着、了、过"。

例词：红的　卖菜的　悄悄地　说得好　唱着歌儿　去了　听过

(2)语气词"吧、嘛、呢、啊"等。

例词：玩吧　好嘛　你呢　是啊

(3)叠音词、重叠式构词和动词重叠形式的后音节。

例词：星星　姥姥　妹妹　看看　学习学习　合计合计

(4)后缀"子、头"和词尾"们"。

例词：金子　底子　竹子　椅子　想头　骨头　石头　木头　它们　你们　我们　同学们

(5)名词、代词后面表方位的词或语素。

例词：脚上　桌子上　被子里　抽屉里　这里　那里　家里

(6)用于动词、形容词后面作补语的趋向动词。

例词：穿上　放下　拿出来　推进去　扎起来　说下去　热起来　冷下去

(7)量词"个"常读轻声。

例词：五个　十个　四个

(8)习惯轻声，一般出现在双音词和多音词的后音节。

例词：月亮　窗户　云彩　西瓜　萝卜　白菜　鼓捣　力量　意思　运气　便宜　位置

3. 轻声的作用

(1)区别意义。

例词：孙子(重)——古代的军事家；孙子(轻)——儿子的儿子

老子(重)——古代的哲学家；老子(轻)——父亲

上头(重)——喝酒过量而头晕；上头(轻)——上面

这种情形还包括同音不同字的词：

例词：鸭头——丫·头　　文字——蚊·子

狼头——榔·头　　东西——东·西

虾子——瞎·子　　龙头——笼·头

孢子——包·子　　本事——本·事

(2)区别词性。

例词：地道(重)——地下通道，名词；地道(轻)——纯正，形容词

买卖(重)——动词；买卖(轻)——名词

对头——对·头　　利害——厉·害

挠头——挠·头　　报仇——报·酬

(3)区别结构。

例词：打死(重)人——"打"与"死人"构成动宾关系

打死(轻)人——"打死"与"人"构成动宾关系

想起来(重)——"想"与"起来"构成动宾关系

想起来(轻)——"想"与"起来"构成动补关系

(三)儿化

1. 儿化的定义

儿化是指后缀"儿"与前面音节的韵母融合成一个音节，使韵母带有卷舌色彩的现象。儿化时后缀"儿"不能成音节，只代表一个卷舌动作。

2. 儿化韵的发音

(1)无韵尾或有 u 韵尾，只加卷舌动作。

例词：花儿、卷毛儿

(2)有－i、－n 韵尾，去掉韵尾再加卷舌。

例词：笔尖儿、小孩儿

(3)韵母为 i、ü 时，加央元音再加卷舌。

例词：小旗儿、马驹儿

(4)韵母为舌尖元音时，元音变为再加卷舌。

例词：鸡子儿、吃食儿

(5)有－ng 韵尾 去掉韵尾、元音鼻化再加卷舌。

例词：小床儿、花瓶儿

3. 儿化的作用

(1)区别词义。

例词：头——脑袋；头儿——领导者

空(kòng)——腾出；空儿(kòngr)——时间

信—— 书信；信儿——消息

白面——白的面粉(一般指小麦的面粉)；白面儿——毒品海洛因

大家伙——大的"家伙"；大家伙儿——大家、大伙儿

(2)区别词性。

例词：盖——动词；盖儿——名词

破烂——形容词；破烂儿——名词

儿化在区别词性的同时，也区别词义。

(3)表达喜爱的色彩或细微的意思。

例词：小孩儿 老头儿 小鞋儿 小床儿 小脸儿 小嘴儿

豆芽儿 小兔儿 蝴蝶儿 金鱼儿 花篮儿 脸盆儿

（四）语气词"啊"的音变

语气词"啊"经常位于其他词的后面，发音受前面音节影响，产生音变。其音变的类型主要是增音，具体情形如下：

1. i、ü、a、+a→ya 呀　例：鸡（啊）呀、鱼（啊）呀、说（啊）呀、回家（啊）呀

o、e、ê→ya 呀　例：波（啊）呀、哥（啊）呀、妈（啊）呀、鞋（啊）呀

2. u+a→wa 哇　例：路（啊）哇、流（啊）哇、好（啊）哇

3. n+a→na 哪　例：天（啊）哪、看（啊）哪、办（啊）哪

4. ng+a→nga 啊　例：行啊、听啊、想啊

5. —i、er+a→ra 啊　例：是（啊）啊、儿（啊）啊、治（啊）啊

6. —i+a→za 啊　例：字（啊）啊、词（啊）啊、撕（啊）啊

四、普通话水平测试大纲概要

根据教育部、国家语言文字工作委员会发布的《普通话水平测试管理规定》、《普通话水平测试等级标准》，制定本大纲。

（一）测试的名称、性质、方式

本测试定名为"普通话水平测试"（PUTONGHUA SHUIPING CESHI，缩写为PSC）。

普通话水平测试测查应试人的普通话规范程度、熟练程度，认定其普通话水平等级，属于标准参照性考试。本大纲规定测试的内容、范围、题型及评分系统。

普通话水平测试以口试方式进行。

（二）测试内容和范围

普通话水平测试的内容包括普通话语音、词汇和语法。

普通话水平测试的范围是国家测试机构编制的《普通话水平测试用普通话词语表》、《普通话水平测试用普通话与方言词语对照表》、《普通话水平测试用普通话与方言常见语法差异对照表》、《普通话水平测试用朗读作品》、《普通话水平测试用话题》。

（三）试卷构成和评分

试卷包括5个组成部分，满分为100分。

第一项：读单音节字词(100个音节，不含轻声、儿化音节)，限时3.5分钟，共10分。

1. 目的

测查应试人声母、韵母、声调读音的标准程度。

2. 要求

(1)100个音节中，70%选自《普通话水平测试用普通话词语表》"表一"，30%选自"表二"。

(2)100个音节中，每个声母出现次数一般不少于3次，每个韵母出现次数一般不少于2次，4个声调出现次数大致均衡。

(3)音节的排列要避免同一测试要素连续出现。

3. 评分

(1)语音错误，每个音节扣0.1分。

(2)语音缺陷，每个音节扣0.05分。

(3)超时1分钟以内，扣0.5分；超时1分钟以上(含1分钟)，扣1分。

第二项：读多音节词语(100个音节)，限时2.5分钟，共20分。

1. 目的

测查应试人声母、韵母、声调和变调、轻声、儿化读音的标准程度。

2. 要求

(1)词语的70%选自《普通话水平测试用普通话词语表》"表一"，30%选自"表二"。

(2)声母、韵母、声调出现的次数与读单音节字词的要求相同。

(3)上声与上声相连的词语不少于3个，上声与非上声相连的词语不少于4个，轻声不少于3个，儿化不少于4个(应为不同的儿化韵母)。

(4)词语的排列要避免同一测试要素连续出现。

3. 评分

(1)语音错误，每个音节扣0.2分。

(2)语音缺陷，每个音节扣0.1分。

(3)超时1分钟以内，扣0.5分；超时1分钟以上(含1分钟)，扣1分。

第三项：选择判断，限时3分钟，共10分。

1. 词语判断(10组)

(1)目的：测查应试人掌握普通话词语的规范程度。

(2)要求：根据《普通话水平测试用普通话与方言词语对照表》，列举10组普通话与方言意义相对应但说法不同的词语，由应试人判断并读出普通话的词语。

（3）评分：判断错误，每组扣 0.25 分。

2. 量词、名词搭配（10 组）

（1）目的：测查应试人掌握普通话量词和名词搭配的规范程度。

（2）要求：根据《普通话水平测试用普通话与方言常见语法差异对照表》，列举 10 个名词和若干量词，由应试人搭配并读出符合普通话规范的 10 组名量短语。

（3）评分：搭配错误，每组扣 0.5 分。

3. 语序或表达形式判断（5 组）

（1）目的：测查应试人掌握普通话语法的规范程度。

（2）要求：根据《普通话水平测试用普通话与方言常见语法差异对照表》，列举 5 组普通话和方言意义相对应，但语序或表达习惯不同的短语或短句，由应试人判断并读出符合普通话语法规范的表达形式。

（3）评分：判断错误，每组扣 0.5 分。选择判断合计超时 1 分钟以内，扣 0.5 分；超时 1 分钟以上（含 1 分钟），扣 1 分。答题时语音错误，每个音节扣 0.1 分，如判断错误已经扣分，不重复扣分。

第四项：朗读短文（1 篇，400 个音节），限时 4 分钟，共 30 分。

1. 目的

测查应试人使用普通话朗读书面作品的水平。在测查声母、韵母、声调读音标准程度的同时，重点测查连读音变、停连、语调以及流畅程度。

2. 要求

（1）短文从《普通话水平测试用朗读作品》中选取。

（2）评分以朗读作品的前 400 个音节（不含标点符号和括注的音节）为限。

3. 评分

（1）每错 1 个音节，扣 0.1 分；漏读或增读 1 个音节，扣 0.1 分。

（2）声母或韵母的系统性语音缺陷，视程度扣 0.5 分、1 分。

（3）语调偏误，视程度扣 0.5 分、1 分、2 分。

（4）停连不当，视程度扣 0.5 分、1 分、2 分。

（5）朗读不流畅（包括回读），视程度扣 0.5 分、1 分、2 分。

（6）超时扣 1 分。

第五项：命题说话（说满 3 分钟，共 30 分）。

1. 目的

测查应试人在无文字凭借的情况下说普通话的水平，重点测查语音标准程度、词汇语法规范程度和自然流畅程度。

86

2. 要求

(1)说话话题从《普通话水平测试用话题》中选取，由应试人从给定的两个话题中选定 1 个话题，连续说一段话。

(2)应试人单向说话。如发现应试人有明显背稿、离题、说话难以继续等表现时，主试人应及时提示或引导。

3. 评分

(1)语音标准程度，共 20 分。分六档：

一档：语音标准，或极少有失误。扣 0 分、0.5 分、1 分。

二档：语音错误在 10 次以下，有方音但不明显。扣 1.5 分、2 分。

三档：语音错误在 10 次以下，但方音比较明显；或语音错误在 10～15 次之间，有方音但不明显。扣 3 分、4 分。

四档：语音错误在 10～15 次之间，方音比较明显。扣 5 分、6 分。

五档：语音错误超过 15 次，方音明显。扣 7 分、8 分、9 分。

六档：语音错误多，方音重。扣 10 分、11 分、12 分。

(2)词汇语法规范程度，共 5 分。分三档：

一档：词汇、语法规范。扣 0 分。

二档：词汇、语法偶有不规范的情况。扣 0.5 分、1 分。

三档：词汇、语法屡有不规范的情况。扣 2 分、3 分。

(3)自然流畅程度，共 5 分。分三档：

一档：语言自然流畅。扣 0 分。

二档：语言基本流畅，口语化较差，有背稿子的表现。扣 0.5 分、1 分。

三档：语言不连贯，语调生硬。扣 2 分、3 分。

说话不足 3 分钟，酌情扣分：缺时 1 分钟以内(含 1 分钟)，扣 1 分、2 分、3 分；缺时 1 分钟以上，扣 4 分、5 分、6 分；说话不满 30 秒(含 30 秒)，本测试项成绩计为 0 分。

(四)应试人普通话水平等级的确定

国家语言文字工作部门发布的《普通话水平测试等级标准》是确定应试人普通话水平等级的依据。测试机构根据应试人的测试成绩确定其普通话水平等级，由省、自治区、直辖市以上语言文字工作部门颁发相应的普通话水平测试等级证书。

普通话水平划分为三个级别，每个级别内划分两个等次。其中：

97 分及其以上，为一级甲等；

92 分及其以上但不足 97 分，为一级乙等；

87 分及其以上但不足 92 分，为二级甲等；

80 分及其以上但不足 87 分，为二级乙等；

70 分及其以上但不足 80 分，为三级甲等；

60 分及其以上但不足 70 分，为三级乙等。

（60 分以下，不入级）

说明：各省、自治区、直辖市语言文字工作部门可以根据测试对象或本地区的实际情况，决定是否免测"选择判断"测试项。如免测此项，"命题说话"测试项的分值由 30 分调整为 40 分。评分档次不变，具体分值调整如下：

(1)语音标准程度的分值，由 20 分调整为 25 分。

一档：扣 0 分、1 分、2 分。

二档：扣 3 分、4 分。

三档：扣 5 分、6 分。

四档：扣 7 分、8 分。

五档：扣 9 分、10 分、11 分。

六档：扣 12 分、13 分、14 分。

(2)词汇语法规范程度的分值，由 5 分调整为 10 分。

一档：扣 0 分。

二档：扣 1 分、2 分。

三档：扣 3 分、4 分。

(3)自然流畅程度，仍为 5 分，各档分值不变。

参考案例
普通话水平测试试卷（单音节、多音节项）

一、读单音节字词（100 个音节，共 10 分，限时 3 分钟）

爱	词	岸	半	加	读	埠	菜	灯	热
思	沙	许	芽	抓	跃	嘴	咬	税	头
搜	天	完	味	右	腿	小	暂	元	战
尊	专	香	庄	厅	翁	兄	争	损	真
弱	略	内	猫	所	沪	苗	流	门	老
您	乱	穷	金	矿	容	亲	胖	泉	评
青	让	群	君	枪	空	瓜	风	会	耕
黑	根	口	火	接	快	二	分	富	记
音	湛	绑	韧	蓬	嫁	庚	馒	衲	阑
焚	遛	徽	券	瘸	撵	怠	秃	惭	飒

二、读多音节词语(100个音节，共20分，限时3分钟)

皮肤	报纸	女儿	玻璃	罪恶	哀悼	烹调
名字	通商	木匠	的确	年头儿	旅游	萝卜
选举	天真	光荣	灵魂	功夫	家伙	小孩儿
墙头草	敏捷	所以	金鱼儿	权限	率领	人质
群众	内脏	响应	完整	英雄	阐述	乘客
处理	参照	玩意儿	愉快	政策	音乐	委员
云彩	纤维	美满	一会儿	挖掘	小伙子	大学

全神贯注

(注：不是标准卷，未经信度、区别度、难度分析)

五、普通话水平测试应考(机考)注意事项

1. 准备时间

普通话水平机考与人工测试一样，会安排10分钟左右的时间让考生在准备室做测前准备。

2. 音量稍大

(1)测试时应该采用中等音量(即两三个人之间正常交谈的音量)。

(2)从试音到整个考试过程音量应保持基本一致。常见的问题是考生在测试"命题说话"项时声音太小，像说悄悄话，要注意克服。当然，也不要使用超出正常说话音量的"喊话"式。

3. 语速适中

考试时应保持适当的语速，一个字一个字念清楚。常见的问题是读得太快，字与字之间没有间隔，每一个字都不清晰，都有缺陷。也不要读得太慢，太拖沓。要做到吐字清晰完整，速度稳稳当当，从容不迫。

4. 避免漏读

测试时，前三项如果有"漏读"现象是要按字扣分的，所以要注意避免漏读，即使有不认识的字，也应揣摩着读一下。要注意的是，看着电脑屏幕考试同看着书面材料考试的感觉会有些差异，换行时有可能发生漏行的现象。

建议读字、词两项时换行可稍放慢速度，看清后再读，不要漏行(在电脑界面上，最容易漏行的读单字项，行与行单字的颜色已设置成蓝黑相间，以便把握)；朗读时则要注意语义连贯，也不要漏行。

5. 避免复读

第一项和第二项如果有个别字词因读错后可重复读一遍，计算机系统会自动进行识别，以第二次读音为准。第三项朗读短文，如果出现复读现象，系统会

按照普通话水平测试大纲的评分要求（增读或漏读音节视同为音节错误）扣分。

6. 第四项"命题说话"的要求

命题说话的30个话题都应做充分准备，测试时应按照要求讲述。平时练习时最好准备超出"3分钟"的话题内容，这样可避免在测试时由于紧张而使语速加快，以至于说不满3分钟就没话说了。

7. 要有对象感

有人担心对着计算机测试，会因为没有具体的交流对象而找不到感觉，尤其是"说话"项。应试人平时练习时就要试着设置虚拟情景——想象自己是面对着朋友、同伴在说话。

8. 准确把握时间

(1)在电脑界面上，每项测试题的下方都有时间滚动条，不用特别注意，你就能清晰地了解每项测试的用时。

(2)通常，前三项的时间很充裕，每项读完通常都会有时间多余。应试人只要依次点击电脑界面右下方的"下一题"按钮，系统便会进入下一题测试。只有"说话"这一项，一定要说满三分钟（听到提示"时间到"）。

9. 不受环境影响

(1)普通话水平机考安排在面积较大的语音室或实验室进行，各个机位保持2米左右的距离，考试时，难免听到别人的声音。这时，请你调整状态，专注于自己的考试，这样就不会受别人干扰。千万不要去听别人的朗读，那样会影响你的情绪。再说，每台计算机的试卷是不一样的，没必要听别人的。

(2)测试选用的话筒能屏蔽别处的声音，因此，别人的声音不会录进你的计算机，也就不会影响你的成绩。

10. 熟悉系统的操作

(1)考试报到室张贴有"应试指南"，请注意阅读。

(2)计算机已设定程序，操作十分简便，测试时只要按提示操作即可。

11. 沉着处理意外情况

测试前应解决所有操作上的疑问，测试时一定要沉着冷静，不要说同测试内容无关的话。测试时如遇问题，应举手示意，工作人员会及时前来处理。

出示准考证测试时，正确录入准考证号并核对个人信息。

【复习与思考】

1. 学习本章之后，你对教师语言表达有了哪些新的认识？

2. 根据自己的理解和感受，列出你认为的"教师声音美"的标准。

3．试着根据你的母语方言特点，制定一份方言与普通话语音差异对照表，并列出其中你自己需要加强练习的语音系统（声母、韵母、声调等）。

【拓展学习】

1．［美］史迪芬·平克．语言本能——探索人类语言进化的奥秘．洪兰译．汕头：汕头大学出版社，2004.

2．桂诗春．新编心理语言学．上海：上海外语教育出版社，2000.

3．张惠芹．教师的语言艺术．北京：中国国际广播出版社，2008.

4．鄢月钿．教师的语言艺术（修订版）．长春：吉林大学出版社，2010.

5．王向阳．教师语言修养指导手册．长春：东北师范大学出版社，2010.

6．路伟．教师口语．北京：北京师范大学出版社，2011.

7．茅海燕．教师言语表达学．北京：中国科学技术大学出版社，2012.

8．江苏省语言文字工作委员会办公室．普通话水平测试指导用书（江苏版）．北京：商务印书馆，2009.

第四章　一般口语表达技能

【本章重点】
- 一般口语表达的五个基本要求：求真、辞达、得体、生动、幽默
- 口语表达中最基本的四种形式：复述、描述、解说和评述的特点和要求
- 朗读、朗诵、演讲、辩论的具体要求和基本技巧

口语表达能反映一个人内在的学识、气度、人格魅力。教师"以舌代耕"，主要靠口语来完成教学任务，一个说话时吞吞吐吐、游移拖沓的笨口拙舌的教师，其教学很难有说服力和感染力，教学效果一定是糟糕的。

第一节　口语表达基本要求

从牙牙学语开始，我们就每天都在进行着口语表达，然而，我们中有为数不少的人"不会说话"、常常"说错话"。一个极重要的原因在于，这样一个生活中的实践过程很少得到高层次的理论指导。美国哲学研究所所长莫提默·J·艾德勒(Mortimer J. Adler)曾说："根本没有人记得，在小学里接受读写训练的同时，也接受过说的训练。"这句话同样适用于我国。在我国各级学校教育中，相对于对培养学生读写能力的重视程度而言，对于学生口语表达能力的培养一直是有所欠缺的。因此，长期以来，我们的口语表达实践比较盲目，很多人的语言能力发展失衡，口语表达能力明显偏低。

当今世界对于"人才"的判断中，是否具有好的口才是重要标准之一。一个具有良好口语表达能力的人，可以用出色的口才快速、恰当、生动地传递思维，表达观点，展现自我的综合素养，获得认同，从而为自己赢得更多的机会。一个人如果常常词不达意，即使思维敏捷，言语的滞后也会成为工作、学习、生活的巨大障碍。

《左传·襄公二十五年》记载："仲尼曰：《志》有之：'言以足志，文以足言。'不言，谁知其志？言之无文，行而不远。"在孔子看来，我们的语言既要

"言志"，又要"文备"。换言之，我们不仅要"说"，而且说出的话要能充分表达自己的思想，并且文采斐然。这样的语言观至今仍然有着指导意义。

一、求真

口语的表达，首要一点是求真，用真诚的态度，表达内心真实的想法，不虚伪，不做作。这可以说是我国传统文化中最重要的语言观。《周易·乾·文言》言："修辞立其诚。""修辞"的目的之一是为了"立诚"，如果远离了这个目的，把"修辞"当作一种单纯的说话技巧，那么我们的口语表达可能就会变成"花言巧语"，变成孔子所反对的"巧言令色"。

求真，首先在于说话内容的真实，这包括言语内容中富含的知识信息是正确、准确、科学的，对事物的叙述、描写和说明都是符合实际的，发表的议论是自己真实的看法，抒发的感情是个人的真实的情感表露，还有就是言行一致。如果在进行口语表达时，经常信口开河，犯一些类似于"关公战秦琼"的常识性的错误，或者总说一些自己都不相信的假话、大话、空话、套话，必然无法取得别人的信任，无法获得大家的认同。

其次，求真还要求说话态度的真诚。即使内容千真万确，如果态度傲慢嚣张，或者冷若冰霜，又或者只是敷衍了事，那仍然是会拒人千里之外，因为倾听者是需要和说话者进行必要的情感沟通来增加了解和信任的。

我们再从口语交际原则的角度来进一步解读"求真"。美国语言哲学家格赖茨（*Herbert Paul Grice*）1967 年获邀去哈佛大学作讲座时，首次勾勒出"会话含义"理论，这一理论后来成为了语用学发展史上最有影响的理论之一。格赖茨认为，为了保证会话的顺利进行，交际双方需要恪守一定的原则，其中最重要的就是"合作原则"（Cooperative Principle）。这一原则包括四条准则，分别是量的准则（Quantity maxim）、质的准则（Quality maxim）、关系准则（Relation maxim）和方式准则（Manner maxim）。口语表达的"求真"，本质就是要说话者遵循量的准则和质的准则，即：所说的话包含交谈目的所需要的信息且不包含超出需要的信息（量的准则）；不说自知是虚假的话和缺乏足够证据的话（质的准则）。

参考案例

甲：您贵姓？

乙：跟我爸爸一个姓。

甲：那您爸爸贵姓？

乙：跟我爷爷一个姓。

甲：您住哪儿？

乙：中国的土地上。

甲：那您做什么工作？

乙：为人民服务！

……

这段谈话中，乙一直违背量的准则，没有告诉甲所需要的任何信息，这样的对话显然是无法继续下去的。乙的言谈毫无真诚可言，说明乙对于甲以及这次谈话都缺乏起码的尊重，双方交流的通道被他本人切断。

参考案例

李老师喜欢拖堂，下课铃响的时候，他总是会说："同学们，我再讲一分钟。"而事实上，他常常会继续上到后面一节课的上课铃响才罢休。久而久之，学生们给他起了个外号叫"拖堂李天王"。有一天下课时，他又像往常一样说"再讲一分钟"，一个学生不满地插话道："老师，我们一定不是生活在一个次元里。天上一日，人间一年；你的一分钟，是我们的十分钟。"全班哄堂大笑，李老师面红耳赤。

我们先不去讨论拖堂的利弊，仅从口语交际的角度来看，在这个例子里，李老师明显违反了质的准则，把虚假的话当成了口头禅，因此失去了学生的信任，也使他的教育教学工作陷入困窘。

内容真实、态度诚恳才能使我们的口语表达获得共鸣，口语交际才能顺利进行下去。言而不实的人，说者姑妄说之，听者也必然是姑妄听之。

二、辞达

孔子曾言："辞达而已矣。"（《论语·卫灵公》）也就是说语言要能够说明白，要能够表达意思。达，指的就是言能逮意，口语能够准确表达自己的思想，也就是语言和思维的一致性。

"言不在多，达意则灵。"古人常患辞不达意，言不尽意，因为思维转换到语言，是个十分复杂的过程。思维只需要自己理解，而语言是用来和别人交流的，因此，思维是复杂的、曲折的、多元化的、立体的，作为思维外壳的语言，却是线性排列，也就是索绪尔（Ferdinand de saussure）所说的横组合（syntagmatic）线性序列，它必须在其线性序列中载荷复杂的、曲折的、多元的信息量，包含立体思维的语义潜势（meaning potential）和辐射型联想的丰富内涵，难度可想而知。此外，思维可以跳跃，语言却要具有逻辑性；思维可以残缺不全，语言却必须完整清晰；再加上口语表达本身具有的即时性、临场性、暂留性等特点，要想"辞达"就更有难度了。

口语表达要做到"达"，首先要求思维十分敏捷且条理清楚，这样才有可能使口语畅达有序。口语表达与思维几乎同步，思维混乱会让我们说话的时候颠三倒四、前言不搭后语，思维停顿会让我们口语表达时出现中断、空白。

在思维清晰的前提下，再注意措辞的准确，要使用恰当、规范、得体的语言来表达思想。荀子在《正名篇》中有一句话："名无固宜，约之以命，约定俗成谓之宜，异于约谓之不宜。名无故实，约之以命实，约定俗成谓之实名。"这一句中，"约定俗成"四个字点明了语言符号能指和所指关系的本质。语言是约定俗成的，没有约定俗成，就不能成为信息的载体，交流的工具。在约定俗成的语言世界中，只有措辞得当，才能够表达准确，这就是"辞达"。

参考案例

某人过生日，邀请 4 位朋友到家里做客。约定时间已过，还差 1 个人没来。主人等得不耐烦，就说："怎么搞的，该来的不来。" 3 位客人中，有 1 人听得不对劲了："该来的没来，那我是不该来的喽?"于是悄悄走了。主人发现少了 1 个人，着急地说："怎么搞的，不该走的反倒走了!"又有 1 位客人想："走了的是不该走的，那我这样没走的，才是该走的了。何必还要赖在这儿呢?"于是，这位也伺机走了。最后剩下的那位客人跟主人较亲近，看了这种尴尬的场面，就跟主人说："你说话前要先考虑一下，说错了就不容易收回来了。"主人大叫冤枉，急忙解释说："我不是说他俩的!"最后这位客人听了大为光火，说："既然不是说他俩的，那就是说我的了!"说完，头也不回地离开了。

示例中的主人并非真的认为 3 位客人是不该来的，他只是想表达焦急的情绪，但他说出口的话却没能如实传递他的想法，造成了误会。这则笑话虽有些夸张，却充分说明了口语表达一定要注意措辞，掌握分寸。

"辞"如果"不达"，不仅会带来误解，甚至会带来灾难。

参考案例

1945 年 7 月 26 日，敦促日本投降的《波茨坦公告》公布，日本天皇明确表示接受公告提出的投降条件，但接受投降的声明没有及时送到内阁，因此时任日本内阁首相的铃木在接见记者时便说："内阁对《波茨坦公告》持默杀态度。""默杀"在日语里是多义词，通常解释为"暂不予以评论"或"暂不予以理睬"。铃木的本意是前者，这是可以理解的，因为当时日本天皇尚未授权内阁表态。但是译者将这个词译成了后者，即"不予理睬"，这就是对《波茨坦公告》的拒绝和蔑视了。于是，同盟国被激怒了。8 月 6 日，美国向日本广岛和长崎扔下原子弹；8 月 8 日，苏联红军对日宣战。

关于这件事，日本知名的和平战士加濑俊一曾说："要不是这个灾难性的差错，日本也许可以躲过原子弹的袭击和俄国人的进攻。"这则事例就是用词不当带来的惨痛教训。

措辞得当既包括用词恰如其分，也包括语句规范，符合语法。

参考案例

有一位值勤民警，看到马路栏杆上挂着猪肠，喊叫起来："谁的肠子？这是谁的肠子？"一位姑娘走过来说："别喊了，东西是我的。""你怎么把自己的肠子挂在栏杆上？影响市容，罚款！"姑娘反唇相讥："你这人是怎么讲话的？这是猪肠，你怎么说成了人的肠子？你语言不文明，更应该罚款。"

该例中的这位警察就犯了省略不当的错误，导致了表达不清楚。

此外，辞达当然还需要语音规范、吐字清晰、语速得当。一方面，要用准确、清晰、洪亮的声音表达内容，使得话语能毫不含糊、十分明晰地印入听话人的脑中；另一方面，要恰当控制语速，避免因为语速过快而出现吃字、漏字的现象，也避免因为语速过慢而造成破句，影响交流。

"辞达"的实质是在会话中要掌握关系准则和方式准则：关系准则要求所说的话要与话题有关联，而方式准则要求说话要清楚明白，这包括避免晦涩、避免歧义、简练（避免啰唆）、井井有条。前面所举的三个例子都是违反了方式准则、造成歧义的典型案例。我们再来看下面这个例子。

参考案例

生物老师讲完了达尔文的进化论，离下课还有一点时间，于是向学生提出一个问题："最接近人类的动物是什么？"一个刚睡醒的学生抢着大声回答："虱子。"

在这则示例中，表面看起来师生二人的对话是围绕一个主题的，其实却是风马牛不相及，原因主要在于学生没有听懂老师的问题，给出了一个与主题无关的滑稽答案，违反了关系准则，这可以说是"辞不达意"的另一种表现，即"不达主题"。当然，如果不结合语境、单独就这段对话来看，老师所提的问题也违反了方式准则，因措辞不够准确而造成了学生的歧义理解。

参考案例

师：你怎么看近代物理学对人类社会发展的推动作用？

生：我上大学选择了物理专业，本来我以为很难，但是到了学校，学习了近代物理学，我发现了一些很新鲜有趣的东西。嗯，还有，要发挥近代物理学对人类社会的作用，我觉得教师要引导学生培养创新型人才，有创新意识，才有新的发明。

该例中，学生的回答既违背了关系准则，也违背了方式准则，不仅答非所问，而且毫无条理，反映出他思维的混乱，也因此才会辞不达意。

三、得体

当我们夸奖一个人"会说话"时，我们基本的潜台词是在称赞这个人说话十分得体。说话得体的重要性，前人已有清醒的认识。《论语·季氏》记载："孔子曰：侍于君子有三愆：言未及之而言谓之躁，言及之而不言谓之隐，未见颜色而言谓之瞽。"三愆即三种过失，一是还没有轮到的时候就说话，这是急躁；二是应该说话的时候却不说话，这叫隐瞒；三是不看别人的态度而贸然开口，这就跟瞎子没什么两样了。孔子所说的三种情况都属于说话不得体，在孔子看来，这是很严重的问题，是为人的过失。

得体是对口语表达在"求真"和"辞达"之上提出了更高的要求，它要求说话者的言谈要适合语言环境、交际对象和本人角色，做到不过不失，恰如其分，我们可以结合 1983 年英国语言学家利奇（*Leech*）提出的另一条语用原则"礼貌原则"来理解。利奇认为，在言语交际中，说话人有时会故意违反合作原则，这是因为言语交往涉及社交关系和文化，所以存在着礼貌策略问题。利奇认为，礼貌原则可以作为对合作原则的有益补充。

礼貌原则包括六条准则：

①得体准则（Tact maxim）A. 尽量少让别人吃亏；B. 尽量多使别人得益。

②慷慨准则（Generosity maxim）A. 尽量少使自己得益；B. 尽量多让自己吃亏。

③赞誉准则（Approbation maxim）A. 尽量少贬低别人；B. 尽量多赞誉别人。

④谦逊准则（Modesty maxim）A. 尽量少赞誉自己；B. 尽量多贬低自己。

⑤一致准则（Agreement maxim）A. 尽量减少双方的分歧；B. 尽量增加双方的一致。

⑥同情准则（Sympathy maxim）A. 尽量减少双方的反感；B. 尽量增加双方的同情。

需要说明的是，利奇将"减少表达有损他人的观点"概括为得体准则，而"得体"一词的涵盖力其实远不止如此，用"得体"来概括对于说话者更高层次的要求比用"礼貌"更恰当。因此，我们所说的"得体"基本等同于利奇的"礼貌原则"而非该原则下的"得体准则"。

我们为什么要说话得体？先举一个例子。

参考案例

我梦见自己正在小学校的讲堂上预备作文，向老师请教立论的方法。

"难！"老师从眼镜圈外斜射出眼光来，看着我，说。"我告诉你一件事——一家人家生了一个男孩，合家高兴透顶了。满月的时候，抱出来给客人看，——大概自然是想得一点好兆头。

一个说：'这孩子将来要发财的。'他于是得到一番感谢。

一个说：'这孩子将来要做官的。'他于是收回几句恭维。

一个说：'这孩子将来是要死的。'他于是得到一顿大家合力的痛打。"

"说要死的必然，说富贵的说谎。但说谎的得好报，说必然的遭打。你……"

"我愿意既不说谎，也不遭打。那么，老师，我得怎么说呢？"

"那么，你得说：'啊呀！这孩子呵！您瞧！那么……。阿唷！哈哈！He he！he，he he he he！'"

——鲁迅《立论》

鲁迅先生写此文，自有其社会历史背景和深刻寓意，这里我们不做探讨。仅就文中对话而言，就算放到现在，那第三个客人多半也是要被痛打一顿。如果我们对照求真、辞达的要求来分析，这个客人的言语似乎没有任何不妥：内容真实可信，表达清楚无误。但是，他不顾场合（满月的喜庆氛围），不顾交际对象（孩子的长辈亲人）的感受，将完全没有必要说的话在此时突兀地说出，引起对方反感，严重违背了礼貌原则。不得体的语言，当然不会带来好的沟通效果。而另外两位客人所说的话，虽然不一定会成为现实，但是可以看作是一种美好的期许和愿望，从语言表达上来说，符合求真、辞达和得体的要求，因而交谈得以在良好的氛围中进行。

参考案例

甲：你看我儿子这篇作文写得怎么样？

乙：嗯，他的字写得真不错。

丙：这是初中生写的作文啊？说实话，水平不怎么样嘛。我小学四年级时写的作文可比这好多了。

丙根据"求真"的要求向甲"袒露心声"，言谈中还贬低了对方、抬高了自己，这是典型的将粗鲁无礼当作真性情，违反了礼貌原则；而乙的回答既顾及了甲的面子，又不失真诚，他对作文的优点加以赞赏，又委婉表达了"言外之意"，语言表达技巧高超。

求真、辞达、得体是口语表达最基本的三个要求，而要让交流、沟通更好地进行，我们还应做到以下两点。

四、生动

平实的语言固然有淳朴之美，但任何时候都使用平铺直叙的单调话语会让人觉得味同嚼蜡，索然无味。生动形象的语言更容易吸引人、打动人，为说话者增添超凡魅力。要做到这一点，可以在说话时恰当地使用各种修辞手法以及熟语。

比喻和夸张是口语表达中最常用的修辞手法。比喻能将抽象深奥、晦涩难懂的事理说得鲜明具体、通俗易懂，比如爱因斯坦用坐在漂亮姑娘身边和坐在热火炉旁边的不同来解释相对论，这就是最精彩的比喻；夸张能突出事物的本质特征，表达强烈的情感，引起丰富的想象和联想，譬如项羽的"力拔山兮气盖世"，李白的"蜀道之难，难于上青天"，等等。如果出现在对话中，这样的不寻常语必然让人印象深刻。

在说话中还可以适当运用谚语、歇后语、成语、名言、警句、诗词等熟语，这也能增加口语的表现力，让语言更加生动活泼，更加富有个性特点。比如在 2013 年春节联欢晚会上，蔡明在小品《想跳就跳》中扮演一个语言犀利的"毒舌"老太太，她在小品中说了一句歇后语："恶心他妈给恶心开门——恶心到家了"，这句话把角色性格表现得淋漓尽致、惟妙惟肖。这样的熟语如果能够运用得恰当得体，会让我们的语言富有生活情趣，增色不少。

五、幽默

培根(Francis Bacon)曾说："善谈者必善幽默。"口语表达中，幽默的魅力在于运用双关、反语、暗示等手法，以似谐实庄、机智风趣又富有哲理的语言，曲折含蓄地表达自己的观点，营造轻松欢快、情趣盎然的谈话氛围。

参考案例

有一天，英国文学家萧伯纳在街上行走，被一个冒失鬼骑车撞倒在地，幸好没有受伤，只虚惊一场。骑车人急忙扶起他，连连道歉，可是萧伯纳却做出惋惜的样子说："你的运气不好，先生，你如果把我撞死了，你就可以名扬四海了！"

萧伯纳不仅很好地运用了礼貌原则中的慷慨准则，对于别人的失误表现出宽宏大量，而且他以轻松幽默的语言缓解了对方的紧张、惧怕、焦急等负面情绪，不仅很好地处理了这个突发事件，也体现了自己的修养，赢得了别人的敬重。

幽默是人际关系的润滑剂，是化解尴尬气氛的利器，当交谈中有人说错话、做错事或者出现其他意外情况导致冷场或尴尬，气氛凝固的时候，幽默是最好的破冰船。

参考案例

美国总统里根访问加拿大，在一座城市发表演说，有一群举行反美示威的人不时打断他的演说。加拿大的总理皮埃尔·特鲁多对这种骚乱感到异常尴尬。面对困窘，里根却面带笑容地说："这种情况在美国是经常发生的。我想这些人一定是特意从美国来到贵国的，可能他们是想让我有一种宾至如归的感觉。"他的幽默使尴尬的特鲁多禁不住笑了。

面对示威，里根无论是针锋相对、大肆批评还是不加理睬，都难以缓解彼此压抑沉重的心情。因此，里根聪明地选择了举重若轻，以开玩笑的方式为对方、也为自己解围，让交流得以在轻松的氛围中继续进行，也让别人感受到他的风度和人情味。

幽默也可以用来回击无理，它比直接表达不满和愤怒更有效，也更能显示说话者的机智和修养。

参考案例

一次，马克·吐温应邀赴宴。席间，他对一位贵妇说："夫人，你太美丽了!"不料那妇人却说："先生，可是遗憾得很，我不能用同样的话回答你。"头脑灵敏、言辞犀利的马克·吐温笑着回答："那没关系，你也可以像我一样说假话。"

对于别人的赞美，原本只需要一句"谢谢"就很得体了，可是那位贵妇偏偏要在回答中攻击对方的长相。对于这样一位傲慢、刻薄、不懂礼貌的交谈对象，愤怒或争辩都是不智的，马克·吐温犀利又幽默的回答才是最好的回击。

第二节　口语表达基本形式及训练

口语表达总是要通过一定的形式来进行，比如，"王师傅向炉子里加了一块煤，火就旺起来了"，这是叙述；"王师傅向炉子里加了一块煤，红色的火苗就腾腾地蹿了起来"，这是描述；"煤的燃烧过程分为以下几个阶段：……"这是说明；"王师傅勤勤恳恳，任劳任怨，是我们年轻人学习的榜样"，这是评述。口语表达的形式多种多样，其中最基本的四种是复述、描述、说明和评述，这是我们在日常生活中最常使用的。我们应通过学习和训练，掌握这四种口语表达形式的特点和运用技巧，提高我们的一般口语表达能力。

一、复述

(一)复述的概念和类型

复述又称重述，是指将看到或者听到的语言材料在理解的基础上进行加工，再重新讲述出来的一种口语表达方式。

复述大致可分为三种类型：概要复述、详细复述和扩展复述。

1. 概要复述

概要复述是对原材料做精简概括的复述，类似于作文中的"缩写"。它要求把握中心，保留主干，抓住重点，理清线索，略去所有旁枝末节的部分，如举例、描写、渲染、联想、过渡等，言简意赅地说出原材料的基本内容。概要复述是训练一个人综合概括能力的有效方式，也是教师在课堂上常用的口语表达形式。导入阶段的总提，讲完一个问题后的小结，一节课或一个单元结束时的总括等，常用概述。比如语文教师将朱自清《春》的段意提炼为"盼春、绘春、颂春"六个字，地理教师将降水过程概括为"上升—冷却—凝结—降水"八个字，都是使用了概述。进行概要复述时，要注意原材料的体裁：复述记叙文，要说清时间、地点、人物、起因、发展、结果；复述议论文，要突出论点、论据、论证过程和结论；复述说明文，要讲清事物的特征、本质和规律性。

2. 详细复述

详细复述是将原材料按原貌复述，它要求复述时保留原材料的主要观点、内容、情节甚至是语言风格，尽量不做增删和改换。但详细复述不同于完整背诵，复述时可以把复杂长句改为多个短句，把文言文改为白话文，把晦涩的词语改为通俗的词语，还可以调整叙述顺序，进行人称上的变动，等等，总之就是要将材料适当加工成口语，使口头复述清晰易懂，它类似于作文中的"改写"。详细复述训练，既可以锻炼记忆力，又可以锻炼表达的条理性，有助于使我们的口头表达条理清晰。

3. 扩展复述

扩展复述是对原材料加以扩充、拓展，使内容更加完整、具体、丰富、生动，它类似于作文中的"扩写"。它要求不改变原材料的主旨、思路和结构框架，对原材料中叙述较为简略、模糊的地方进行合理想象，根据需要增加一些新的内容作为补充，而增补的内容不能与原材料发生矛盾。进行复述时同样要注意根据原材料的不同特点进行扩展：扩展记叙类材料，可以增加语言、动作、心理、环境等细节描述；对于说明文，主要增加形象具体、鲜明生动的细节说明；对于议论文，可以在论证过程中增加理性论证层次，补充论据，作更深入的剖析。

参考案例

请对引号中的句子做扩展复述：莫泊桑《项链》中的玛蒂尔德爱慕虚荣，追求享乐，并因此付出了十年的美好年华，而在辛苦劳作的间隙，她常常"一个人坐在窗前，就回想起当年那个舞会来"。

扩展复述：玛蒂尔德常常一个人呆呆地靠在窗边出神，朦胧中她好像又回到了当年的那个舞会：在富丽堂皇的大厅里，欢快热烈的音乐响起来，她穿着漂亮光鲜的礼服，戴着华美名贵的项链，露出迷人而高雅的微笑，享受着周围人们的赞美。

上述例子通过合理想象对"当年那个舞会"的具体情形做了细节描述，虚构的内容完全符合原文的发展思路和人物性格，是较为成功的扩展复述。

(二)复述的要求

无论做何种形式的复述，都要注意以下几点：

1. 复制性

复述最大的特点和要求是模仿性和复制性，无论哪一种复述，都要忠实于原材料，不能脱离原材料的中心主旨和基本框架，不能歪曲原意，天马行空地胡编乱造。

2. 条理性

复述时有层次，层次之间有联系，安排层次有顺序，决定顺序有标准，这叫有条理。叙述时语脉清晰，前后连贯，层次分明，条理清楚，既便于表达者说得透彻，也便于倾听者听得明白。

3. 完整性

在对原材料准确理解的基础上进行复述，复述能完整地体现原材料的主旨和要点，不掐头去尾，支离破碎，不丢失原材料的主要观点、主要情节、主要内容。完整性便于倾听者能够了解事物全貌，既有框架记忆，又有细节记忆，在全面掌握材料的情况下得出正确的印象或结论。

4. 口语化

注意通俗化、口语化，把书面语转化为口头语，便于对方的理解和接受。

(三)复述训练

• 选取适合的文字或音频材料，对原材料进行快速阅读(或倾听)和理解，抓住原材料中心和结构，同时迅速记忆关键的词句和重要的细节。

• 对原材料分别进行概要复述、详细复述和扩展复述，使用录音设备录下这三种复述。

• 仔细听取录音，对照原材料，评析三种复述是否符合要求，有没有条理不清、语句零散、偏离中心、重点缺失、晦涩难懂等问题。

• 如果必要，重新进行复述。

二、描述

(一)描述的概念和类型

描述就是用生动形象的语言展示人物、景物、事物的形象、情形、状态、形状等具体特征，使人如见其人、如闻其声，如临其境，对被描述对象产生鲜明印象和真切感受。

从描述角度的不同来划分，可以将描述分为直接描述和间接描述；从描述详略的不同来划分，描述可以分为细致描述和简洁描述；从心理过程的不同来划分，描述可以分为观察描述、回忆描述和想象描述。

直接描述即正面描述，说话人直截了当地说出自己所看、所听、所感受到的是什么。这是最基本的描述方法。

间接描述即侧面描述，通过对其他相关联事物的描述或通过别人的评述来映衬、烘托描述对象，以"烘云托月"的手法，达到以"虚"说"实"的目的。

细致描述是对描述对象的某些突出特征进行具体、精细的描述，运用多种表达技巧淋漓尽致地描述对象，使事物更加鲜明，情感更具张力。

简洁描述是大体把握描述对象的特点并予以简单勾勒，对细节部分不做过于细致的突出。

观察描述以感官活动为基础，与积极的思维相结合，运用视觉、听觉、嗅觉等感官对描述对象进行感知和考察并同时进行描述，即边看边说。观察应细致、全面、准确，便于描述真切、形象、鲜活。

回忆描述以记忆力为基础，通过口头描述，重现眼前已经不存在的实物、实景。在回忆描述语中，记得是否准确清楚，直接关系到描述是否成功。

想象描述是一种发挥创造性思维的描述，它是对已有表象进行合乎情理的加工改造，创造出新的形象并加以描述。这是最重要的一种描述，可以说，任何一种类型的描述都不能缺乏想象，合理的想象是生动描述之源。

当然，以上分类都只是相对的，实际使用的时候往往是几种类型结合使用，进行综合描述。

参考案例

"两个黄鹂鸣翠柳，一行白鹭上青天。窗含西岭千秋雪，门泊东吴万里船。"杜甫的《绝句》流传千古，有人对这首诗作了以下描述：

初春时候，草堂周围多柳，刚抽嫩芽的新绿的柳枝上，有成对黄鹂在欢唱，一片生机勃勃，一派愉悦景象。向远处看去，晴空万里，一碧如洗，白鹭在蓝天飞翔，姿态优美，自然成行。更远处，西岭积雪终年不化，这千秋的皑皑白雪，发出耀眼的光芒，仿佛是嵌在窗框中的一幅图画。此时诗人将视线收回到门外，见到停泊在江岸边的船只。江船原本常见，但这些船只却是来自"万里"之外的"东吴"，这是很不寻常的，因为多年战乱，水陆交通被兵戈阻绝，船只不能畅行万里。而此时战乱平定，交通恢复，才看到行万里而来的船只。想到这些船即将开行，沿岷江、穿三峡，直达长江下游，诗人似乎看到自己也可以"青春作伴好还乡"了，怎不叫人喜上心头呢？

以上这段就是结合了观察描述和想象描述的综合描述，描述具体、生动、形象、细致，极具美感，吸引人也打动人。

(二)描述的要求

1. 目的明确

即描述的必要性。要根据实际需要来确定是否进行描述，比如是否符合谈话的主题，是否能使交流更畅，是否能达到教学目标，等等，不能兴致所至就吹得天花乱坠。在不必要的情况下进行描述，会给人巧言浮夸、华而不实、矫揉造作的感觉。在描述时，要明确描述的目的，围绕描述的对象进行具体清晰的表达。

参考案例

正确的用笔方法，写出来的笔画圆润饱满，轻重分明，自然灵巧，有筋有骨，不肥不瘦，不干不枯，刚健婀娜，有力度，有深度，有变化，意趣盎然，生机勃勃。不正确的用笔方法，写出来的笔画是平贴、飘浮在纸面上的，没厚度，没力度，无精打采，骨肉不匀，提按不明，生硬呆板，或枯槁，或浮肿，或偷工减料，或重复雷同。

这段描述语文采飞扬，很有气势，但这样的口头语如果是以较快的语言连贯而出，能给接受者脑海里留下多少信息，十分可疑。相反，如果说话者配合使用了恰当的图例或视频，或者进行了实际操作示范，那么这些描述就可能是有意义、有价值的。

2. 生动形象

描述的语言要富有表现力，鲜活生动，绘声绘色。描述语总体来说讲究细致具体，习惯于语言的文学润色，注意雕饰词语，善于用最恰当的词语来再现事物，突出特征，表露感情，渲染气氛。

3. 自然贴切

描述必然会掺入说话者的感情，同时比较注意语言的文学性，但情感和辞藻都应自然贴切，符合描述对象的基本情状，不宜过于夸张。此外，口头描述毕竟不同于小说、散文的描写，因为口语的即时性、暂留性等特点，描述语的文学色彩要适度，少用成分复杂的长句，少用过于典雅晦涩的修饰语，重视直观性。

4. 突出特点

为使接受者更好地认识、理解描述对象，获得他们的共鸣，必须抓住事物最突出的特点来描述，避免泛泛空谈。

描述如果达不到以上几个要求，就不会取得好的效果。

参考案例

小学语文《党费》一课中，出现了"乱葬岗子"一词，一位教师说："这你们懂吗？'乱葬岗'就是胡乱埋死人的地方。新中国成立以前有，新中国成立以后没有了。新中国成立以前乱葬岗有三种。有的是地主。大地主的坟墓特别高级，特地盖个房子，有人看着，怕狗给扒了。还有一种不是农民，也不是地主，是生活还可以的人家，是不用人看的。第三种是贫农，没有钱买棺材，卷个席，挖个坑，往里一埋就得了，后来就尸首堆满了，满山都是，这就是乱葬岗。为什么要立牌子呢？怕狗给扒开了。狗是专门吃死人的。上学期就有一课《小英雄雨来》，形容日本鬼子像吃过死人的野狗。同学们见过野狗吗？它吐出长长的舌头，露出利剑似的牙齿，谁见了都害怕的……"

这位教师废话连篇、不得要领，自然不可能有好的教学效果。苏霍姆林斯基曾说："那种对教材认识很肤浅的教师，往往在课堂上造成一种虚张的声势，人为地夸夸其谈，企图借此来加强对学生意识的影响。但是这样做的结果却是可悲的，虚张声势会使人空话连篇，爱说漂亮词句。所有这些都会腐化学生的灵魂，使他们内心空虚。"（《给教师的建议》）其实这个建议不仅对教师有必要，对于进行普通口语交际的说话者，一样有警示作用。

(三)描述训练

• 选择一段纪录片解说词，辨析哪些是叙述语，哪些是描述语。如："三峡是瞿塘峡、巫峡、西陵峡的总称，它西起重庆奉节的白帝城，东到湖北宜昌的南津关，包括大宁河宽谷和香溪宽谷，全长193公里。大自然的鬼斧神工造就了美丽的峡谷，也孕育了优秀的人文气息。"

• 用十个不同的比喻句来描述人的眼睛。

• 描述一位大家都非常熟悉的人物。

• 选取一幅世界名画、一首经典诗歌或一场精彩的比赛视频，进行综合描述，使用录音设备进行记录，并对录音进行评析。

• 选择即将从教的学科里的适当内容，用描述语进行三分钟左右试教，录制视频并对视频进行评析。

三、解说

(一)解说的概念和类型

解说即解释说明，是解析事理、说明事物的一种口语表达方式。解析事理，是把自己对某一抽象道理的理解，用通俗的语言，深入浅出、条分缕析地进行解释，使人明白其中的道理；说明事物，是把自己感知的具体事物及各种现象的名称、种类、性质、形态、变化、构造、成因、功用等用平实的语言，作完整、准确、客观的介绍。解说是一种实用性很强的口头表达形式，它大量存在于我们的口语之中，可以说，我们的生活，处处都离不开解说。例如产品说明、赛场解说、展览讲解、科普介绍、影视评介、宣传广告等，都属于解说。

解说从不同角度有不同分类：从详略程度划分，有简约性解说和详细性解说；从功能上划分，有阐明性解说、纲目性解说等；从语言风格上划分，有平实性解说、形象性解说和谐趣性解说。

简约性解说，是用简洁、概括的话语进行解说，比如下定义就是最常见的简约性解说。

参考案例

银河系是地球和太阳所在的恒星系统，包括一千二百亿颗恒星和大量的星团、星云，还有各种类型的星际气体和星际尘埃。

阐明性解说，运用举例、比较等方法，将事物或事理讲明白，使人信服。

参考案例

文不加点是什么意思？是指写文章不加标点，所以不通顺吗？不是的。文不加点是指文章一气呵成，无须修改，形容文思敏捷，写作技巧纯熟。比如祢衡在《鹦鹉赋序》中写道："衡因为赋，笔不停辍，文不加点。"还有唐代才子王勃写《滕王阁序》时，也是"顷刻而就，文不加点"。

纲目性解说，对解说对象的信息做分析、比较、筛选后归类为几点，提纲挈领地分点说明事物或事理，对每一点只解说关键处，不做过多过细的说明。

参考案例

文艺复兴兴起于意大利，一是因为物质基础，意大利最早产生资本主义的萌芽，资产阶级希望冲破教会神学的束缚；二是因为文化基础，意大利拥有大量古希腊、罗马文化典籍；三是阶级基础，当时意大利新兴资产阶级壮大；……

平实性解说，用较少修饰、朴实无华的语言直截了当地说清事物、事理。

参考案例

短道速滑 19 世纪 80 年代起源于加拿大，当时加拿大的一些速度滑冰爱好者常到室内冰球场上练习，随之产生了室内速度滑冰的比赛。20 世纪初，这项比赛逐渐在欧洲和美洲国家广泛开展，1992 年被列为冬奥会比赛项目。比赛场地的大小为 30 米×60 米，跑道每圈的长度为 111.12 米。

形象性解说，使用比喻、拟人、借代等修辞手法，运用生动形象的语言，对事物特征进行描摹，对抽象道理进行解说，使得解说具体、生动。

参考案例

钱梦龙老师上《捕蛇者说》讲"蓄势"：什么叫蓄势？刚才我讲过，古人写文章很讲究"势"。他要说明这个问题，不是直接说这个问题，而是蓄了很多势以后，水到渠成，加以点明。关于这个蓄势，我打个比方。我看到过练习气功的表演，叫"手劈石碑"。我看到他劈的时候，不是一来就劈，而是先有运气、运功的过程。他先围着石碑走两圈，把功集到手掌上，然后瞅准时机，陡然爆发一股力量，把石碑劈断了。这个劈石碑的动作是关键性的动作，他也在蓄势。写文章也是这个道理。

谐趣性解说，运用诙谐风趣的语言进行解说。

参考案例

校园里流行着魔鬼词典，也就是幽默解说校园词汇，有趣而犀利。例如：应试教育——埋没人才的土；考卷——由红与黑组成的，比《红与黑》更有震撼力的一张纸；答案——众里寻它千百度，却在书中隐蔽处。

(二)解说的要求

1. 内容正确

解说是用来说明事物，阐释事理，传授知识，因此，内容的真实准确是第一位的。解说的内容本身应该具有科学性，必须是正确的科学知识或主观经验；同时，解说者要本着科学的态度和实事求是的精神进行解说，要尊重客观事实，避免主观情绪的影响。

2. 条理清晰

解说的目的是使人理解、明白，因此必须层次分明、条理清楚，要根据解说对象本身的条理性和特点以及人们认识事物的规律，妥善安排顺序。

3. 语言简练

解说的语言要简练精当、干净利落，用最少的语言，表达出完整的内容和主要的特点，言简意赅。切忌啰啰唆唆，拖泥带水。

（三）解说训练

• 选择你喜爱的一部影片、一本书、一种食物或一场比赛、一件产品等，向你的朋友进行三分钟的推荐。

• 对同学进行一段校园导游解说。

• 选择教育学中 2～3 个概念，对每个概念分别进行简约性解说和阐明性解说。

• 选取即将从教的学科里的 2～3 个概念，对每个概念分别进行平实性解说和形象性解说。

四、评述

（一）评述的概念和类型

评述是对人物、事件或观点发表看法、进行评论，从而表明自己的态度和情感。评述是评论和叙述相结合的一种表达方式，述是手段，评是目的。

评述大致可以分为三类：先述后评，先评后述和边述边评。

先述后评即先提供材料，对所评对象做具体的介绍、阐述、分析，然后对材料进行评论，评论既可以是全面评价，也可以针对某一点做重点评价。

先评后述是先提出自己的观点，然后再叙述材料作为证据证明观点。这种方式先声夺人，能让听者迅速准确地了解评述者的看法。

边述边评是叙述和评论紧密结合、交替进行。这种方式以进行片段评论、重点评论为主。

参考案例

于漪老师讲授《记金华双龙洞》一课时，有这样一段评述：

虽不用对比，但依然写得很细腻。写溪流：随着山势而变化；溪身："时而宽，时而窄"；溪水："时而缓，时而急"；溪声："时时变换调子"。这样，作者就从不同的角度写出了这里溪流的特点。有形有声，具体形象。入山大约五公里就到双龙洞口，"那溪流就是从洞里出来的"，这里又看到线索了，流从洞中来，水声呼洞出，线索明晰。课文的第二、三、四节的第一句话均交代游览的足迹："出金华城大约五公里到罗甸"，"过了罗甸就渐渐入山"，"一路迎着溪流"，细针密缝，一丝不乱。写文章就要学习这种记叙严密的方法。

这段话就是边述边评，亦评亦述，教师带着学生一步步领略景色和文章之美。

（二）评述的要求

1. 针对性

评述一定要有的放矢，针对所述材料进行评论，表达赞同或反对、喜爱或憎恶等态度和情感，有时还要进一步展开，说明依据，阐述其影响。切忌评论时漫无目的，不着边际。例如，学生个别朗读后，教师可以针对这段朗读从音量、音准、语调、语速、停连等多个方面进行评论，不应只泛泛而谈"第三段读得不好"或"整体读得很有感觉"等。

2. 公正性

评述要实事求是，有理有据，持论公允，表述中肯。这不仅包括评的态度要公正，不能主观片面，也包括述的时候要公正，准确客观，不能修饰无度。

3. 鲜明性

观点要鲜明，不能模棱两可。评述中表明自己的态度、观点，是肯定还是否定，是赞扬还是贬斥，是拥护还是反对，态度必须鲜明，不能含糊其辞。述的材料也不可偏离观点，生拉硬拽，要和观点统一。

4. 逻辑性

评述讲究论证，因此要逻辑周密，合情合理。语言上也要准确精当。

（三）评述训练

• 现在，人们多使用电脑写作，手写汉字的时间减少了很多。有人说，以后不用学习写好汉字了，也有人说，写好汉字是优良传统，必须继承。请你对此问题进行评述。

• 如今网络上涌现出很多新的语言现象，有人认为这破坏了语言的规范，应该严格管理；也有人认为它们生动形象，应该任其自由发展。请发表你的看法。

• 爱因斯坦说："想象力比知识更重要。"请围绕这句话，谈谈你的观点。

• 请选择一个近期教育热点问题，对此问题进行评述。

第三节 口语表达技能分类实践

一、朗读和朗诵

（一）朗读、朗诵概念与异同辨析

朗读和朗诵是既有联系又有区别、容易混淆的两种口语表达活动。我们需要认清它们的特质并加以辨别，这对于我们的训练和实践都是大有裨益的。

朗读、朗诵中的朗，是声音清楚响亮的意思。在《现代汉语词典》中，朗读被定义为"清晰响亮地把文章念出来"，而朗诵则是"大声地诵读诗或散文，把作品的感情表达出来。"

朗读和朗诵的相同之处在于：

1. 都是单向口语表达活动

朗诵和朗读都是单向的、自我为主的口语表达活动，信息传递单向，预设性强。而在辩论、谈判等口语交际形式中，每个人都是既说也听，既传递也接收信息。

2. 都有文字凭借

朗读和朗诵都是建立在文字作品的基础上，将书面文字转化为有声语言，因此，两者在表达上都须忠实于原文。

3. 都是创造性的口语表达活动

无论朗读还是朗诵，都不能简单地见字发音、连词成句，它们都是语言再创造活动，要在充分阅读、分析、理解、感受文字的基础上，用富有感染力的声音表现作品。这是对作品的再解释、再加工，是创造性的口语表达。

4. 都要求语言规范化

朗读和朗诵时，要使用标准普通话，字音正确，语句流畅，语调自然，语气和谐，能够充分表情达意。

虽然朗读和朗诵有这样多的共同点，但是，两者在本质上、特点上还是有很多区别。两者的不同之处在于：

1. 本质不同

朗读在本质上属于"念读"，应用性强；而朗诵本质上是口语艺术的表演形式，表演性强，以文艺性为特征，可以说是建立在朗读基础之上，是朗读的高级形态。

2. 选材范围不同

朗读在选材上没有多少限制，凡文字作品皆可朗读。诗歌、散文、小说、剧本、议论文、说明文、社论、公告等，无一不可；朗诵则具有较强文学性，一般只限于诗歌、散文、童话、小说等文学作品。

3. 情感强弱程度不同

朗读注重的是通过语言传递原文主旨，使听者可以全面准确地理解，因此朗读时情感不用太过，声音的处理上可以接近自然本色，高低快慢的变化不宜太过戏剧化；朗诵则要求声情并茂甚至夸张渲染，要通过声音的变化将作品的情感表现出来，引起听众的共鸣，震撼听众的心灵。

4. 态势语的区别

朗读可以不脱离书面材料，因此对于朗读者的眼神、表情、动作、形体等方面都没有明确要求，朗读者采用站姿或坐姿均可；朗诵则以口语表达为主，态势语言为辅，要求必须脱稿站立朗诵，眼神、表情、手势等态势语都要辅助进行表达，强化整体的艺术感染力。

（二）朗读、朗诵的作用

我国自古以来就十分注重读诵技能，"日诵万言"被视为读书的美德。清代姚鼐在《尺牍·与陈硕士书》中说："大抵学古文者，必要放声疾读又缓读，只久之自悟，若但能默看，即终身作外行也。"曾国藩在《家训·字谕纪泽》中言："如《四书》、《诗》、《书》、《易经》、《左传》、《昭明文选》，李、杜、韩、苏之诗，韩、欧、曾、王之文，非高声朗读则不能得其雄伟之概，非密咏恬吟则不能探其深远之趣。二者并进，使古人之声调拂拂然若与我之喉舌相习，则下笔时必有句调凑赴腕下，自觉琅琅可诵矣。"古人这些精辟的论述都说明了读诵的重要作用。

从训练的角度来看，朗读和朗诵训练都是普通话语音训练的继续、巩固和提高，也是口语表达各项基本技能训练的必要环节。以系统、扎实的朗读训练作为基础，以陶冶情志的朗诵训练作为提高，这是有效提高我们有声语言表现力的方法，也可以帮助我们广泛汲取古今中外名家高手语言表达精华，提高我们的文学素养和艺术品位。

1. 感知语言、加深记忆

在将书面文字转化为有声语言的过程中，人的多种感官被激活，对语言的感知能力也得到锻炼。同时，通过眼、耳、口、心等多种官能的通力协作，我们对文字材料的记忆也会加深。美国第 16 任总统林肯就曾经说过："当我高声朗读时，有两种官能在工作：第一，我看见了我所读的是什么。第二，我的耳朵也听见了我所读的是什么。因此，我比较容易记住。"

2. 帮助理解文字作品，提升理解能力

书面文字经过朗读和朗诵，融入读诵者自己的理解和感情，"使其言皆若出于吾之口，使其意皆若出于吾之心"（朱熹），于是内容就容易理解了，所以朱自清才说："课文内容的理解，其意义的获得一半在声音里头。"

3. 提高口语表现力

读诵训练不仅能够培养形象思维、逻辑思维能力，而且能沟通书面语与口头语，锻炼发音、丰富词汇、增强语感、培养高超的表达技巧，从而提高口头语言的表现力和感染力。

4. 陶冶情操，丰富精神世界

诵读时，美妙的文字于口中吐出，其承载的科学、文化内容都会在诵读者心中积淀，启迪心智，净化心灵，震撼心神。

（三）朗读、朗诵的基本要求

1. 深入理解文本

拿到作品，不要急于上口，读诵之前，必须认真研读、感受和理解作品，了解创作背景、明确中心主旨、分析结构层次、把握情感脉络，并据此进行口语表达的总体设计，这是读诵的先决条件和基础。和尚念经——有口无心式的读诵是必然失败的。

2. 语音规范，气足声亮

语音要标准，符合普通话的要求，符合规范，而且要做到不漏字、不添字、不颠倒、不回读、不中断，语句流利自然。此外，读诵是声音的艺术，要做到气力充沛，声音明朗。声音的优美与否对于读诵的效果有着极大的影响。

3. 表达恰切充分

将书面语转换为口头语时，从宏观的把握到微观的处理，从整体的态度、情感到具体的停顿、重音、语气、节奏，都应当是准确、恰当的，既能够充分体现作品的思想内容和精神实质，又不能夸而无度。尤其是在朗诵中，声音的技巧一定要为情感服务，如果内心感受并不充分，情感体验也并不到位，却一味追求声音的抑扬顿挫、强弱疾徐，那只能给人矫揉造作之感。

4. 态势语自然得体

朗读对态势语不作要求，因此朗读中的态势语多数表现为面部表情的自然。朗诵中态势语则非常重要，朗诵者的眼神、表情、形体、手势等应是感情的自然流露，与口语表达吻合贴切。自然得体的态势语是朗诵成功的必要条件，切忌繁多杂乱、生硬做作。

读诵一定要克服五种错误的方式，即念字式、念经式、固定式、演戏式和八股式。

（四）朗读、朗诵的基本技巧

1. 气、声、情统一

读诵成功的关键在于内在的思想感情要和外在的高低、快慢、强弱、虚实的声音和谐统一，而声音的变化又受气息变化的影响，因此，在读诵活动中，气息、声音、情感表达是密不可分的。喜则气满声扬，悲则气沉声抑，爱则气缓声柔，憎则气旺声硬，急则气短声促，冷则气少声淡，惧则气提声抖，怒则气粗声重，疑则气细声粘，静则气舒声平等。例如："车队像一条河，缓缓地流在深冬的风里。"这是纪念周总理的诗歌《一月的哀思》中的一句，读诵者无疑从作品中体会到的和应该表达出的都是深深的哀伤、沉痛，因而气息应沉重，声音应低缓。

2. 停连

停连，包括停顿和连接，是指语流中声音的中断和延续。无论从读诵者还是从听众哪一方面来看，停连都是生理和心理的双重需要。

读诵中，首先要从篇章结构的角度在标题、小标题、段落、层次之间进行适当停连，以便更好地凸显作品的结构、线索、条理。接下来要分析具体语句，通过停连准确地表达语句的目的和含义。影响停顿和连接的因素有标点符号和语法规范，但真正起决定作用的因素还是表情达意的需要。如果完全按照标点符号和语法规范去处理有声语言中的停连，读诵就会呆板，失去表现力和生命力。

参考案例

她听见了风的声音、/雨的声音、/花开的声音和雪落的声音。

例句中，后面的四种声音都是"听见"的宾语，呼应"听见了"，诵读时应该在"听见了"后面稍作停顿，而如果完全按照标点符号机械停顿，就会读成"她听见了风的声音、雨的声音、花开的声音和雪落的声音"，这就不符合语法规范了。这样的读法会把句子读破，使得语意不清。而"花开的声音和雪落的声音"如果连读，虽然符合语法规范，但是从情感表达上来说，此句中蕴含着作者淡淡的喜爱之情，读诵时应平静舒缓，因此在"花开的声音"后也应略作停顿，控制语速。

停连和语速密切相关，停多连少，语速就慢；停少连多，语速就快。读诵时，切忌语速过快、过慢或者完全匀速，应根据作品的基调选择相应语速基调并根据文中情感的变化安排语速的疾缓变化。一般说来，表现欢快、热烈、激动、紧张等感情时，语速稍快，声音连续也多；表达悲痛、抑郁、失望、沉重等感情时，语速宜慢，声音停顿也多些。例如安徒生童话《卖火柴的小女孩》，情感是痛苦、悲愤的，因此诵读基调沉缓，但读到火柴点亮时的欣喜时又应带有一丝明亮欢快，尽管这抹亮色在对比中更衬托了现实中的凄苦。因此，在读诵时一定要注意作品的整体基调和局部的语速变化。

3. 重音

重音，是指朗读和朗诵时为了表情达意的需要而重点强调的词句的读音。对关键的部分作强调以引起听者的注意，既可以帮助听者理解文意，也能更好地带动听者进行感受和体验。

参考案例

我知道是你做的。（别人不知道，我知道）

我知道是你做的。（别隐瞒了，我很清楚）

我知道是你做的。（就是你，不是别人）

例句中，同样一句话在转换为有声语言时，以不同的重音表达出了不同的目的和意思，使听者在理解上不会产生歧义。

参考案例

星星点点的秋萤，为这安闲宁静的山村秋夜增添了流动的意致和欣然的生意。

这里的重音，向听者很好地传达了作者对这山村秋夜的赞美之情和喜爱之意。

读诵中，重音的位置主要有两种：一是有特殊逻辑意义的、表示语言或明显或潜在目的的部分，如前面所举的"我知道是你做的"，重音位置在"我"还是"你"，这是由语言的目的决定的；二是渲染感情的部分，如"轰隆隆的雷声把我吓坏了"，重音位置在"轰隆隆"和"坏"，因为这两个词充分体现了"我"的慌乱和惊惧。

重音的读法并不是只有简单地加重音强，表现重音的方法有很多，例如加大音量重读、拉长音节、轻拖尾音、利用停顿等，甚至轻读也是重音的读法之一。具体运用哪一种方法，还是要根据具体的语言目的和思想感情选择。

4. 抑扬

读诵中，句调抑扬顿挫的变化可以传递各种语气，表达说话者的感情和态度。比如下面所举的例子：

啊！天空多么美丽！（赞美）

啊？是你？（惊疑）

啊……这个不好说。（犹豫）

啊！吓我一跳！（惊恐）

啊，这下明白了。（恍然大悟）

一个"啊"字，在上述 5 个句子中有着完全不同的语言环境和思想感情，那么在口头表达时也要通过声音形式的抑扬、长短、轻重等变化体现出这种不同。

句子的语调有四种基本类型：

（1）高升调。由低而高、语势上升的句调。多数用在疑问句中，或者表示愤怒、紧张、警告、惊异、号召等语气。如："这是怎么回事？""让我们团结起来！"

（2）低降调。由高而低、语势渐降的句调。多用于感叹句和祈使句中，表示坚决、肯定、祝福、赞美等感情。如："你来告诉我，这是怎么回事！""我一定完成任务！"

（3）曲折调。先降后升或者先升后降有曲折变化的调子，多用于表达讽刺、厌恶、迟疑等情绪。如："这么乱啊？这是怎么回事！""你还真是打肿脸充胖子啊。"

(4)平直调。平稳舒缓，无明显升降变化的句调，但句尾并非绝对平直，尾音会有少许下降。平直调多用于陈述、说明中，用来说明意见，叙述事实，也可以用来表达庄严、沉重、冷淡、悲哀等情感。如："我真的不想说，这是怎么回事。"

5. 色彩

为了丰富朗读的表现力，我们再简要介绍一下"色彩"技巧。色彩，是指在朗读中运用特殊的声音技巧来增加表现力。它包含喷口、拖腔、模拟等技巧技能。我们着重介绍一下喷口和拖腔技巧。

(1)喷口。这个词是从京剧唱腔借来的，但这种技巧却绝不是京剧演员所专用的。凡是在发音时特别强调声母，都可以造成"喷口"的效果。

"喷口"可以使声音传送到很远的地方，可以表达愤怒、激昂的情绪。在声母是送气塞音的时候，效果就更为明显。要发好"喷口"也不难。只要绷紧发音部位的肌肉，迫使气流用更大的压力把它冲开。这时候，发出来的声母就要比平时更响更重了。例如："你安的什么心？"(《狼和小羊》)要是用普通读法，听上去好像是跟小羊在商量；但是在"什么"的"什"发音时咬紧声母，把摩擦延长，这样来读，就造成了"咬牙切齿"的效果，表现出愤怒的感情，这就是"喷口"的作用。

(2)拖腔。拖腔是指在某一个词的结尾处让声音拖长一段。在日常生活中，人们常常在沉思、猜测、犹豫的时候把语音稍稍拖长，所以当我们运用拖腔的时候就可以表现这些情感。例如："在座的各位，想必不会生气吧？"在这个句子中，就应该在"想必"之后用拖腔来表示一种猜测。在文章中出现破折号、省略号等标点符号时，我们也可用拖腔。

以上介绍的是几种基本技巧，在实际训练中，我们千万不可生搬硬套地、教条地运用技巧，要注意根据复杂的语言环境和思想感情恰当地使用各种技巧，并且把握细微差别和情绪分寸，更加细腻地表达丰富的情感。

(五)不同文体的朗读

由于朗诵在选材上有较大的限制，很多文体不适宜朗诵，因此这里仅对不同文体的朗读要求作简要介绍。

文体的特点、风格不同，朗读要求就有区别。

1. 记叙文体

记叙文体是指带有情节描述的文字材料。朗读这类文字时，语言方面较少大起大伏，语气舒缓，用声宽松。人物对话，应与叙述语言加以区分，可按人物性别、年龄、性格、当时心理状态等条件从音高、语速上合适地处理。朗读记叙文时，艺术加工一定要把握"度"，不能喧宾夺主，干扰对材料的理解。

2. 议论文体

议论文体是指评论、杂文之类的材料。这类材料一般态度鲜明、文笔犀利。为了突出文体特色，朗读时发音以中声区为主，声音要饱满，语言要铿锵有力，语速适中，要读得条理分明，让人感受到材料中内在的逻辑力量。另外，朗读时一定要注意抒情的适度、含蓄，避免因情感过度带来的气势汹汹、咄咄逼人之感。

3. 说明文体

说明文体是以介绍事物、说明过程等为目的的文字材料。说明文一般不抒发主观感受，不掺杂个人情感，作者态度冷静中立，语言风格质朴平实。因此，朗读时要运用自如声区，声音状态相对平衡稳定，不应大起大落。节奏舒缓从容，语气平实舒展。为读出层次感，可以在关键词句部分做强化处理，与一般性文字形成对比。

4. 诗歌和散文

诗歌和散文都是抒情的艺术，朗读此类材料时，最重要的是深入文本的精神境界，追寻作品的情感根源，将个人对作品的感受融入重音、语速、语调、停连等多种表达技巧，从而将作者的情感和文中的意境再现。此外，朗读时还要很好地把握节奏感和韵律感。

二、演讲

(一)演讲概念及与朗诵异同辨析

演讲是以宣传鼓动为目的的、具有一定艺术性的严肃的社会实践活动，它要求演讲者以口语为主要表达形式，以态势语为辅助形式，就某一问题或事件向听众说明事理、阐明观点。

在实际生活中，很多人分不清演讲和朗诵。一些活动名为"演讲"，实际却是朗诵，甚至一些演讲比赛中的评委，也会混淆演讲与朗诵。

演讲与朗诵的确有很多相似的地方。它们都是口头表达活动，都需要运用标准的口语并辅之以态势语，都要充满感情。但是，看似界限模糊的这两者，细究其本质，还是两种不同的口头表达方式：

1. 本质不同

演讲是带有艺术色彩的社会实践活动，而朗诵是艺术表演活动，前者属于现实活动范畴，后者是艺术活动范畴。

2. 目的不同

演讲的目的是要说服听众接受自己的观点，朗诵的目的则是带给听众艺术享受。

3. 角色不同

演讲者的角色身份就是自己，是现实中的自己，表达的是自己的主张，而朗诵者是在扮演角色，是抒发角色的感情感染观众。

4. 文稿不同

演讲的文稿内容应该是情与理的结合，以情动人，以理服人，夹叙夹议夹抒情，才具有鼓动性；朗诵则偏于抒情，强调以真挚的情感打动人、感染人。

5. 语体不同

演讲是知识性语体，介于日常谈话和表演语言之间，近于自然本色又富有感情，讲究抑扬顿挫又不过于强调；朗诵则是艺术性语体，近于舞台表演语言，因此在遣词造句和表达技巧运用上比演讲略为夸张。

6. 对象不同

演讲中听众是积极的参与者，演讲者要时刻关注听众的感受，甚至可以根据现场的变化进行即兴更改和创作，也因此带来自由发挥的空间；朗诵中听众则相对被动，朗诵者心中只需有作品和角色，可以完全漠视听众的反应，与之相应地，朗诵者不能随意更改作品，在文稿方面发挥空间较小。

(二) 演讲的作用

演讲作为一种社会活动，源远流长。古人说："一人之辩重于九鼎之宝，三寸之舌强于百万之师。"可见演讲在古时就有着重大的意义和作用。而千百年后的今天，演讲无论对国家还是对个人来说，都十分重要。

首先，演讲有利于个人成才。演讲不仅可以提高人的口语表达能力，使人在进行口语交流时准确得体，言简意赅，条理清楚，富有魅力，而且有益于人的智力开发：人们在学习演讲过程中，可以练就敏锐的观察能力、深刻的分析能力、敏捷的思维能力和准确的判断能力。同时，演讲又是一个广泛阅读、增长知识的过程：演讲者为了使自己的演讲更充实、更精彩、更富吸引力，就需要查阅大量有关资料，这样日积月累，就可以使自己成为一个博学的人。

其次，演讲有利于宣传和教育。正如革命家利用演讲唤起民众的革命意识，学者利用演讲传播自己的学术观点，演讲可以透过现象，揭示本质，阐发哲理，引发思考，是一种非常好的宣传教育形式。

最后，演讲有利于传播社会文明。演讲活动在普及科学文化知识、传递科技信息方面有巨大的推动作用，有利于提高全民族的文明素质，推动社会主义文明建设。

(三)演讲的要求

1. 内容正确

演讲内容要正确，要符合客观实际情况和事物发展规律，倡导正确积极的、健康向上的价值观。

2. 感情真挚

"感人心者莫先乎情。"真诚的情感能打动人，能引起听众的共鸣，让听众易于接受。因此，要谈自己的真实感受和真切体会，切忌假大空式的言论和虚假的感情卖弄，同时，情感的表达不能太过，应掌握好分寸。

3. 道理深刻

深邃的思想是演讲的灵魂，如果只有事例材料而不能提炼升华出深刻的道理，演讲就失去深度，达不到予人启迪、焕发精神、催人奋进的效果。

4. 事例新颖

事例材料是演讲的血肉，脱离了事例的道理，再深刻也只能是干巴巴的、空洞无力的说教，难以让人信服。演讲中的事例选取，要真实、典型、有针对性，并且要尽可能选用新近出现的、鲜为人知的、新颖有趣的材料，增强演讲的吸引力。

5. 表达晓畅

演讲是有声语言的艺术，口语表达的晓畅有赖于演讲稿和语音的协调配合。一方面，演讲稿中，语言要尽量通俗易懂、简洁精练、形象生动；另一方面，要充分运用语音技巧，以富于变化的声音表达主旨内容和思想感情。

6. 态势自然

演讲者应态度真诚谦和，举止大方得体。演讲中，站立后不宜移动，如移动需适当，不可过于频繁，范围也不可过大；眼神要与听众交流，表情丰富而有度；手势适宜适量，简单精练。总体来说，态势语要和口语表达相协调，自然大方，不呆板，不僵硬。

(四)命题演讲

命题演讲是事先有准备的演讲，是提前命定主题，写好演讲稿，有充裕的时间准备后进行的。

命题演讲的过程一般包括四个环节：拟稿、记稿、排练、临场。

1. 拟稿

(1)拟定题目，确立主题。演讲的标题宜小不宜大，因为标题小，切入点就易找，范围缩小而使得内容深入、主题集中；题目如果定得太大，往往会因面太广而难以顾及深度，也可能导致内容太散，缺乏条理性。另外，标题要鲜明、醒目，能引起听众的注意。例如《少年中国说》(梁启超)，豪情满怀，激荡人心；《全球化了的我在哪里》(龙应台)巧妙设问，引起共鸣；《两个策略》(列宁)言简意丰，耐人寻味；《略论暗暗的死》(鲁迅)触目惊心，新颖奇特；《让多的人幸福》(欧文)哲言隽语，发人深思。

(2)收集和提炼材料。演讲是信息的传播，信息的重要载体是材料。收集材料一定要围绕演讲主题，尽可能地量多质优。提炼材料则是要在一定数量的基础之上，对材料进行筛选和优化组合。提炼的原则和标准是能恰当凸显主题，也能满足听众的预期，同时典型、新颖。

(3)精心构思。演讲稿内容的构思方面，我们可以用"虎头、猪肚、豹尾"来概括。

"虎头"是要求开场白要吸引听众注意，激发听众兴趣，同时能很好地导入正文。常用的开场白有开门见山式、引用式、提问式、故事式、抒情式、闲聊式等。、

参考案例

我国著名演讲家李燕杰《国家、民族与正气》开场白：每个青年都关心自己的祖国和民族的命运。国家的正气，民族的正气，是团结鼓舞群众积极向上的巨大力量；是一个国家、一个民族兴旺发达的重要精神支柱。

樊天辉《叹息，还是奋斗》开场白：有一个大家都很关心的问题：我们所说的小康生活水平究竟是什么？

加拿大总理特鲁多在北京一次欢迎会上演讲时的开场白：昨天我观赏了香山枫叶，使我想起了我们国家美丽的秋天。那枫叶也是我国秋天的美景。大家知道，枫叶还是加拿大国旗上的图案。我请大家尝尝宴会上的糖果，它是从枫叶上提炼出来的，是不是和北京东风市场上的果脯一样甜蜜？……

第一个开场白用了开门见山式，直接揭示主题，表明立场；第二个例子用了提问式，以问题吸引听众关注，引起听众思考；第三个例子用了闲聊式，与听众"套近乎"，以两国人民共同的爱好，沟通自己与听众的情感，缩短彼此的心理距离，营造轻松愉悦的氛围。

"猪肚"是演讲正文部分，即演讲的主干。这一部分要紧扣主题，内容丰富，条理清晰，结构分明。演讲主干的结构通常有两种：并列式和递进式。并列式围绕中心，从不同角度、不同侧面进行论证；递进式则采用层层深入的方法，内容上环环相扣。

"豹尾"要求结尾要干净利落又留有余味。结束语是演讲留给听众的最终印

象，好的结尾应该能够收束全篇、深化主题，对于演讲来说起到画龙点睛、锦上添花的作用。常见的结尾设计主要有总结式、誓言式、号召式、引用式、哲理式、首尾呼应式等。

参考案例

帕特里克·亨利在美国独立战争前夕的一次演讲中结尾语：全能的上帝啊，阻止这一切吧！在这样的斗争中，我不知道别人会如何行事，至于我，不自由，毋宁死！

《莫让时间溜走》的结尾语：最后，以一首古诗与大家共勉："劝君莫惜金缕衣，劝君惜取少年时。有花堪折直须折，莫待无花空折枝。"

"不自由，毋宁死"是誓言式的结尾，悲壮而深刻，饱含激情，振聋发聩，并且成为后来人们信守的格言；《莫让时间溜走》的结尾是引用式，引用的古诗精练生动而富有韵味。

演讲稿在收尾时，切忌冗长拖沓、陈词滥调，如"讲得不好，大家多多包涵"、"以上仅仅是鄙人粗浅的看法，贻笑大方之家，期望各位多多指教"等，画蛇添足。

2. 记稿

演讲必须脱稿，因此记稿也是一个重要环节。记稿不要死记硬背，因为完全凭借背诵文稿发表演讲往往会在语气、语调上出现明显背稿痕迹，会给听众带来呆板、平淡、枯燥的感觉。而且，单纯依赖背诵的机械记忆容易因为临场突发情况而中断，演讲者可能会脑海中一片空白。著名政治家、演讲家丘吉尔，年轻时也常常背诵演讲稿后发表演讲。在一次国会会议的演讲中，丘吉尔突然忘记了下面的一句话，他不断重复之前的最后一句，仍然无济于事，最后只得面红耳赤地回到座位。所以，记稿不能只顾记忆而轻视思考，要在深刻思考的基础上进行正确科学的记忆。记忆方法主要有提纲挈领法、高声朗读法、联想法等，其中最有效的是提纲挈领法，即将有关演讲的主题、论点、事例和数据等做好演讲笔记，整理出小标题，成为一份粗略的演讲提纲，还可以在各段小标题下面按序补充那些重要的概念、定义、数据、人名、地名和关键性词句。在整理演讲材料和编排纲目的过程中，演讲者反复思考和熟悉了解演讲内容，演讲时仅仅将提纲作为记忆的依据，这样，即使临场时遗忘也能即兴发挥。

参考案例

林肯在美国革命战争期间，为阵亡士兵的妻子作辩护律师讨回抚恤金的法庭演讲十分精彩，事后他的同事发现了林肯的发言提纲："并无合同——不应索取手续费——不合理的勒索——描述锻铁谷惨状——原告的丈夫——怒斥被告——结尾。"

这样的准备充分又化繁为简，正是林肯精彩演讲的前提所在。

3. 排练

演讲稿完成后到正式登台之前，演讲者还要在熟悉演讲稿的基础上进行认真的排练，也就是试讲。反复试讲，可以加深对演讲稿的理解，增强记忆，增添勇气和信心，也可以使演讲中可能出现的问题提前暴露而得到有效的克服改正。比如，通过试讲可以检查吐字是否清晰，声音是否洪亮，表达是否流畅，语调、节奏是否恰当，也可以检查自己的态势语是否得体。根据这些问题，可以反复修改演讲稿和反复试讲，直到满意。

排练时可以借助镜子、摄像机等工具设备进行试讲，也可以请家人、同事、朋友充当听众，在他们面前试讲。试讲是实战演习，演讲者要以实战的心态面对。只要肯在反复试讲上下功夫，演讲水平一定能获得较快的提升。

4. 临场

正式登场时，要注意克服怯场心理，在充分准备的前提下，要充满自信。如果发生怯场反应，可以运用适度深呼吸进行生理和心理调节，缓解紧张、焦躁的情绪。

演讲过程中可能会有一些突发情况，如忘词、口误等，这时就要随机应变，巧妙处理，千万不要惊慌失措，连声道歉，或者尴尬地抓耳挠腮，甚至中途退场。一般可以采用跳跃法，也就是跳过忘记的部分，接着后面没忘记的讲，这样才不会破坏演讲的连贯性和整体美。如果语言系统已经完全混乱，就要当机立断丢掉原来的思维框架，减慢语速，重新组织表达。如果出现口误，第一种处理方法是不加理会，继续说下去；第二种方法是立刻表示否定或疑问，如"刚才这种观点我们当然是不同意的"，"这种说法对吗"等；第三种方法是以"换句话说"或"也就是说"等句为过渡，强调一遍正确的观点，冲淡错句的影响。

总之，应对演讲中出现的意外情况时，要能泰然处之，采取适当的补救办法，灵活自如地处理好，以保证演讲的顺利进行。

（五）即兴演讲

即兴演讲是演讲者或临时受邀，或兴致所至，有感而发，在没有准备或没有充分准备的情况下发表演讲。

即兴演讲比命题演讲难度要大得多，因为没有事先充分准备的时间，在这样的前提下要想进行成功的即席发言，不仅需要多方面的知识素养，需要敏捷的思维能力、快速的语言表达能力和应变能力，也需要掌握一定的技巧。我们从准备步骤和构思方法两方面来谈。

1. 准备步骤

即兴演讲的准备可以分为长期准备和临场准备两阶段。长期准备是指平时的语汇积累、思维锻炼、表达技巧的培养等。而临场准备包括：临场心理建设，即提前做好即席发言的心理准备；材料准备，即事先了解会议或活动的主题、内容，临时扩大相关知识储备；酝酿腹稿，即在时间允许的前提下，简单形成一个演讲框架，比如主题、结构、层次等。

2. 构思方法

即兴演讲成败的关键因素是快速构思的方法。

(1)模式构思法。以一个基本模式框架作为快速构思的依据，使即兴演讲既符合人们的思维习惯，又能把信息传达清楚，话题集中。

"三么"法是最基本的框架构思模式：在即兴演讲前短暂的准备时间里，快速思考三个最基本的问题，即"是什么"、"为什么"、"怎么做"。这和美国公共演讲专家理查德(Richard. C. Borden)归纳的"结构精选模式"相类似。

此外，卡耐基(Dale Carnegie)的"魔术公式"(举实例，点主题，说理由)和"三部曲"式(开头谈现场，中间谈看法，结尾表希望)都是比较常见的即兴演讲的模式框架。

参考案例

《教师的幸福》：有人说，教师是辛苦的职业。我却认为，做教师是幸福的。教师的幸福感、满足感，来自于学生的健康成长，来自于他们的学有所成，来自于青出于蓝而胜于蓝……在现实的压力下，在教育的困境中，我们如何才能留住我们的幸福感？……

这个例子是一篇3分钟即兴演讲稿的缩减版，该篇即完全遵循"三么"模式进行构思，主题明确，思路清晰，从结构上看是一篇不错的即席发言稿。

(2)散点连缀法。演讲前，脑子里会闪现一个个"思维点"(要点、特点、闪光点)，记下这些貌似风马牛不相及的"散点"，然后确定一个表达中心(目的)，用目的之线把这些散点连缀成一个有机的整体。

参考案例

今天，我参加"钻石表杯"业余书评授奖会，我想说的一句话是：钻石代表坚韧，手表意味时间，时间显示效率。坚韧与效率结合，这是一个人读书的成功所在，一个人的希望所在。谢谢！

这篇简短的即席发言，以"成功"为意脉，将"钻石"和"手表"这两个散点连缀成篇，极为精彩。

（3）借题发挥法。巧妙借用现场的事、景、地或议题作引申发挥，深入阐述，发表感受。

参考案例

语言学家张志公参加一次演讲研讨会，被邀请即兴发言：我有自知之明，我不是演讲家。因此，我先做个声明，我讲话不超过五分钟。演讲是科学，演讲是艺术，演讲是武器。什么是科学？科学是对客观事物的规律的认识。演讲没有规律吗？不能认识吗？不是的，它是有规律性的，所以说它是科学；演讲不仅诉诸人类逻辑思维，而且诉诸人类形象思维，不仅要用道理说服人，还要用感情感染人，所以说它是艺术；演讲捍卫真理，驳斥谬误，所以说它是武器，而且是重要的武器。

该例是从"演讲"这个会议主题出发，剖析其概念，从"科学"、"艺术"、"武器"三方面一一道来，论点鲜明，条理清楚。又如，在教师节座谈会上的演讲："教师节是我们在座每一位师生自己的节日，可喜可贺！我们欢迎她，情意殷切；我们祝贺她，激情满怀！此时此刻，我感触很多。"这也是以主题为触发点进行生发。

（4）辐射构思法。又称演讲的"扇形结构"。它是以一个说话焦点（话题中心）为"扇柄"，以多个论据（事例）并列构成"扇骨"，发射开去，组成"扇面形"（或辐射形）结构的演讲。这种演讲结构很简单：一个观点带一个或多个例证。

三、辩论

（一）辩论的概念和类别

辩论，也称论辩，指参与各方站在对立的立场上，用一定的理由来证明自己见解的正确，反对、批驳对方的看法和观点，力图说服对方的一种对抗性口语交际活动。

辩论按不同的标准可以有不同的分类。

从目的上分，可分两类：一种是以追求真理为目的的辩论，例如古希腊的苏格拉底的辩论，现代的学术辩论；一种是以锻炼和显示辩论术为目的的辩论，例如古希腊以普罗塔戈拉为代表的智者学派的辩论，以及当今的电视辩论赛等。

从内容形式来分，也可以分为两类：一是日常生活、学习、工作中人们之间的争辩，这是非专业性辩论，如商业谈判、法庭辩论、政治性辩论、学术辩论等；二是竞赛性辩论，如国际华语大专辩论会等。

从听众的情况来分，同样分为两类：一是当众辩论，也即有听众参与的辩论，这在古希腊和古印度都很盛行；二是非当众辩论，这在我国古代更为多见，例如著名的"濠梁之辩"（"子非鱼，安知鱼之乐？"辩"子非我，安知我不知鱼之乐?")就是非当众辩论。

(二)辩论的作用

真理越辩越明,辩论是追求和捍卫真理的重要手段,可以提高人们的思想认识水平,指导人们正确行动。例如法国化学家普鲁斯特和贝特洛曾经就化合物所包含的元素的重量进行了长达 9 年的辩论,最终普鲁斯特证明了定比定律,他对贝特洛表达了感谢:"要不是您的责难,我是难以深入地去研究定比定律的。"

此外,辩论也是锻炼人们思维的敏捷性,提高人们的口语表达能力的重要手段。

(三)辩论的基本要求

1. 观点鲜明

辩论是持有对立观点的两方的激烈交战,因此,论辩双方在立论和驳论时要旗帜鲜明,不能态度暧昧,含糊其辞。

2. 紧扣主题

辩论中双方需紧紧围绕同一主题发表意见,任何一方有背离论题,就无法交锋,论辩不成了。

3. 攻防合一

辩论中,不仅要能攻,而且要能防。攻是驳论,驳斥对方的基本观点,推倒对方的论证;防是立论,确保己方引用的事实、数据等准确无误,论证过程严谨,不给对方可乘之机。攻防是辩证统一的,辩论讲究攻防兼备,自己要稳,对敌要狠,才能占据上风。

4. 保持礼仪

辩论中以言语"进攻"是必然的要求,但是这种"进攻"必须是以理服人,而不是以声势压人。辩论中的"进攻"仍然要以尊重对方为前提,也就是要遵守礼仪,保持风度,千万不可进行人身攻击,"辱骂和恐吓绝不是战斗"。丢掉教养、失去风度的进攻,必定"杀敌八百,自伤一千",不仅会失去对手的尊重、听众的信任,也降低了自己的人格。

此外,辩论对语言的运用也有要求。辩论要求双方使用标准的普通话,语言通俗易懂、形象生动又具有哲理,尤其强调富有逻辑性。逻辑是辩论的主要工具。

(四)辩论的基本技巧

1. 立论的技巧

(1)阐释论题。要立论,首先要阐释论题中的概念。阐释概念有下定义、外延列举、特征描述等多种方法。下定义是揭示本质，外延列举是以举例的方法说明概念，特征描述是对概念所反映事物的特征进行描绘、叙述。在辩论中，用后两种方法比用下定义法要合适，因为概念定义要求规范、精确、严密，稍有差池就会被对方抓住把柄，使己方陷入被动。

参考案例

在 2001 年国际大专辩论赛决赛"金钱辩"中，马来西亚代表队将"钱是万恶之源"的"万恶"解释为一切恶，武汉大学代表队抓住这个定义中的问题，进行了反驳：

他们告诉我说，《辞海》中，"万"是一切。可是我方也查过《辞海》，无论是《辞海》、《辞源》，还是《说文解字》，"万"从来就没有一切的意思。对方同学用的是不是盗版呢？不过盗版也是钱造的恶呀！对方同学，我们再举一个例子，我们说一个人经历了千辛万苦，是不是说他要经历一切的苦呢？那这个人肯定不是男人，因为男人再苦也没有受过女人生孩子的苦；不过他也肯定不是女人，因为女人再苦，也没有受过男人怕老婆的苦。万是一切吗？

这个例子中，反方正是因为定义不精准，让正方抓住了进攻的机会。

(2)善用事实。事实胜于雄辩。辩论中，选用典型事例或数据来证明己方观点的合理性和正确性是最有效的立论方法之一。例如在 1993 年国际大专辩论赛决赛"人性辩"中，复旦大学代表队为证明己方人性本恶的观点，从李尔王的不孝女说到拉美毒枭，从《天龙八部》中的四大恶人说到周口店猿人的生猛烧烤……所举一系列的事例，不由得让大家信服了"人性本恶"的观点。

(3)长于引用。以名言警句来证明、阐释观点是辩论中常用的方法。例如在 2001 年国际大专辩论赛决赛"金钱辩"中，武汉大学代表队引用孟子的"人性之善也，犹水之就下也"，证明人性本善，而恶念之源是外部诱惑，也就是金钱；又引用"学成文武艺，货与帝王家"、"三年清知府，十万雪花银"等句，说明金钱的魔力会使人把羞耻之心和报国之志都抛诸脑后，由此证明金钱是万恶之源，这些无疑增加了观点的说服力。

2. 反驳的技巧

(1)反驳论点。常用的反驳方法有例证反驳法、归谬反驳法等。例如，对于"应先立业后成家"的论点，可以举出历史上和现实生活中众多先成家后立业的鲜活反例加以驳斥，这是例证反驳法。又如，恩格斯在《论权威》中有一段论断，对方论点是"想消灭大工业中的权威"，推导下去是"就等于想消灭工业本身"，而消灭工业的荒谬结果就是"消灭蒸汽纱纺机而恢复手纺车"，于是"消灭大工业中的权威"不成立。这就是归谬反驳法，即先假定对方论点是正确的，然后从这个假定中推导出荒谬的结论，证明论点的荒谬。

参考案例

一位教师以"我最喜欢的名人名言"为题训练学生登台演讲的能力，学生情绪高涨，踊跃登台。然而，中间有位学生上台后说道："我最喜欢的名人名言是'一切名言都是善良的谎言'。"课堂的热烈气氛顿时没了。此时教师并没有批评，而是微笑着说道："那么，你这条名言是不是善良的谎言呢？"学生回答说："不是！"教师说："如果你这条名言不是谎言，那就证明并非'一切名言都是善良的谎言'啊。"学生立即改口道："我引用的也是善良的谎言。"教师说："哦，原来你引用的名言也是谎言，既然是谎言，那么就是站不住脚的了。"大家都笑了起来。教师接着对该名学生说："虽然你今天在逻辑上犯了个错误，但是表现出来的求异思维倾向还是令人钦佩的。"

这位教师反驳学生的论点，以子之矛攻子之盾，实质上也是属于归谬法。可贵之处在于，例子中的教师不仅面对突发情况沉着机智，反驳对方观点时思维清晰，逻辑性强，而且能够对学生行为中值得肯定的部分给予鼓励和表扬，很好地维护了学生的自尊心。

(2)反驳论据。找出对方论据中的硬伤，例如张冠李戴的名人名言，有科学性错误的公理法则，引述失实的事例论据等，证明对方论点的虚假。

(3)反驳论证过程。即指出论据和论点之间没有逻辑关系，或出现逻辑错误，无法进行正确推论。

参考案例

青年人应尽早自立，闯出自己的天地。孔融四岁让梨，骆宾王六岁咏《鹅》，曹冲七岁称象，司马光八岁砸缸，甘罗十二拜相……

这段话的观点是"青年人尽早自立"，下面举的例子却都是小于十二岁的儿童。从论证角度来说，所用论据无法证明论点。

另外，对于辩论中常出现的诡辩，如偷换概念、循环论证等，只要坚持从以上三个方面找突破口，就不难识破其伎俩并进行有力的反驳。

【复习与思考】

1. 你觉得善意的谎言是否违反了口语表达的要求？为什么？

2. 根据复述、描述、解说、评述的定义和特点，谈谈你的学科教学中可能会更多运用哪一种或几种形式。为什么？请举例说明。

3. 有人认为，朗读、朗诵是语文教师的"必修课"，其他学科的老师尤其是理科教师不需要学习这方面的技能。对这一观点，你有何看法？

4. 有人说："口语表达的训练就是要训练嘴皮子快。""要想有好的口才，一定要时刻准备跟别人打嘴仗。"你是否同意？为什么？

【拓展学习】

1. 张颂. 朗读学. 北京：中国传媒大学出版社，2010.

2. 邵守义、谢盛圻、高振远. 演讲学教程. 北京：高等教育出版社，2002.

3. 刘伯奎. 辩论学. 北京：语文出版社，1999.

4. 戴锡琦. 中国演讲辞珍品赏析. 长沙：湖南人民出版社，1999.

5. 李天道. 外国演讲辞名篇快读. 成都：四川文艺出版社，2004.

6.《演讲与口才》杂志：http：//www. koucai. com.

7. 中国演讲与口才网：http：//www. 360koucai. com.

8. 中华口才网：http：//www. koucai. net.

9. "中华诵"经典诵读行动官方网站：http：//zhonghuasong. edu. cn.

6. 朗诵下面这首诗歌，注意运用重音、停连、语速、语调、色彩等技巧表达出作品中饱含的深情。

祖国啊，我亲爱的祖国

舒婷

我是你河边上破旧的老水车，

数百年来纺着疲惫的歌；

我是你额上熏黑的矿灯，

照你在历史的隧洞里蜗行摸索；

我是干瘪的稻穗，是失修的路基；

是淤滩上的驳船，

把纤绳深深勒进你的肩膊

——祖国啊！

我是贫穷，

我是悲哀。

我是你祖祖辈辈痛苦的希望啊，

是"飞天"袖间

千百年未落到地面的花朵，

——祖国啊！

我是你簇新的理想，

刚从神话的蛛网里挣脱；

我是你雪被下古莲的胚芽；

是你挂着眼泪的笑涡；

我是新刷出的雪白的起跑线；

是绯红的黎明

正在喷薄；

—— 祖国啊！

我是你十亿分之一，

是你九百六十万平方的总和；

你以伤痕累累的乳房

喂养了

迷惘的我，深思的我，沸腾的我；

那就从我的血肉之躯上

去取得

你的富饶，你的荣光，你的自由；

—— 祖国啊，

我亲爱的祖国！

7. 请以"教师·教育·我"为主题，自拟标题，撰写演讲稿，进行一次命题演讲。时间为 5 分钟。

8. 请从以下几个题目中任选其一，发表一段即兴演讲。准备 5 分钟，演讲 3～5 分钟。

做最好的你自己；教师的幸福；让爱与责任同行；亲其师，信其道；想象力比知识重要

9. 请从欢迎会、欢送会、颁奖典礼祝贺、竞选、就职、节日联欢等生活场景中任选一个场景，发表一段即兴演讲。准备 5 分钟，演讲 3～5 分钟。

10. 看一场国际大专辩论赛的决赛，如 1993 年第一届"人性本善 VS 人性本恶"、1995 年第二届"知难行易 VS 知易行难"等，熟悉辩论赛程序，并且就正反双方立论和驳论的技巧进行认真分析、学习。

11. 请从以下几个辩题中任选其一，与同学组队进行模拟辩论。

科技进步利大于弊 VS 科技进步弊大于利

网络使人更加亲近 VS 网络使人更加疏远

教师教育应宽进严出 VS 教师教育应严进宽出

人肉搜索应禁止 VS 人肉搜索不应禁止

第五章　教师教学口语表达技能

【本章重点】

　　• 教师口语作为职业用语具有的职业特征以及教学口语的课堂规范和基本要求

　　• 教学口语在面对不同学科、针对不同对象具体运用时的特点和要求

　　• 教学语言风格的类型以及形成因素和条件

　　教师教学口语是以一般口语为基础，体现教师职业特点的，在教学中发挥重要作用的语言表达形式。教师教学口语需要在长期的实践经验基础上不断锤炼，不断摸索，不断创造，逐步形成具有职业特性和个人风格的教师口语特色；教师教学口语表达技能是在长期的教学过程中逐渐形成的具有提升教学效果的口语表达能力。

第一节　教师教学口语概述

一、教师口语的职业特征

　　口语，有一般口语与专业口语之分。一般口语也即日常口语，适用于日常生活领域，它比专业口语具有更大的随意性，不用或极少使用专门术语。专业口语，是指适用于某一特定专业领域的口语，如司法领域口语、外交领域口语、科技领域口语，商贸领域口语、教育领域口语等，其使用受特定专业的交际内容、交际范围、交际对象、交际目的的制约，较多使用本专业的专门术语，其语言具有特定专业的特殊性。

　　教师口语，也称教师职业口语，是指教师在从事教育教学活动的过程中所使用的专业口头用语，它是教师进行教育教学的最基本、最重要的手段。教师口语属于专业口语中教育领域口语的范畴，是根据言语主体而确立的言语范式，它区别于家长对子女、长辈对晚辈、领导对群众等其他多种含有教育意义

的言语活动，体现出鲜明的职业规范性。

任何职业用语都是与使用主体的社会角色相一致的。比如医生的医医语言和医护语言很多时候必须使用文本语言以避免模棱两可、产生歧义带来临床失误；律师的职业用语要求准确的遣词用句、严谨的表达方式和周密的逻辑推理；记者的采访用语必须有鲜明的目的性，同时简洁明了。教师口语同样受制于职业的诸多要素影响，被职业烙上了深刻印记。

(一)从语言和言语的关系看

语言是人类最重要的交际工具，它是以语音为物质外壳，以词汇为建筑材料，以语法为结构规律的能表达人类思想的符号系统。言语是人类掌握和使用语言的活动。言语除了包含社会公认的语言体系外，还体现人们运用语言的个人特色，如具体发音的特点，词句的组合等。简而言之，语言是工具，言语是对工具的具体运用。

教师口语是一种语言范畴内的言语表达形式，是动态的言语行为。它运用规范的语音、词汇、语法系统，体现出教师职业的言语特点和个人的言语风格；它要求根据教师职业的需要，根据不同学科的需要，根据不同教学对象的需要，恰当地选择相关的语音形式、词汇构成、语调语速变化和不同的修辞方式等，充分体现出教育教学的科学性、教育性、针对性、启发性、通俗性、生动性等言语特点，显示出或朴实、或华美、或激越、或风趣的言语风格。

(二)从口语语体和书面语体的特点看

口语语体是口头交际中使用的语言体式，它通过声音传播。口语语体的主要特点是：用词范围相对较窄，常用叹词、语气词、拟声词等词汇；定语少而短，句子相对短小，散句多，灵活多变；结构比较简单，多用省略句、独语句；多用比喻、夸张、拟人等修辞手法。书面语体是在口语语体的基础上发展形成的，是口语语体的加工形式。它是指以书面形式为基本形态，用于正式的交际场合的语言体式。书面语体的主要特点是词汇量丰富，大量使用专业术语、外来语词，也可以适当运用古词语和方言词；语法规范，较多使用长句、复句、结构严谨的完全句，修饰语多，关联词多；逻辑严谨，条理清晰，布局层次分明等。

教师口语的言语体式是带有书面语色彩的口语语言，它是介于书面语和口语之间的一种综合性语体。一方面，教师口语受到教育教学材料的制约，是在教案、讲稿、提纲的基础上，将经过加工已经成型的、比较文雅的书面语言转换成口语形式，面对学生清晰、明白地讲述出来，不能脱离教材漫无边际地随意说话，因此，教师口语远比日常谈话语体更加规范、准确、简洁、得体；另一方面，教师口语毕竟是口头语言，口头言语的词汇和语法体系有它自身的特点，如句子结构较为简单，能让学生听起来清楚明白；句子中修饰成分少而短，这样语言简洁，重点突出，便于记忆等。如果教师口语过于书面化，会产生不够自然、不够通俗、容易带来歧义或误解等问题。

（三）从有声语言和无声语言的关系看

有声语言是通过声音传播的语言形式，是经过人们的听觉神经，通过已知的语音、词汇、语法系统，去理解和感受其中的语义形象。它受时间的限制，有一发即逝的特点；它受空间的限制，有距离阻碍的特点；它受约定俗成的限制，有语言理解的限制。这是人们进行交流的主要语言手段。无声语言是通过视觉、触觉、嗅觉、味觉等感官来传递信息的语言形式，包括哑语、旗语、态势语等。虽然不用语音表达，但无声语言仍然具有规范性。无声语言具有辅助特征，可以通过眼神、表情、手势、身姿等修饰，支持有声语言，强化有声语言的表达效果；具有跨文化特征，不同民族、不同语音的人们可借助无声语言传达简单的交际信息；具有差异特征，文化、环境的不同会造成部分无声语言表达的差异。

教师语言是以有声语言为主，以态势语为辅的言语表达形式。

（四）从单向表述和双向交流的关系看

单向表述是指在同一个交际环境中，围绕某个话题，一方对另一方所进行的言语表达活动。它具有单向、单线的特点，是以说话者为主导，为达到某一交际目的，向听者进行的恰当、有效的言语表述，听者一般不参与这个言语活动，如朗诵、演讲、报告、申诉、宣判等。根据这一特点，说话者应仔细观察听者的接受情况，根据听者的反馈，及时调整所讲的内容和节奏。由于是单向进行表述，因此要特别注意语言的清晰、流畅和生动，在单位时间能够传递尽量多的信息，以便让听话者产生兴趣，获得最大的收益。双向交流是在同一交际环境下，围绕同一话题，由交际双方相互配合、相互交流，共同完成交际目的的一种言语活动。它的特点是双向、双线，如讨论、问答等。这就要求参与交流的双方精力集中、表述积极、审时度势、灵活应变，发挥自己的热情与智慧，在参与交流的同时，相互学习、取长补短、共同进步。

教师口语是以双向交流为主，单向交流为辅的言语活动形式。在教育教学中，必须坚持以双向交流的对话体言语形式为主，才能活跃课堂气氛，启发学生思维，鼓励学生创造。

（五）从预设语言和随机语言的关系看

预设语言是通过预先准备而形成的一种较为成熟的语言形式，它具有准确严谨、少语病语误的特点，可以使说话者胸有成竹。随机语言是特定交际环境中，说话者事先未准备或者准备不充分，依据现场环境、人物、事件等进行的即兴语言形式，如即兴演讲、自由辩论、随意交谈等，它的特点是临场性、随意性、快捷性、应对性等。

教师口语是以预设语言为主、随机语言为辅的话语表达形式。因为教学内容固定有序，不能随意更改、任意发挥，所以教师必须依据教学大纲、课程标准等，针对学生具体情况，事先进行教学设计，准备好教案。但教案的完整、讲稿的充实并不能成为一节课的全部，预设语言之外，教师还要根据学生反馈、根据课堂偶发情况随时进行调整，加入随机性语言。

二、教师口语的课堂规范

课堂实践中的教师口语是丰富多彩的：或辞藻华美，或朴实自然，或情感充沛，或严密犀利……而无论何种风格的教师课堂语言，都要遵循一定的课堂规范，其中最基本的一点是课堂上的教师口语必须服从和服务于课堂教学。

（一）科学性

课堂教学活动是建立在有关自然、人文、科学知识体系基础之上的，是对人类文化、文明的传承和发展。教学内容的科学性、知识性决定了口语表达的科学性，知识内容的系统严谨决定了教师在课堂上的口语也必须是学术性强的专业语言，符合科学和事实，绝不能出现科学性错误或偏差。例如数学学科中的"除"和"除以"，政治学科中的"使用价值"和"剩余价值"等，都是不能混淆的。

此外，科学性还要求课堂实践中的教师口语要符合语音、语法、语义的规范与标准，也即要使用标准普通话进行教育教学活动，发音标准，字正腔圆；表达要符合现代汉民族共同语的语法标准；意义表达要准确恰当。

（二）教育性

教师在从事教学活动时，应该要做到教书和育人的有机结合、完整统一，教师口语要服务于这一原则。教学口语的教育性体现在语言内容饱含着积极的思想教育和健康的情感滋润上，也体现在语言本身的号召力和感染力上。教师应该用优美流畅的语言把知识的传授和对学生思想的启迪、品德的培养统一起来。

（三）启发性

教师要传道授业，但传授知识时不能是注入式的一言堂、满堂灌，这会阻碍学生的思维活动和积极性的发挥。无论是教师讲授或组织讨论或指导练习，教学语言都要求有启发性。教师应该以加强引导、不断启发、注重反馈的方法，采用多种多样言语形式，促使学生开动脑筋，积极思考，探求解决问题的途径，能举一反三，触类旁通。

参考案例

小学一年级的自然课中，要教学生形成"动物"这个概念，常见方法是让学生抄写背诵"动物"定义，但有位老师却用了另一种方法。

师：为什么说鸡、鸭都是动物？

生：因为它们都会叫唤。

师：对吗？蛇不会叫唤，可它也是动物啊！

生：蛇会爬。会爬会走的都是动物。

师：鱼不会爬，不会走，只会在水里游。鸟会飞，不是动物吗？

生：它们是动物，因为它们会活动，能活动的东西叫动物。

师：能活动的叫动物，可是飞机会飞是不是动物？

生：飞机自己不会飞，是人开动的，它没有生命，不是动物。

师：对了，能自己活动的生物叫动物。

该例中，教师教学语言是具启发性的，通过一个个问题开启学生心智，激发学生思维，引导学生探究事物本质特征，思而后得。

（四）针对性

课堂教学必须以对象即学生的实际情况为依据，实施有针对性的教学活动，在面对年龄不同、性别不同、性格不同、基础不同、学习风格不同的学生时，言语上必然要有所区别。著名的语文特级教师于漪老师曾深有体会地说："要面向实际，目中有人。对学生具有的语文知识、语文能力、学习方法、兴趣爱好须作认真的、经常的调查研究。对学生的情况若明若暗，教学就有很大的盲目性。或失之艰深，学生如坠云雾；或失之肤浅，学生味同嚼蜡；或失之繁杂，学生昏昏欲睡；或失之粗略，学生囫囵吞枣。"

（五）灵活性

课堂不是一潭死水，教学情境千变万化，教师在课堂教学中，常常要面对一些意想不到的突发情况，比如教学媒体失灵、学生突然诘问、学生答案不在教师的预计之内等，这就需要教师能及时反应，随机应变，灵活运用教学口语驾驭课堂教学，恰当选择不同语气、不同词汇、不同修辞、不同态势的语言去应对课堂。

参考案例

化学老师在演示试验前讲说："当我们把燃烧着的金属钠伸到装满氯气的

集气瓶中时，将会看到钠剧烈燃烧并生成大量白烟。"然而在演示时集气瓶中出现的不是白烟而是黑烟。

师：你们看到了什么？

生甲：我没有看到白烟，而是黑烟！

师：你的观察很准确。这样看来，刚才被烧的东西就不是金属钠了。可是，这的确是块金属钠。那么，刚才为什么冒出黑烟呢？请同学们回忆一下金属钠的物理性质与贮存方法。

生乙：金属钠性质活跃，不能裸露在空气中，而是贮存在煤油中。

师：你说对了。由于我的疏忽，实验前没有将金属钠上沾有的煤油处理干净，结果发生了刚才的实验事故。为了揭示上述错误原因，我不打算回头处理煤油，而是将沾有煤油的金属钠继续烧下去。请大家想想，烧的过程中，烟的颜色将发生什么变化？

生齐答：黑烟之后将出现白烟。

（老师继续做实验，果然金属钠在继续燃烧后，冒出了白烟。）

师：同学们，你们的预言实现了！

这个教师面对课堂突变，沉着冷静，充分运用了课堂语言的调节作用，使一个不利事件转而变成对教学有积极意义和作用的事件。

（六）生动性

教学既是科学又是艺术。教师不能只满足把知识讲明白，更应当用生动形象、富有感情、节奏和谐的语言去吸引学生，消除学生学习上的厌倦心理，营造活跃和谐的课堂教学气氛，达到最佳表达效果。比如一位教师在讲解"渴求"一词时，先说了一则冰箱广告中的解说词："每当我看见天边的绿洲，就会想起东方——齐洛瓦。"他接着指出，那个沙漠中干渴难耐的人当时的情感和欲望，就是"渴求"。这样形象生动的语言易于让学生接受和理解，能够引起学生注意，激发学生的学习兴趣，从而提高课堂教学效果。

三、教学口语的基本要求

针对不同对象、不同课程、不同教学环节具体运用教学口语时，尽管有不同的技巧和策略，但是运用教学口语的基本要求是一致的。

（一）有的放矢

有的放矢是要求教学口语的针对性和简洁性。

教学口语不同于日常生活中的闲谈聊天，它受教学内容、教学要求等方面的制约，因此必须做到有针对性。"的"不仅是教育对象，也包括教学内容。不同年龄、水平、性别、个性的学生，都具有各自不同的特点；不同的学科和教学内容也具有不同的内在规律性；在不同的教学阶段，教学活动所呈现出的特征和教学内容的要求也是各不相同。教师进行教育教学时，必须实事求是，根据实际正确地选择运用语言。

能够坚持有的放矢，我们的教学口语就能具有简洁美：简明扼要，一语中的，抓住实质，言简意赅，语义信息的传递直截了当，避免无目的、无意义的表达带来的教学口语的堆砌臃肿。

(二)科学规范

科学，指教学口语的准确无误。教师在课堂上传授知识时，内容上要准确地反映客观实际，表达上要准确表现思想内容，也即对现象的描述，对概念、定义、规律的阐释，对立场、观点的表达等，都要做到语义确切，不使人产生疑义、混淆和误解，也要避免假话、空话、套话、言不及义的废话。

规范，指教学口语必须符合汉语规范化要求。教师语言对学生有示范作用，所以要在语音、词汇、语法和修辞等方面均注意规范使用。要发音清晰、语音准确，要运用普通话规范词汇，要以典范的现代白话文著作中的一般用例作为规范用语，要符合用语规范，不能用词不当、重复啰唆、生拼硬凑。例如"我们的任务和时间都很紧张和艰巨"、"通过这次学习会使你们获益匪浅"、"不管天气多么寒冷，但是你必须按时到校"等，有的关联词误用，有的配搭不当，有的成分残缺……错误形形色色，都是没有符合汉语规范。

参考案例

苏霍姆林斯基曾经说过这样一件事："20年前，我去听一位教师的课，观察孩子们怎样感知新教材的讲解。我发现，孩子们听后很疲劳，下课时简直是精疲力竭了。我开始仔细听，教师的语言，使我大为吃惊。教师的语言是那么混乱，没有逻辑顺序，他讲的教材的意思是那么模糊不清，以至于第一次感知这个或那个概念的儿童，不得不用全部力气，才能听懂一点点东西。孩子们感到疲劳的原因正在于此。"苏霍姆林斯基于是得出了一个结论："教师的语言修养在极大的程度上决定着学生在课堂上脑力劳动的效率。"

显然，苏霍姆林斯基所见到的这个老师，课堂教学语言混乱、模糊不清等，都是没有做到科学规范。

(三)声情并茂

"声"，是运用教学口语时的音量、音质、音强、音色等。教师要注意以下几点：音量要适宜，不能忽大忽小，但也要根据情况变化和教学内容要求不同而灵活加以控制；语速要适度，不能忽快忽慢，也不能一直匀速而没有任何变化，应根据具体情境调整停连语速；语调要得当，不能忽高忽低，也不能太过平直，应注意抑扬顿挫，努力增强语言的表现力。

"情"，是指在教学过程中，教师的语言充满情感色彩和感染力，教师以情施教，以情动人，以情促知启智。教学既是认知过程，也是师生间的情感交流过程，教学活动是在认知和情感相互交融、相互促进下完成的。正如特级教师李吉林所说："教学若要成功，需以情感为纽带。"美国学者吉诺特（H. G. Ginatt）也指出："许多教学上的问题未来几十年内将可得到解决，那时将有新的学习环境和新的教学方法。然而，教师有一项功能是永远变不了的：创造有感情的学习情境。"教师要对教育"倾情"，对学生"倾情"，教学中，教师的教学语言应感情充沛，要激发学生的学习热情，也要以美好的事物，高尚的情操熏陶感染学生。情感永远是教学中不可忽视而又至关重要的影响因素。

（四）生动鲜明

苏霍姆林斯基曾说："所有智力方面的工作都要依赖于兴趣。"课堂教学也是如此。在教学中，教师要使用形象生动、妙趣横生的语言吸引学生注意力，深化、巩固其对知识的理解掌握。美国教育专家罗伯特说："讲课最主要的缺点就是在于从本质上说它是一种单向性的思想交流活动。"为了防止学生因此产生疲倦感和注意力分散，教师必须随时注意通过语言的调节，增强教学的感染力，使学生思维处于活跃状态。

枯燥无味、单调呆板的语言会使学生生厌，而形象生动、新鲜活泼、富有情趣的语言能够有效激发学生的学习兴趣，提高他们的学习积极性，从而达到良好的教学效果。为了达到教学口语的生动形象，应重点把握三个方面：一是注意语言形象直观，富于表现力；二是深入浅出，营造轻松的学习气氛；三是有幽默感，既饶有趣味，又发人深省。使语言取得生动效果的具体方法有很多，比如运用比喻、拟人、借代、夸张、引用等修辞手法，使用大众化的谚语、歇后语等熟语等，充分发挥语言的表现力。

第二节　把握教学中口语的具体运用

教学中口语运用的要求虽然基本一致，但是在不同学科、不同对象的课堂教学实践中，教学口语的具体运用还是有着不同的特点，在运用方法上是有所区别的。

一、教学口语在不同学科中的运用

中小学课程可以分为文科、理科和技能类学科三大类。文科有语文、外语、历史、政治等；理科有数学、物理、化学、地理、生物等；技能类学科有体育、美术、音乐、劳动技能等。在这些不同学科的教学实践中，教师除了要遵循教学口语的一般性课堂规范和要求之外，还要根据课程本身特点对某些地方进行特别把握。

（一）文科课程

在文科课程的教学中运用教学口语，要特别注意两个方面。

1. 形象具体

语言本身就具有形象性的特点。文科课程更是有大量教学内容需要通过教学口语的描摹、陈述，再现客观事物形象的形式、声音、色彩以及人们的感受。这就要求教师要对教学内容有深入的理解、感受、想象和体验，同时也要有高超的语言技巧，这样才能用具有立体感、直观感的语言鲜明、准确、生动地再现客观事物的形象，让学生如临其境，如见其景，在这样的氛围中学生会更加顺利地达到学习目标。

参考案例

语文特级教师于漪老师是情感派大师，她在教授《春》的时候，描述道："我们一提到春啊，眼前就仿佛展现出阳光明媚、东风浩荡、绿满天下的美丽景色！一提到春，我们就会感到有无限的生机和无穷的力量！"

这段语言，将春光美景生动形象地展现在学生面前，绘声绘色，情景交融，对于学生更好地进入课文情境大有裨益。

2. 感情饱满

文科课程本来就是针对人的社会活动认识、人的道德情操养成、人的健康人格发展而设置的"人性化"课程，在教学中有效实现情感、态度和价值观教育是必然要求。相比较理科教材而言，文科教学内容本身含有更多强烈的显性情感因素，教师要抓住这一特点，深入挖掘并体验其中的情感因素，对其进行情感加温，进而将其在教学口语中展现。从词句到语调，从声音到表情态势，要自然渗透教师内心对于教学内容的感受和体验，以富有情感性的教学口语，引起学生感情上的强烈共鸣，产生巨大的感染力。这是文科教学对学生陶冶情操、塑造心灵、培养正确的世界观、人生观、价值观和道德修养的优势所在。

参考案例

一位教师教授《人生的价值》时说道："人生的价值到底在于什么？我前几天看到一则关于两弹元勋邓稼先的报道。在某次核弹没有爆炸的时候，邓稼先亲手去取回哑弹走出辐射区。他后来因为辐射过度得了癌症，也因为辐射的原因没法化疗，早早去世。他留下遗言：'不要让人家把我们落得太远！'他的夫人拒绝采访，她说：'我们追求的东西不一样，请理解我们。'我国历史上有太多像邓稼先这样的令人敬仰的人物，他们是在对民族、对国家、对社会的无私奉献中，实现了自己的人生价值！"

这段话凝结着教师真挚深厚的情感，具有极强的感染力，对于教学效果必会有积极的作用和影响。

(二)理科课程

理科课程研究自然现象及其规律。为了把一些抽象的概念、定理讲得明白易懂，理科课程的教学语言也需讲求形象和生动，但同文科相比，它的教学口语更讲求准确性、逻辑性。上海教育出版社出版的《名师授课录》(中学数学初中版)中收录了50多位著名初中数学教师的教学实录，名师们的教学语言尽管风格各异，但准确性和逻辑性是大家共同的特点。

1. 准确规范

理科教材中有很多定义、原理、公式、定律、法则等，都是经过不断提炼、抽象而得到的对客观事物及其运动规律的科学概括和总结。所以，理科教师解释概念的内涵和外延、论证命题、推导公式等，都必须用语准确，绝不能产生歧义。比如说，北京和广州两个城市从地理位置来说，一个在北，一个在南，在指认地图时，地理教师绝不能说"一个在上，一个在下"，这种表达是不严谨、不准确的。而在文科教学中，特定情况下却可以出现类似表达。

2. 逻辑严密

理科教学口语的逻辑性来自学科体系和学科内容本身的条理性和严密性，因为理科本就重在揭示规律性的知识以及事物的特性、联系和变化。所以，在表述理科教学内容时，教师必须更加重视逻辑性，要通过周密系统地组织语言将诸多知识信息按一定顺序、层次、条理传递给学生，力求层次分明、条理清晰、由易到难、由浅入深。在表达中，要梳理句子、语段之间的因果、递进、转折、归纳、演绎等关系，并尽可能地用关联词、重音、停连、语调等，将这些关联性呈现给学生，帮助学生理解。

参考案例

一位物理教师解释"牵引力的反作用力"时说道："首先，我们要知道牵引力是什么。牵引力是发动机的推力吗？不是。就像我们坐在汽车里面向前用力推汽车，是不能推动汽车的，因为人和车是一个系统，内力不能改变物体的运动状态；同理，发动机装在汽车上，因此发动机也不能推动汽车前进。所以，牵引力不是发动机对汽车的推力。那么牵引力是什么？我们假设汽车陷在烂泥里面，发动机吼叫，车轮空转，但是汽车就是不能向前移动，而我们挖去车轮下的烂泥、垫上干草或者木板后，汽车就可以从泥里挣扎出来向前行驶，这进一步说明牵引力不是发动机的推力，同时也说明了牵引力是地面对车轮的摩擦力。那么，牵引力的反作用力就是车轮对地面的摩擦力。"

这段表述中，教师从分析、推理到得出结论，语言逻辑性很强，很好地帮助了学生建立科学、准确的物理概念。

（三）技能类课程

技能类学科是实践性很强的学科，教学一般是在各种技能、技巧的实际训练中进行的，因此教学口语要突出学科的实践性、可操作性的特点，要重视语言的指导性和指令性。

1. 指导到位

教师在教授学生某种技能时，要多用指导性、提示性语言，或指示动作要领，或提醒注意之处，对技能训练进行引导。指导性口语要简洁、明晰、确切，适当通过语音高低强弱快慢的变化提醒学生注意，必要的时候也可以通过重复进行强调，务必使学生听后能很快地理解并能按要求操作。

参考案例

一位体育教师教太极拳起势时说道："第一，左脚分开半步；第二，两手慢慢前平举，与肩同高；第三，屈腿下蹲，两手下落按到腹前。注意，要端正地坐在自己的腿上，保持自然中正，既不要前俯，也不要后仰，要屈腿、落胯、立腰、顶头，手好像落在面前的桌子上，手心向下。"

语言简洁直观，用了"第一、第二、第三"这样的序数词引起学生注意，同时也强调了关键的注意事项，具体细致，有利于学生的训练。

2. 指令明确

技能的传授有着极强的实践性，很多时候并不需要学生去深入探究某种技能的发展历史或是其背后的原理等，只要求学生掌握并运用。例如，体育教师教投篮技术时，只需要讲清楚动作要领和注意事项并进行示范和指导，而完全没有必要告诉学生如何用物理学原理去计算篮球的脱手速度、高度和角度之间的关系以提高投篮命中率。技能类学科实践性强的特征决定了指令性语句的广泛使用是其教学用语的主要特色。指令性口语要求教师用肯定的、不容置疑的语气指导学生训练。话语简明、准确，嗓音响亮，说话有力。

二、教学口语针对不同对象的运用

教学口语不仅要适应不同学科，也要适应不同对象也即学生的差异。学生基础不同、态度不同、学习风格不同、个性倾向不同等，都会造成对教师教学语言理解上的差异，因此，教师要根据学生的不同情况恰当运用教学口语。

（一）面对学习基础不同的学生

对于学习基础薄弱、理解能力较差的学生，运用教学口语时要注意通俗易懂，深入浅出，要多用形象直观的语言来增强学生的表象储备，多用举例、比喻、描述等方法帮助学生理解，采用提示性语句如"需要注意的是"、"这一点非常重要"、"请大家牢记"等对学生进行强调，以不同的语言重复重点、难点和关键语句帮助学生记忆。对于学习基础较好、理解能力较强的学生，可以适当提高话语中知识信息的密度和讲解的深度，使用的词句可以更加精练概括，也可以穿插一些深刻隽永的语句引发学生的思考。

参考案例

一位语文老师在两个学生基础不同的班级分别教授柳宗元的《江雪》："千山鸟飞绝，万径人踪灭。孤舟蓑笠翁，独钓寒江雪。"在基础较好的班级，老师提问道："作者借着景、境和渔翁形象，想诉说什么？"在学生讨论的过程中，老师介绍了柳宗元的生平背景，加以点拨。而在另一个基础较弱的班级，老师则换了一个问法："你们觉得这位老人真的是在钓鱼吗？"学生听到这样的问题，立刻知道教师的言下之意指老人并非真的在钓鱼，这是对学生思维定势的冲击。在老师的介绍完背景后，学生开始思考诗人在"钓鱼"这一表象下实际想要诉说的是什么。最终，两个班的同学都读出了"钓鱼"背后隐藏的诗人的孤独以及孤独中的隐忍和坚韧。

这位老师在两个班问了两个不同的问题，这两个问题的实质都是指向诗歌的主旨和诗人的精神世界，所以其实是一个问题的两种问法，或者说是对同一内容的不同表达。第一种是综合提问，学生要把从文本、教师的补充材料和自己平时的知识储备中得到的零散信息组织成为新的整体以得出新的结论，这是一种高级认知提问。第二种问法，实质上也是综合提问，但教师改用了判断型提问的形式，指向性更加明确，降低了难度，打开了学生的思维。这位教师针对不同基础的班级采用了不同的教学语言，都收到了很好的教学效果。

（二）面对学习态度不同的学生

对于学习不认真的学生，教师应在教学口语中多使用美国心理学家贝蒙（D. J. Bem）提倡的"肯定的评定"策略，多以正面肯定的话语鼓励学生的点滴进步，而不是一味地指责批评。贝蒙在实验中发现，经常使用"否定的评定"会让学生用一种否定的方式评价自己，随后他们的态度、行为就可能向这种否定的自我知觉支配下的行为方式趋近。因此，对于这样的学生，教师更多是要让他们看到改正、进步的希望和方法，以诚恳、友善的态度提出建议，引导学生的正向发展。

对于学习态度认真的学生，教师在赞赏时要注意实事求是，不要夸大其词、言过其实，助长学生的骄傲情绪；也不要对学生使用千篇一律的语言，如"你很认真"、"你很棒"、"good"，毫无变化和针对性，使表扬变成口头禅而让学生听到麻木，失去表扬应具有的激励作用。此外，赞赏的话语中也应充满对学生继续进步的鼓励和期待。

(三)面对年龄不同的学生

学生的认知能力在不同的年龄段有很大的差异，教师的教学口语要适应学生的实际特点和客观需要。

小学阶段的学生一般是6～12岁，观察能力、理解能力、接受能力、抽象思维能力、逻辑思维能力等都还比较弱，注意力不够稳定、不易持久。对他们的教学和培养具有和成人不同的特点，因此教学语言不能以成人化的形式展示，教师应选择适合低年龄段学生的语气、语调、语速、节奏等，多用一些形象鲜明、生动有趣的语言，引起学生的注意，激发他们的兴趣，同时尽量使用浅显易懂的口语，符合学生的接受水平。比如，小学语文老师常会用顺口溜、儿歌、谜语、绕口令等歌诀的方法教一年级学生学习汉语拼音，像"bpdq 四兄弟，他们长得真稀奇。b 大哥是大肚皮，反过来是 d 小弟。二哥 p，脑袋大，脑袋左转就是 q。"这样的语言极有童趣，学生易学、易懂、易记，效果也很好。

中学阶段的学生一般是13～18岁，处于少年向青年过渡时期，知识逐步拓展和深化，心理由半成熟趋向成熟，抽象思维能力、理解接受能力、注意力稳定性和持久性都渐强，此时教师可以在注意语言形象生动的同时，有意识地适当增强语言的抽象性、逻辑性、思辨性、理论性和信息含量，培养学生的思维能力，提高学生的语言水平。比如，面对低龄学生时，提问的方式更多为指向性明确的判断型，即是非问、选择问等，所以我们看到在小学课堂中，教师经常会使用"对不对啊"、"好不好啊"、"可不可以呀"、"行不行呀"等问句配合亲切、温和、柔缓的语气进行询问，这是适合低龄儿童理解能力较弱和情绪易受他人影响等心理特点的。较慢的语速、浅显的语句、活泼的语调、和蔼的神态易于和孩子沟通；提问多用是非问、选择问等形式，易于孩子的理解、回答和呼应，也可以引导孩子跟着老师的思路。而这样的语言在中学课堂上就不宜出现。一方面是语气、语调已不适合学生的年龄特点，在小学课堂中出现的这类儿童化口语，西方称之为"照顾式语言"(caretaker language)，已经有明显"成人感"的中学生是不适应这种儿童化口语感的；另一方面，高年级课堂应增加说明型和扩展型问题的比例，通过提一些分析、运用、综合、评价类高级认知问题，充分锻炼学生的抽象、逻辑思维能力。此外，教师还要更加追求锤词炼句，要以语言的内容美和形式美"粘住"学生。

参考案例

语文特级教师支玉恒老师教授小学三年级《画杨桃》一课，先让学生自己读课文，读完后说自己想说的话，也可以提问题。有两个学生分别汇报了"和颜悦色"和"严肃"这两个词的意思。片段实录如下：

师：这两个词正好怎么样啊？

生：相反。

师：你过来。(让学生上台)这位同学要讲"和颜悦色"，咱们看看他是不是和颜悦色？你和颜悦色地看着大家。

生：我不太会。

师：哈！面无表情。笑一个，你对大家微笑。抬起头来，别不敢看大家。(学生笑了)这回有点和颜悦色了。你过来，(让另一学生上台)你不是要讲"严肃"吗？根本就不用讲，你给严肃一下，好，你会做这就说明你懂了。但有点悲哀。(众笑)把眼抬高，敢于看大家，(学生依言而行)这次可以不可以呀？

生：可以。

低龄儿童对词义的理解能力是十分有限的。"和颜悦色"和"严肃"这两个词，如果完全按照字典的意思对学生解释，固然更加准确、规范，但是抽象、枯燥，要让三年级的学生完全接受，效果必然不好。支老师改用态势语配合浅显、风趣的口语表达，生动形象，更利于学生的理解、记忆，并且学生会印象深刻。而如果是面对高年级学生做词语解释，我们多数时候会选择更严谨的、能概括说明本质特征的口语表达，或再配以举例等其他形式进行补充阐释。

三、教学口语与教学的有效生成

教师教学总是借助于语言表达进行的，课堂中的教师语言又要围绕、服务于教学这一中心，因此，课堂教学和语言表达是相辅相成、密不可分的。教学口语是媒介和载体，课堂教学是目的，因此，教学的有效生成是衡量教师口语表达的重要标准。

教学口语表达以课堂教学目标的达成为目的，所以教学语言决不能自由随意，而是受到了教材内容、教学对象、教学环境等多方面的制约，准备性与规定性可以说是教学口语最基本的要求和特点，知识的传递和文明的传播是教学口语最重要的功能。

但是，教学口语表达忠于教学的需要并不代表要拘泥于教材与教案，也不代表它仅仅是一种手段，事实上，它也是我们不可忽视的宝贵教学资源。口语表达对表述内容有着重要影响，原本面目一致的呆板、抽象的教材可以通过不同的语言表达而变得鲜活生动，有了不一样的形式、不一样的面貌，这是教学语言表达的广阔发挥空间。

参考案例

被称为"史上最牛的历史老师"的袁腾飞老师，讲课犹如说书，比如："高祖刘邦以前是秦朝的亭长，用今天的话说就是街道居委会治保主任。""隋炀帝在位18年，13年待在扬州，他是中国历史上第一个在南方待的时间很长的皇帝。由于他老在扬州待着，所以有人说他修运河一个重要原因就想上那玩儿去。不是，说话要负责任，还是沟通南北为主。""明经科就是填空，子曰什么而时习之，你填一个'学而'就完了。但是明经好考，所以考上之后也做不了大官。进士就特别不好考。诗词曲赋，时务策，国家大政方针，该不该开奥运，你得写一篇论文。"

袁老师的课堂之所以能被众多学生喜欢，自然有多方面的原因，而我们仅从语言表达的角度来看，袁老师口才出众，教学语言高度口语化，浅显易懂，幽默风趣，激情饱满又痛快淋漓，举例、类比也贴近现实，提高了学生学习的兴趣，激发了学生的求知欲。他的教学口语中，不仅有知识点，有重难点，同时也有学生的兴奋点。这样的语言表达当然能够带来好的教学效果。

必须谨记的是，教学效果、教学有效性是评价教学语言的唯一标准，教学语言无论怎样发挥，都不能离开教学主旨，也不能忽视学生的接受和理解，否则教师即使舌灿莲花、口若悬河，也不可能达到表达的初衷和目的，因此也就谈不上真正地善于表达。

第三节　教师教学语言风格解析

教师的教学语言既是学问，也是艺术。法国艺术大师罗丹曾经说过："在艺术中，有风格的作品才是美的。"教学语言也是同样，只有有风格的教学语言，才能达到教学语言艺术美的境界。教学语言风格的形成标志着一个教师教学语言艺术的高度成熟，或者说教学语言艺术的理想境界就在于形成个人独特的卓有成效的教学语言风格。

一、风格与教学语言风格

"风格"一词，早在晋朝就已经出现。葛洪在《抱朴子》中已有"风格端严"、"风格峻峭"的说法，这里的"风格"指的是人的风度品格。刘义庆在《世说新语》中也用"风格秀整"来品评人物。刘勰则将"风格"一词引入文学批评，他在《文心雕龙·议对》篇中说陆机等人的文辞"风格存焉"，指的是个人的艺术特色；在《体性》篇中进一步把文学风格分为八类，并对每一类进行了分析："若总其归涂，则数穷八体：一曰典雅，二曰远奥，三曰精约，四曰显附，五曰繁缛，六曰壮丽，七曰新奇，八曰轻靡。典雅者，镕式经诰，方轨儒门者也。远奥者，馥采典文，经理玄宗者也。精约者，核字省句，剖析毫厘者也。显附者，辞直义畅，切理厌心者也。繁缛者，博喻醲采，炜烨枝派者也。壮丽者，高论宏裁，卓烁异采者也。新奇者，摈古竞今，危侧趣诡者也。轻靡者，浮文弱植，缥缈附俗者也。故雅与奇反，奥与显殊，繁与约舛，壮与轻乖，文辞根叶，苑囿其中矣。"此后，有关风格的论述不断深入，"风格"一词的运用领域也日益广泛。

西方则很早就开始研究语言的风格，尤其是口语风格。古希腊亚里士多德在他的《修辞学》中谈到，"关于演说有三个题目需要探讨"，其中之一就是"风格"。他说，在各种讲授中，都必须对风格的艺术加以注意，因为"这大有助于使我们的演说具有一定的特色"。他认为演说的风格以"明晰"为美，"在名词和动词中，只有普通字才能使风格显得明晰"；以"适合"为宜，"风格如果能表达情感而又和题材相适应，就是适合的"。"风格太繁缛，就不明晰；太简略，也不明晰。显然，只有不繁不简的风格才是适合的。"他还探讨了造成风格"呆板"的各种原因。亚里士多德的探讨可谓后世语言风格研究之滥觞。

关于语言风格，有人认为是"语言在不同的交际场合中被人们运用来进行适应这交际场合，达到某一交际目的时所产生的特殊的言语气氛或言语格调"①，也有人认为是"语言运用中所表现出来的区别性特征的总和"②。我们综合这两种意见，可以为教师教学语言风格定义如下：教师在从事教学活动的过程中表现出的个性化、较稳定的语言特点的总合。

每个人的语言都有自己的风格，正如王希杰先生在《修辞学通论》中所言："没有自己言语风格的人，是没有的。"③因此每一位教师的教学语言也都有自

---

① 高名凯：《语言论》，第413页，北京，科学出版社，1963。
② 王希杰：《汉语修辞学》，第498页，南京，南京大学出版社，1996。
③ 王希杰：《修辞学通论》，第503页，南京，南京大学出版社，1996。

己的风格。但是，风格"有典型与不典型之别，自成体系与否的差异"，也有"好的风格和坏的风格"之分，而我们主要关注的是典型的、自成体系的、稳定的、好的风格，也就是优良风格类型。

优良的教师教学语言风格在达到教学口语基本要求的基础之上，必然具有独特性、稳定性、理念性、艺术性的特点。独特性是指教师的教学口语具有鲜明个性特征，是教师个性差异在教学语言中的反映，这是通过词句、语法、修辞、语音、语调、语气、语速等各方面表现出来的；稳定性是指教师教学口语中的个性特点不是偶然出现的，而是教学口语的常态表现，教学口语风格是长期实践的结果，在不断积累的过程中定型，一旦形成，就会进入一个相对稳定的时期，教师会在教学口语中持续表现出个性化特征；理念性是指教学口语风格是教师在一定的教学理念和语言观的指导下的表现；艺术性是指教学口语风格是教师教学语言艺术个性化的表现。具有个性魅力、相对稳定性和艺术性的优良教学口语风格的形成，是一个教师教学语言运用成熟的标志。

教师教学语言风格综合体现了教师教学口语表达的特点，因此，探讨教师教学语言风格，有利于整体把握教师教学口语艺术的特色，认识教师口语运用的规律，从而更好地指导人们的语言实践。

二、教学语言风格的基本类型

刘勰曾将文学风格分为八类，司空图在刘勰等前人探讨的基础上加以综合提升，将诗的风格细分为二十四种，即雄浑、冲淡、纤穠、沉着、高古、典雅、洗练、劲健、绮丽、自然、含蓄、豪放、精神、缜密、疏野、清奇、委曲、实境、悲慨、形容、超诣、飘逸、旷达、流动。无论刘勰还是司空图，这样的风格分类都是以文学作品而非口语表达为依据的，而教师教学语言因受特定语体的限制，在风格的分类上要简单许多。不过，古人的风格研究对我们今天探讨教学语言风格类型仍然有着借鉴意义。

我们将教学口语大致分为六种类型：朴实平淡型、简约严谨型、情感激越型、生动繁富型、庄重典雅型、风趣幽默型。

（一）朴实平淡型

这种风格以质朴自然、通俗明白、节奏明快、流畅自如为特点，"清水出芙蓉，天然去雕饰"是这种风格表现和追求的境界。教师在教学时，平实自然地娓娓道来，少修饰和渲染，实事求是，朴实无华。用词上，多用通俗明白的常用词、口语词，少用华丽、典雅、古奥的辞藻；句法上，多用简短句、松散句、叙述句、常序句，少用描述句、排比句、变序句等；辞格运用上，不排斥引用、设问、反复、对比等平实性辞格，少用夸张、比拟、比喻、借代、反语等藻饰性辞格。这些言语上的特点是朴实平淡型风格形成的言内因素。比如语文特级教师斯霞、霍懋征等教学语言风格就是这一类型。

参考案例

霍懋征《我的伯父鲁迅先生》教学片段

（霍老师讲解作者回忆鲁迅的第三件事，即鲁迅谈及自己的鼻子不高是因为"四周黑洞洞的"，"碰了几回壁，就把鼻子碰扁了"。）

师：注意，伯父告诉她说鼻子碰了壁，才把它——〔生：碰扁了。〕"壁"当什么讲？〔生：墙。〕对，碰了几次墙把鼻子碰扁了，作者听完以后，"哦——我恍然大悟"，这个"哦"什么意思？

生：明白了。

师：她一下子明白了什么？

生：她明白伯父的鼻子扁是因为碰壁碰扁的。

师：你们读这句话——"我恍然大悟"到"大笑起来"。〔生读。〕你们说，笑什么？

生：别人都觉得他非常可笑，所以都笑了。

师：哪点可笑？你们说鲁迅先生的鼻子真的是让墙碰扁的吗？

生：不是。

师：那是怎么回事呢？不是说了吗？你想四周黑洞洞的还不容易碰壁吗？

生：四周黑洞洞的是说那时候敌人很猖狂。指旧社会的黑暗。

生：鲁迅先生的鼻子可能一长就长扁了。四周黑洞洞的是说旧社会黑暗，国民党派来的特务监视他。

师：那和鼻子有关系没有？

生：没关系。鼻子扁不是碰出来的，可能长的时候就是这样。鲁迅先生用这个来比喻在他四周到处都有国民党特务的监视，他干什么事都得特别小心，处处行不通。

生：鼻子扁是鲁迅先生天生长出来的，他所说的四周黑洞洞的是比喻在他四周有很多国民党特务监视他。

生：鲁迅先生在这里比喻当时社会的黑暗，和他受到国民党的打击、迫害。

师：你们说得对。在当时，黑暗的社会，真正的革命者是不能随随便便进行革命活动的，到处受到敌人的阻挠、破坏和打击。碰壁的意思就是说不能很好地顺利地进行工作，到处受迫害。鲁迅先生这样讲，很风趣，很幽默，看起来像开玩笑，但意思很深刻。这说明鲁迅先生对旧社会怎么样？两个字。

生：憎恨。

师：憎恨旧社会，揭露旧社会。所以作者当时说，哦，我恍然大悟。实际上她是恍然大糊涂了（生笑），所以在座的人都笑她。

霍老师用小学生最能明白的语句讲清说明了"碰壁"的含义，浅显而不浅薄，简单而不随意，在聊天似的师生对答中使文义渐渐明朗，话语中充满着质朴精神。这是经过精心锤炼而凸显纯净的富有表现力的语言艺术，是炉火纯青的平淡之语。需要强调的是，"平淡"作为一种审美理想和美学境界，一定要与单调、枯燥、浅薄区分开来。这里的"平淡"，是苏轼所说的"外枯而中膏，似淡而实美"，是黄庭坚所说的"平淡而山高水深"，也即形式上质朴平淡，而蕴藉丰厚，浅近中包含着丰富知识信息和深厚内蕴，平中见奇，淡中有味，这是需要长时间的锻炼才能达到的艺术境界，"渐老渐熟，乃造平淡"。

（二）情感激越型

这种风格最大的特点是以音韵美和情感美打动学生，具有极大鼓动性和感染力。藤英超先生在《中学语文教坛风格流派录》中，对语文教学情感流派有这样的阐述："有的人语音动听，感情充沛，有相当深和广的知识，有细腻准确的感受能力。讲起课来声情并茂、生动活泼、绘声绘色，长于以声感人，以情动人，特别是讲授文艺作品，老师站在讲台上就如演员站在舞台上一般，无论是喜怒哀乐都能进入角色，使学生在学得知识的同时，还受到感染。故称'感染派'或'情感派'。"虽然是论语文教学流派，其实这段论述也适用于我们理解教学口语的情感激越型风格。这种风格的教师往往具有"熏陶感染塑心灵"的理念，追求精神的感染、情感的陶冶。他们感情充沛，有细腻、准确的感受力，善于演绎，长于抒情，能抓住动情点，用丰富优美的语言以情激越，以情动人，以情感人，语调抑扬顿挫，节奏调控有致，或热情洋溢，或深沉凝练，或慷慨激昂，或婉转曲折。

参考案例

窦桂梅《秋天的怀念》教学片段

师：每个人的人生体验不同，每个人的体会不同，每个人的人生道路也不同，我想问，今天走出这语文课堂，"好好儿活"这句话沉淀在你心中的思考是什么？一个词，一句话，都可以。

……

生：无论面对怎样的困难，我们都要活出自己的坚强。

师：面对曾经煎熬过你的困难，你痛苦过，请把这一家人送给你的"好好儿活"铭记在心。

生：每天，当我们醒来，发现自己还活着，这就是幸运。因此无论如何要好好活。

师：泰戈尔大致说过这样的话——每次，醒来之后发现自己还活着，这本身就是奇迹。你的思考和他不谋而合。（笑声）

生：上帝要你怎样活，你就要怎样活呗。

师：上帝要你怎样活那是你的"命"，该怎样好好活那是你的"运"。命和运是分不开的，所以叫命运。用你的"命"走好你的"运"就是你的"好好儿活"走出的"人"字一撇一捺。

......

生：怎样才是"好好儿活"？该怎样"好好儿活"？我一时还说不准，让我再想想吧。

师：亲爱的同学们，每个人都有自己的思考，这也确实值得我们思考一辈子。因此，"好好儿活"给我的思考是什么呢？愿意说出来和同学们共勉——世界上有看得见的残疾，也有看不见的残疾。面对"好好儿活"，我要说，身体的局限我们这辈子改变不了，但，可以改变的却是我们的心理残疾。

窦老师以饱含深情和意蕴的诗一般的语言对学生的回答进行点评，对作者和作品的精神世界进行探索，字字句句如重锤敲击学生的心灵，又如春风无声润物，在优美的语言中，学生不仅学到知识，同时被打动，被感染，精神得到洗礼，情感得到升华。

（三）简约严谨型

这种风格以简明扼要、周密合理为特点。言少意丰，以尽量简洁的语句表达尽量丰富的意思，同时层次清楚，线索分明，语言具有逻辑性、论证性和说服力。表达中极少形容铺排，力戒冗词赘语，有时也用一些短小的排比、精警的比喻等修辞手法。《学记》中所谓"约而达，微而臧，罕譬而喻"，就是指的这种语言风格，叶圣陶先生也曾极力提倡教师的语言要简练周密。这种风格反映了教师思维的缜密和科学求实精神，有利于帮助学生形成严谨的作风。

参考案例

曹佩颐《分子式》教学片段

师：今天我们学习第七节——"分子式，分子量"。首先学习，什么是分子式。大家看书上的黑体字："用元素符号来表示物质分子组成的式子叫分子式。"注意：第一，分子式是用元素符号表示的；第二，它是用来表示物质分子组成的，是一个式子，叫分子式。

这段讲解开门见山，直截了当，没有一个冗词赘语，没有修饰，不加形容，言简意赅，逻辑严密。

（四）生动繁富型

这种风格以丰赡详尽、生动形象为特点。教学语言尽情发挥，随意铺陈，旁征博引，表达自如，善于运用各种语言艺术手段增强口语的生动性，化抽象为具体，化简约为丰富，有效刺激学生的感官，启发学生的想象力，拓宽学生的思维空间，激发学生潜在的求知欲。

参考案例

一位历史老师在讲元代海外贸易时，提到作为海上航标的泉州六胜塔，作了如下描述：六胜塔风采非凡，它连接着蓝天和大海，高高耸立，就像一把宝剑直插云霄，以明方向；它灯笼高挂，又像一把火炬在熊熊燃烧，指引千帆夜竞航。它是归航者胜利的希望，也是元帝国繁荣的象征。

这段描述，细致详尽，挥洒自如，使学生如临其境，因而印象深刻。

（五）庄重典雅型

这种风格以庄严郑重、典雅纯正为特点。用语讲究字斟句酌，意蕴丰富，注重使用书面语词和一些浅近的文言词语，善用成语、典故、诗词、格言、警句等，引人沉思回味；句式平稳，整句、长句出现较频，偶尔使用简单的文言句式。语言面貌呈现出端庄典雅、含蓄蕴藉之美，有浓厚的书卷气息。庄重典雅风格的形成，往往是教师本人举止庄重、落落大方等性格特征的自然表现，同时也要求教师要有较高的思想内涵、语言修养和文化品位。

参考案例

萧红耘《醉翁亭记》教学片段

《醉翁亭记》中的"醉翁"可以看作一个人物形象，也是作者自我人格的真实写照。醉翁之"醉"大有深意，作者愁肠百结，郁闷万种，尽在一"醉"之中，这里的"醉"，是愤懑之情的排遣，是自得之志的宣泄，是待时而出的寄托。这一"醉"，深刻地揭示了一位封建文人既忧国忧民、守志直行，又忠君卫道的复杂思想感情。因此，今天我们读第一人称或第三人称写的散文时，要注意发掘其中人物形象的内蕴。

这段教学语言用了不少书面语词，如愁肠百结、守志直行、忠君卫道等；用了富有浅显文言意味的语句，如"尽在一'醉'之中"；用了整句，如"是愤懑之情的排遣，是自得之志的宣泄，是待时而出的寄托"，由此形成了庄重典雅的情致风格。

（六）风趣幽默型

这种风格的特点是诙谐风趣、轻松活泼。对于幽默形成的基础，有人将它归结为两个字：反常。这确实是很有道理的。反常的核心就在于新颖出奇，打破人们对常规的既定感受，瓦解艺术形式和语言方式运作上的自动化和心理上的惯性化，重构我们对世界的感觉，从而走出审美疲劳，这是制造幽默的常用手段，比如夸张、歇后、曲释、拈连、仿词、易色、析字、移时等辞格，寻常语言对于语境的有意识偏离等，都能产生幽默的效果。

英国首相威尔森在竞选演说进行到一半时，突然底下响起了一个反对者的喊声："狗屎！垃圾！"显然他是在讥讽威尔森的演说。然而威尔森微微一笑，平静地说："这位先生，我马上就要谈到您提出的脏乱问题了。"这样巧妙的有意曲释，以笑声化解了尴尬，体现了演说者的机智风趣。

一位老师教《西门豹》一课时说道："西门豹来送新娘是假，他其实是想借这次'演出活动'来教育老百姓，让百姓从事实中明白河伯娶媳妇的虚伪和荒谬。"这位老师使用了移时辞格，故意不用"仪式"而用不属于古代的词语"演出活动"，用明显的时空错位，显示特殊的语言情趣，制造出幽默的效果。

幽默的语言，有时是教师经过精心设计所得，有时却是教师面对课堂突发情况所做的临场应变，后者尤其要求教师具有教学机智。教师教学语言的风趣幽默能使课堂气氛活跃，师生关系融洽，创造一个轻松愉快的学习氛围，增加学习的趣味性，使学习变得轻松，也能有效地帮助学生沟通知识、激发联想、开启思路，让学生在笑声中得到教育，获得智慧和启迪。这种风格较多受到个人气质性格的制约，比如这类风格的教师多数具有乐观主义精神和幽默风趣的性格，同时它也要求教师对语言有高超的驾驭能力。需要注意的是，幽默是一种高品位的语言，要将幽默和低级庸俗的笑话区分开，这就需要教师掌握好分寸。

参考案例

支玉恒《月光曲》教学片段

（教师让学生仔细读课文，边读边想，读完了想说什么说什么。几位同学站起发言后。）

师：你们说的把我要讲的都说完了，那这堂课就别上了。好，同学们注意，下课！（学生不动）我打算要讲的你们都说了，那不是该下课了吗？我再讲是不是多余了？下课，起立！（同学们起立）哎呀，我又想起来了，先坐下。（众笑）我不知道你们还有没有不懂的地方，能不能提一提呢？

生：课文第七节说："贝多芬没有回答，他问盲姑娘'您爱听吗？我再给您弹一首吧。'"我想问一下为什么贝多芬没有承认自己就是盲姑娘所说的贝多芬先生，他为什么不肯承认呢？

师：你的意思是贝多芬应该这个时候站起来掏出一张名片来给她，（众笑）也就是说应该亮明自己的身份，是吗？

生：对。

师：但他没有亮明，为什么？那你就带着你自己的这个问题来听讲。看能不能明白，如果最后问题还是不能解决，你就站起来再问我，好不好？（生点头）

该例中，教学正进行到途中，支老师突然要中途下课，随后又继续上课，语言偏离了正常情境，从而吸引了学生注意力，但支老师并非为幽默而幽默，这里说"下课"实际上是对前面学生回答的最高褒扬，不突兀，不牵强。后面支老师故意提到"名片"这一本不属于贝多芬时代的物品，用移时辞格产生了幽默之趣。

以上所举，是教师主体性教学语言风格中的单一性典型风格。要注意的是，在实际课堂教学中，不少老师的教学语言风格呈现出综合性、多面性：有的是中间型风格，比如寓庄于谐型风格，就是介于庄重典雅型与风趣幽默型之间；也有的是兼容型风格，也即以一种风格为主体，又博采众家之长，兼得各种风格之美。

三、教学语言风格的形成因素

语言风格的形成因素是多方面的。德国语言学家威克纳格（Williams Wiegand）说："风格是语言的表现形态，一部分被表现者的心理特征所决定，一部分则被表现的内容和意图所决定。""倘若用更简明的话来说，就是风格具有主观的方面和客观的方面。"[①]

主观因素是教师本身的因素。我们常说"言为心声"，语言风格的形成是离不开人的因素的，也就是老舍所说的"风格不是由字句的堆砌而来的，它是心灵的音乐"。教师的道德修养、知识结构、思维品质、气质性格等各方面的主观因素，对教师教学口语风格的形成具有重要的影响。

道德修养是一个人"内省"的功夫。我国古代就将"修身"与"齐家、治国、平天下"并论，并以"修身"作为一切的起点。一个没有良好道德修养的人，不可能有坚定的理想信念，更不可能为崇高的理想信念作出牺牲。对于教师来说，道德修养的差异，会导致对工作、对学生的责任感的差异，这必然会直接

---

① ［德］威克纳格：《诗学·修辞学·风格论》，见中国华东修辞学会、复旦大学语言文学研究所编：《语体论》，第94页，合肥，安徽教育出版社，1987。

影响教师教学语言的运用，影响教师教学语言风格的形成。对教育事业和学生的热爱是教师形成优良教学语言风格的关键所在。比如斯霞老师亲切质朴的口语风格，于漪老师情感激扬的口语风格等，都是与教师本人对学生的关爱和对工作的热忱密不可分的，个人的品质、道德、素养正是她们口语风格的重要成因。

知识结构是将知识按照一定方式联结所形成的知识体系结构。知识储备的多少、知识内容的差异、知识广度深度的不同、知识组成的方式区别等，对教师教学口语风格的形成都会产生重要作用，因为每位教师都会选择有利于自己优势发挥的教学语言方式。比如一位一专多通、专博相济的教师，在课堂上可以旁征博引，广采百家为己所用，口语表达上必然是纵横捭阖，收放自如，这种风格是阅读量少、知识面窄的教师绝难具有的。庄重典雅、含蓄蕴藉的风格往往属于文学素养较高、国学功底精深的教师；严谨缜密、理智思辨的风格则更多会出现在知识的系统性强、概念理论知识所占比重大的教师中。

思维品质是人的思维的个性特征。每个个体在思维的深刻性、灵活性、独创性、批判性、敏捷性和系统性等方面是不同的，这也是形成教师教学口语风格差异的重要原因。比如思维深刻的人能深入思考问题，善于概括归类，逻辑抽象性强，善于抓住事物的本质和规律，总体来说就是抽象概括能力高，这样的教师教学口语往往会表现出严谨、简洁的风格特点，如数学特级教师许卫兵。又如思维灵活程度高、独创性突出的人，能从不同角度、方向考虑问题，运用多种方法解决问题，同时概括—迁移能力强，能"举一反三"，这类教师在教学语言风格上常常有新颖出奇的特点，如语文特级教师钱梦龙。

气质性格是个人典型的、稳定的个性心理特征。气质性格是教学语言风格形成的心理基础，不同气质性格的人在进行语言表达时会表现出不同的风格特点。比如多血质、胆汁质的人性格外向，口语表达多奔放而富有热情；黏液质的人性格内向、安静稳重，口语表达前会谨慎思考，语言多严谨、含蓄、庄重；抑郁质的人性格也内向，行动迟缓，但情绪体验深刻，观察仔细，表达常会一语中的，逻辑性、思辨性强。当然，气质性格也是先天和后天共同影响的结果，是可以改变的。教师可以通过学习模仿，尽量避免和克服自身气质性格对课堂教学语言表达带来的不利因素，扬长避短，使自己的教学语言风格渐趋成熟。

教师教学口语风格的形成还受到诸多客观因素如教学内容、教学对象和教学环境等的制约。这一点在本章第二节中已有所论及，此处不再赘述。

四、教学语言风格的形成条件

（一）热爱教育事业和学生

黑格尔说："要是没有热情，世界上任何伟大事业都不会成功。"热爱是一份执着的情感，是教师进行教育教学工作的原动力，是师生间心灵沟通的桥梁，是教学成功的基石。在课堂上，热爱很大程度上要通过语言来表达。优美动人的描述，理性思辨的分析，温暖关切的询问，赞赏、激励的话语，严肃又不失宽容的批评，都会是直击人心的力量，传递着教师的热爱，成为学生成长、发展的土壤，这是教师教学语言的魅力所在。

参考案例

特级教师支玉恒老师教学《晏子使楚》，开课时，请一位学生上黑板板书课题，学生板书课题时，"晏子"两个字写得很大，而"楚"却写得很小。整体看起来很不协调，全班哄笑不止。支玉恒老师不慌不忙，说："大家先别笑，你们好好想想，这位同学可是很有头脑的，你们在预习时都读过课文，对晏子佩服吗？""佩服。"学生齐答。"喜欢楚王吗？""不喜欢。"支玉恒老师紧接着说："是啊，请看，这位同学写的课题……"很多学生马上领悟，纷纷投去羡慕的目光，自发鼓起掌来。

在该例中，支老师语言充分体现了对学生的人文关怀，而这正是源于他对学生真正的热爱和关心。

热爱学生，自然就会平等待人。平等包含两个方面：一是师生关系的民主、平等；二是教师对待学生的一视同仁。面对学生时，教师不能高高在上、盛气凌人，也不能因为学生的家庭背景、智商高低、成绩优劣等原因对学生区别对待，厚此薄彼。平等对待学生，就要求教师要尊重每一个学生。平等、尊重不仅体现在教师的行动中，也体现在教师的语言中。没有平等、尊重，教师的语言就可能在客观上对学生造成伤害。比如有位老师在一个学生一而再、再而三地回答错误后，请另一个学生起来做了正确回答，然后教师对第一位学生说道："你要认真听讲啊，你这样不是让××油然而生智商上的优越感嘛。"全班哄堂大笑，该名学生面红耳赤。这位老师说这句话的目的，一方面是希望通过刺激学生的自尊心让他上进；另一方面是想以网络上的流行用语制造幽默效果。然而，这种不负责任的冷嘲热讽中缺乏对学生的基本尊重，他所谓的"爱护学生"的行为变成了以语言形式对学生进行的教育软暴力，会摧毁学生的自尊、自信，对学生造成的伤痛可能是刻骨铭心的；自以为是的"幽默"在"以学生为本"的教育精神的观照下变成了低级庸俗的笑话；而他尖酸刻薄的语言也给全班学生做了不良的示范，负面影响深远。

（二）培养科学创新的理念

教学口语风格是教师在一定的教学理念和语言观的指导下的表现，正确科学的教育观和语言观是风格形成的内核，它们是形成优良教学口语风格的指挥棒，起着指明方向的作用。开拓创新是风格长存常新的必要前提和有效保障，教师教学口语风格的形成是一个长期艰苦探索的过程，必须要有脚踏实地、乐于奉献的开拓创新精神。创新是创造风格的前提条件，教师要想形成优良教学口语风格就要孜孜以求，不断充实和完善自我，使教学语言日臻完善，如果墨守成规、故步自封，不能与时俱进，教师的语言就会落入窠臼，乏善可陈。

（三）培养积极的个性品质

积极的个性品质主要包括教师稳定的心理素质、丰富的兴趣爱好、积极的人生态度和真诚的待人接物等。语言表达是个复杂的生理和心理过程，在教学中师生双方心理都始终处于互动互变的状态，教师必须具备稳定的心理品质，懂得把握语境，掌握心理沟通的技巧，真诚面对每一位学生，使所有学生在平和愉快的氛围中学习知识、接受教育。这就要求教师不仅要具有知识才学，更要具有优秀的个性品质和人格魅力。我们在前文已经提到，个性品质是先天和后天共同影响的结果，无论何种个性的教师，都应有意识地按照教学要求，努力改变自身性格中的不利因素，发挥好的积极的因素。比如，一位外向型教师，平时说话语速非常快，当他给小学生上课的时候，如果采用平时的语速讲课，学生很难跟上他的思路，自然难以达到好的教学效果。因此，他必须放慢语速以适应教学对象的需要。又如一位外向型胆汁质气质的老师，性格比较火爆，情绪容易激动，在教学中面对学生的错误经常情绪失控，在这种状态下的语言表达也很难收到成效，有时甚至还会发生师生冲突，造成严重后果。因此，这位教师必须克服自身性格的弱点，在教学中做到心平气和地与学生交流互动。教师的个性品质得到锻炼的过程中，教师的教学语言风格也在逐步地形成并完善。

（四）培养良好的思维品质

良好的思维品质是形成优良教学口语风格的重要条件。教师要不断学习，持续吸收和接纳新的知识，开阔视野，丰富思维的源泉，"一个空洞的头脑，是不能进行思维的。"教师要养成独立思考的习惯，在解决实际问题的过程中，具有批判思维，坚持不盲从，运用已有经验，比较事物异同，发现联系，揭露本质，鉴别真伪。教师也要学会思考的方法，比如善用穷举思维，不遗漏关键因素，发现隐含线索；善用逻辑思维，建立复杂的逻辑链，能避免常见的认知谬误和逻辑陷阱，谨慎进行因果判断等。分析和综合，比较和分类，抽象和概括，具体化和系统化，归纳和演绎等，都是发展思维能力的好方法。

（五）建立合理的知识结构

知识基础是语言艺术的源泉，是教学口语风格形成的基本条件之一。"问渠哪得清如许，为有源头活水来。"冯友兰曾在《"宗璞散文小说选"佚序》中说："一个教师讲一本教科书，最好的教师对这门课的知识，定须比教科书多许多倍，才能讲得头头是道，津津有味，信手拈来，皆成妙趣。如果他的知识和教科书一样多，讲来就难免结结巴巴，看来好像是不能畅所欲言，实际上他是没有什么可言。如果他的知识少于教科书，他就只好照本宣科，在学生面前唱催眠曲了。"[①]教师要建立合理知识结构，首先要注意整体性，既力求专业知识的精深，学习本专业的知识以及与教育科学相关的知识，如教育学、心理学、社会学、哲学等，又要广泛涉猎，博览群书，做一个知识的"杂家"，为形成良好的教学口语风格做好足够的知识储备；其次要注意比例性原则，即知识数量和质量之间的合理配比，比如化学教师的知识结构中，一般来说化学方面的知识数量和质量比例应远高于其他学科知识所占比例；最后，教师还要注意动态性原则，也即知识结构不应处于僵化状态，而应是能不断进行自我调节的动态变化结构，教师应跟随飞速发展的时代步伐，研究探索新的课题和领域，不断进行知识更新和完善。

（六）锤炼高超的语言表达技能

教学口语是有声语言，教师将无声的语言文字转化为有声语言是组织教学的关键，学生是通过教师创造性的再造语言获得知识，实现交流。因此，教师必须锤炼高超的转化技巧，也即语言表达技能。这主要包括两个方面：熟练掌握语言表达的外部技能技巧和开拓创造语言表达的艺术方式。前者包括熟练运用发音、吐字、气息、共鸣、停连、重音、节奏、语调等技巧，使教学口语清晰流畅、生动传神，增强语言表现力；后者包括熟练使用比喻、拟人、夸张、对偶、排比、闪避等多种修辞格，积累通俗易懂、活泼新奇的谚语、歇后语和新词新语；适当采用猜谜、歌谣、口诀、顺口溜等趣味性较强的表达形式，等等。

【复习与思考】

1. 教师口语的职业特征是什么？

2. 教学口语的课堂规范和基本要求是什么？

---

① 转引自柏恕斌、丁振芳：《教师口才学》，第18页，北京，中国书籍出版社，1995。

3. 请分析以下两个教学案例中教学口语运用是否恰当，谈谈教学口语在文科和理科教学中运用的不同特点和要求。

案例1：王崧舟《长相思》教学片段

师：同学们，在王安石的眼中啊，乡愁是那一片吹绿了家乡的徐徐春风。而到了张继的笔下，乡愁又成了那一封写了又拆，拆了又写的家书。那么在纳兰性德的眼中，乡愁又是什么呢？

……

师（朗读之后询问学生看见了什么画面）：你们都看到了，是吗？你们看到了跋山涉水的画面，你们看到了辗转反侧的画面，你们看到了抬头仰望的画面，你们看到了孤独沉思的画面。但是，同学们，在纳兰性德的心中，在纳兰性德的记忆里面，在他的家乡，在他的故园，又应该是怎样的画面，怎样的情景呢？展开你的想象，把你在作者的家乡，在作者的故园看到的画面写下来。

案例2：《金属的化学性质》教学片段

同学们，今天这节课，我们重点学习了两种金属与水的反应，下面请大家共同比较一下这两个反应的异同点。首先看钠与水的反应。反应条件是钠与冷水，反应产物是什么？（学生答"氢氧化钠与氢气"）反应现象是什么？（学生回答后）我们可以用四个字概括这个反应现象，就是"浮、熔、游、红"。反应物的作用是什么？（学生答"钠是还原剂，水是氧化剂"）很好，我们再来看铁与水的反应。反应条件是高温铁与水蒸气，反应产物是什么？（学生答"四氧化三铁与氢气"）反应现象是什么？（学生回答后）对，有黑色产物和易燃气体，同时反应放热。那么反应物的作用是什么？（学生答"铁是还原剂，水是氧化剂"）对。那么这两个反应的相同点就是，金属都是还原剂，而水是氧化剂。

在这节课中，我们利用实验探究的方法了解到金属的化学性质——金属与水的反应，又用对比的方法了解到不同活性的金属与同一种物质反应的条件、现象和产物的差异。实验法和对比法这两种方法也将成为我们今后学习其他元素化合物知识的重要方法。

4. 影响教师口语风格形成的因素有哪些？优良教师口语风格的形成有哪些途径？

5. 请对目前班级任课教师的口语风格进行分析，找出风格特征鲜明的教师，并对其口语风格类型进行分析。

【拓展学习】

1. 柏恕斌、丁振芳. 教师口才学. 北京：中国书籍出版社，1994.

2. 郭启明、赵林森. 教师语言艺术. 北京：语文出版社，1998.

3. 刘伯奎、王燕、段汴霞. 教师口语训练教程. 北京：中国人民大学出版社，2000.

4. 秦海燕. 教师口语训练教程. 济南：山东人民出版社，2008.

5. 陈传万、何大海. 教师口语. 合肥：合肥工业大学出版社，2008.

6. 中国中小学教育教学网：http://www.k12.com.cn.

7. 请分析下面这个教学案例中教师的语言风格类型，并详细指出哪些地方体现了这种风格特色。

于永正《新型玻璃》教学实录

第一课时

师：同学们，在一个伸手不见五指的夜晚，一个人影蹿进了陈列着珍贵字画的展览馆，准备划破玻璃，偷里面的字画。当他的玻璃刀刚刚触及玻璃的时候，院子里便响起了急促的报警声。警察立即赶来，把这个小偷给抓住了。同学们一定会奇怪地问：这是什么玻璃呀？怎么一接触它就发出报警声呢？同学们，这是一种新型玻璃。拿出本子来，跟于老师写字：新——型——玻——璃。注意"新"的写法，最后一竖要长一点。"型"的第四笔竖，要写短一点。为什么要短呢？因为要让地方写底下的"土"。"玻"的撇要有"脚"，写长一些，这样才显得有精神。

师：请同学们自由朗读课文，看一看这一课一共介绍了几种新型玻璃，是哪几种。遇到生字要看看拼音，多读几遍，记住了以后，再往下读。哪一句读不通顺，回过头来再读，直到把这一句读通顺了再往下读。好，现在请大家一边读，一边思考老师提出的问题。（生放声朗读课文。）

师：读完一遍的请举手。放下。朗读完一遍，请再默读一遍。（学生继续默读。）请停一下，我发现有一位同学正在做一件事情。（老师示意他站起来。）读第二遍的时候，他拿起笔来划，把这五种玻璃的名字都给划下来了。请问你叫什么名字？

生：（低声）陆飞宇。

师：噢，陆飞宇。——同学们，"不动笔墨不读书"。他根据老师提出的问题把有关句子都划了下来。这是一种很好的读书的方法，也是一个良好的习惯。全班同学都要向他学习。

请大家继续默读课文。（生默读，边读边划。）

师：不但要划，而且要记在脑子里。很好。陆飞宇的经验已经普遍推广。现在全班同学都在学习他。——第二遍看完的请举手。没看完的同学继续看。看完的同学再把你划的读一读，记住新型玻璃的名字。

师：（边巡视边夸奖）读书够认真的啊，看得多仔细啊！好，把笔放下。能够回答老师的问题请举手。好，放下。

师：但是，现在我还不急于让你们回答。我想请同学读课文，看是不是能把课文读得很正确、很流畅。谁愿意读？（指名分段读课文，老师相机指出错、漏之处。略。）

师：（看手表）到现在为止，我们整整读了 35 分钟的书。还记得我开始提的问题吗？生：这课向我们介绍了几种新型玻璃？是哪几种？

师：对，我想，书读到这个程度，人人都知道了。谁来回答？

生：这一课一共写了五种新型玻璃。第一种是"夹丝网防盗玻璃"，第二种是"夹丝玻璃"，第三种是"变色玻璃"，第四种是"吸热玻璃"，第五种是"吃音玻璃"。（学生一边说，老师一边板书五种新型玻璃的名称。）

师：说得多清楚，多有条理！不过，能说得再简洁一些吗？请你考虑一下。（该生面有难色，欲坐下。）

师：请你沉着冷静地想一想，我看你有这个能力。

生：（该生思考了一会儿。）本课介绍了五种新型玻璃，它们分别是"夹丝网防盗玻璃"、"夹丝玻璃"、"变色玻璃"、"吸热玻璃"、"吃音玻璃"。

师：（竖起大拇指）说得妙，妙就妙在"分别是"三个字上。有了它，下面只说名称就行了。你真了不起啊！如果刚才你坐下了，不就失去了一次显示自己的机会吗？

第二课时

师：同学们，这五种新型玻璃有什么特点，有什么用途呢？请带着这个问题默读课文，边读边想。（全班同学默读课文。师巡视。）

师：请停一下。我发现，全班同学不但边读边想，还用笔划。看来陆飞宇的"不动笔墨不读书"的做法已深入人心了。人人要养成这样一个好习惯。好，接着读吧。（学生继续读、想、划。然后老师请大家互相交流一下，看划得是否准确。）

师：五种新型玻璃的特点和作用都弄明白了吗？（全班学生举手，表示明白了。）不过，我不打算让你们说了，我想让你们写。写什么呢？（于老师在黑板上写下了"自述"两个字。）"自述"是什么意思？对，就是自己介绍自己。现在我把全班分为五组，第一组写"夹丝网防盗玻璃自述"，第二组写"夹丝网玻璃自述"，第三组写"变色玻璃自述"，第四组写"吸热玻璃自述"，第五组写"吃音玻璃自述"。现在你们都是新型玻璃了。请把你们各自的特点、作用写出来，为自己作个广告。看谁会夸自己。当然喽，要实事求是，不要吹牛。（全班学生写"自述"。师巡视。学生写了将近15分钟。）

师：大多数同学写好了，有许多人写得很漂亮。下面，我请同学到前面来读自己写的"自述"。按着顺序来，先请"夹丝网防盗玻璃"来说。谁愿意来？（指名到前边来读。）

师：大家注意听，看他写得怎样。特别注意听老师怎么给他评改的，学点修改文章的方法。（学生到讲台前"自述"，于老师当面进行评改。下面是重点评的后三种玻璃的"自述"。前面的从略。）

生：（读）《变色玻璃自述》。我的名字叫"变色玻璃"，是一种高科技产品。有人可能不知道我，其实，我早就上世了。（师插话："请停一下，把你写的'上市'的'市'写在黑板上。"（该生在黑板上写了个"世"字，大家忍不住笑了。）

师说：产品上市的市，是市场的市，就是拿到市场上去卖。（该生恍然大悟，把"世"改为"市"。）

师：对了！我看你又创造出一个好经验。当写作文的时候——全体同学注意——当你写作文的时候，因为太紧张太心慌，没有细考虑，好多字就随便写一个同音字代替了，你看，'上市'就是拿到市场上去卖，不能写成'世'。还有'再在'、'像向'、'已经'的'已'、'所以'的'以'，这些同音字很容易混淆。当你们写作文，要用这些字的时候，别慌，要静下心来想一想，该用哪个字，只要你稍微地想一想，一般都不会用错的，这是经验。记住了没有？

生：（接着往下读）从室内看外面很清楚，而从外面看室内却看不见。（师插话："却什么也看不见"，加个"什么"）却什么也看不见，所以小偷就不知家里有些什么，没法去偷。（师插话：想得真周到。不过，不是"没法去偷"，而是"不会去偷"。）我还会随着阳光的强弱而改变颜色，起到自动调节室内光线的作用，使光线变得柔和，不会刺眼睛，所以有些人把我叫作"自动窗帘"。你们看，于老师的眼镜片就是用我做的呢！（师插话：对！就是用你做的！）大家去商店把我买回家，我会为你尽力效劳。

师：第一，你写得好；第二，你朗读得好；第三，你的心很善良。三好啊！还有一好，课文读得好。如果课文没读好，哪能写得这么漂亮？我得谢谢你，因为你保护了我的眼睛。跟于老师握握手。该第四种玻璃介绍了。请班长来吧！

生：（读）《吸热玻璃自述》。你们可能不认识我，我刚问世不久。我是"吸热玻璃"。我在炎热的夏天，可以阻挡强烈的阳光，使室内比室外凉爽；在严寒的冬天，我可以把冷空气挡在外面，使室内保持温暖。我大大地希望能为你效劳。(师插话："大大地希望"改成"衷心地希望"。)如果你把我买回去，安在门窗上，你家就不用买什么空调、电风扇了。因为我可以在夏天挡住阳光，冬天挡住冷空气，所以如果你家有老年人，夏天就不会中暑，冬天就不会感冒、得关节炎什么的。现在你知道我的用处了吧！愿你把我买回去，我会大大地为你效劳。

师：又来个"大大地"！你是不是从日本留学回来的？把第一个"大大"改成"衷心"，把第二个"大大"改成"热情"，不要老是用"大大地"。你把意思表达得很清楚，读得很有感情。特别是你没忘了老年人，很善良，良心大大地——好！孔子的学生问他的志向，他曾经说过这样一句话："老者安之，朋友信之，少者怀之。"孔子首先愿天下的老年人能安度晚年。你这句话虽然是以新型玻璃的口气说的，但是可以看得出你有一颗善良的心！我们要继承中华民族的传统美德，做一个对祖国有用的人才！请上位。最后一种玻璃谁来读？好，请你来。

生：(读)《吃音玻璃自述》。我叫"吃音玻璃"，我虽然不像"夹丝网防盗玻璃"那样能防盗，不像"夹丝网玻璃"那么坚强，(师插话："坚强"改为"坚硬"。)不像"变色玻璃"那样能调节室内光线，不像"吸热玻璃"那样，夏天能够把强光挡在外面，冬天把温暖留在房间里，但我也有一种特殊本领，就是能吃掉噪音。你们把我装在窗上，如果街上的噪音是 60 分贝时，传到房间里就只剩下 18 分贝了。我是消灭噪音的能手！

师：书上说，街上的噪音是 40 分贝时，传到屋里能减少到 12 分贝，如果是 60 分贝时，能减少到多少分贝？

生：18 分贝。

师：对，18 分贝，一点也不错！数学也学得好！她是最后一种玻璃，她把前面的概括了一下，等于替教师作了总结，我要好好谢谢这位同学。

第六章　教师教学语言表达中非言语信息运用技能

【本章重点】
* 非言语信息类型、特点、功能
* 眼神、表情、手势、身姿、首势等各类态势语在教学中的作用、运用方法和基本要求
* 教师在教育教学活动中必须遵循的礼仪规范

　　交际可以分为言语交际和非言语交际。远古时期，在语言形成之前，人们赖于传递信息的媒介不外乎其身体的某一姿势和动作，其声音的某种特征或某些线条和图画，这些都是非言语信息。可以断言，人类通过身体动作或声音等非言语手段来实现交际目的先于使用言语手段进行的信息传递。关于非言语交际，学术界有过多种定义，如马兰德罗(Loretta A. Malandro)认为非言语交流是"个人发出有可能在他人头脑里产生意义的非言语暗示的加工过程"①；伯贡(Judee K. Burgoon)和塞纳(Thomas Saime)认为"非言语交际是不用言辞表达的，为社会所共知的人的属性或行动，这些属性和行动由发出者有目的地发出或被看成是有目的地发出，由接受者有意识地接收并有可能进行反馈"②；萨莫瓦尔(Larry A. Samovar)则认为"非言语交际是在一定交际环境中语言因素以外的，对输出者或接受者含有信息价值的那些因素，这些因素可以人为地生成，也可以由环境造就"③。尽管研究者给非言语交际下的定义不尽一致，但都包括两个要素：它必须是非言语的；它必须具有一定的意义，因为没有意义就谈不上信息传递，而不传递信息的行为就不是交际行为。因此，所谓非言语交际，就是通过除言语以外的一切方式进行信息传递的过程。

　　在日常生活中，言语交际是人类进行交往的主要方式，但人们在表达思想

---

　　① ［美］洛雷塔·A·马兰德罗、拉里·巴克：《非言语交流》，第9页，孟小平等译，北京，北京语言学院出版社，1991。

　　② Burgoon，Saine. *The Unspoken Dialogue*. Boston：Houghton Mifflin Company，1978，p.174.

　　③ Samovar，L，et al.. *Understanding Intercultural Communication*. Los Angeles：Wadsworth，1981，p.156.

感情、传递信息时，除了依靠言语手段，还要借助大量的非言语手段，传递非言语信息。在以言语信息传递为主的课堂教学语言表达中，如何合理、有效乃至艺术地运用非言语信息，对调动学生的积极性，提高教学质量和教学效果有着至关重要的作用。

第一节　非言语信息概说

在日常的人际交往中，非言语信息传递的重要性并不在言语信息传递之下，大量信息正是经由非言语符号而不是言语符号传递的。交际双方在进行交流时，不但动嘴，而且表情、动作乃至衣着等非言语信息都在发挥妙用。正如传播学泰斗威尔伯·施拉姆（Wilbur Schramm）所说："传播不是全部（甚至大部分不是）通过言辞进行的。一个姿势，一种面部表情、声调类型、响亮程度，一个强调语气……这一切都携带着信息。"①

一、非言语信息的概念及类型

（一）非言语信息的概念

我们首先来看一下什么是言语信息。所谓言语信息，是指通过言语方式来传递的信息。作为传递信息的言语，无论是有声的还是文字的，都属于强有序的符号系统。言语作为信息组织、传递、加工处理的手段是其他一切手段都无法比拟的。但是，言语信息传递的过程是非常复杂的。说话者的言语信息能被受话者接收多少，取决于很多因素，这包括说话者的心理活动过程，受话者的情感、态度、知识储备、阅历经验等，甚至听、说双方的年龄、性别的差异都可能导致言语传递中信息的折损和增添。生活中，误解常常因此而发生。

非言语信息是指通过除言语以外的方式来传递的信息。非言语的方式多会产生视觉、感觉和触觉的效果。言语信息通常用来表达人们思想，而非言语信息常用来表达人们的潜在意识和感情，因此，在有些交际场合中，非言语信息比言语信息的传递效果要更好。如果说言语信息的传递会因各种因素而变得模棱两可，造成歧义、误解的话，那么配合上非言语信息后，往往就能丰富、准确地表现交际者的心理活动，因为非言语信息包括了身体距离、肢体语言、面部表情、副语言甚至人的仪容、服饰等方方面面的因素，在人际交往中会形成

---

① 转引自李彬：《传播学引论》，第 64 页，北京，新华出版社，1993。

一种特定的信息传递给对方，使对方能够给予恰当的判断和准确的理解，从而使得交际活动成功。正如美国传播学家雷蒙德·罗斯(R. Rose)所说："你是否认识到，你所传播的信息中只有 35% 是语言的。当你面对面地同某个人讲话时，他可以从你的言语之外的其他形式中接收到 65% 的信息——如你的音调、手势，甚至你的站立姿势和衣着打扮。"

(二)非言语信息的类型

非言语信息(nonverbal message)的分类见仁见智，一般认为可以分为三大类：

1. 体距语(proxemics)

体距语指交际双方在交际行为中保持的空间距离所传递的特定交际信息。研究表明，不同的交际行为要求交际双方保持不同的空间距离。家人、朋友和陌生人在进行交谈时彼此间保持的空间距离是不同的。

2. 态势语(kinesics 或 body language)

态势语指交际双方在交际行为中使用不同的表情、姿势、手势等体态动作向对方传递的特定信息。例如，当两人对坐交谈时，如果一方双臂抱怀，跷起二郎腿，无疑会使另一方认为他高傲无理，拒人于千里之外。

3. 副语言(paralanguage)

副语言也叫伴随语言现象，指超出语言分析范围的附加内容，包括说话时伴随语言而产生的某些发音特征或不属于语言的声音现象，前者如说话者的音域、音质、音速、音量以及特殊的强调、停顿等发音特征；后者如伴随说话出现的笑声、哭声、哽咽声、感叹声等类语言。

二、非言语信息的特点

(一)表现力和感染力

从表现力上看，非言语交际所传递的信息含量远大于言语交际的信息含量。有些问题单纯用言语传递可能需要几分钟甚至几个小时才能说清楚，如果用非言语却有可能很短时间就把内心想法表达得一清二楚。比如父母对孩子的一个眼神就可以表达无限的关爱，这说明非言语信息表现力丰富。从感染力上看，"此时无声胜有声"，非言语信息有时更胜言语信息，眼神、表情、身姿、手势以及副语言等非言语信息配合传递出更真实的个人情感，更能使学生产生心理共鸣，对学生具有很强的感染力。比如在默片时代，卓别林在电影里一句话也没有，完全是用非言语的形式把剧情内容展现在观众面前，不仅信息传递准确，而且其表现力和感染力都是极强的。

（二）形象性和丰富性

非言语信息的传递是一种自然的流露，人们的意愿、思想和感情通过动作、表情、眼神等直接呈现给交际对方，形象直观。非言语信息的表现也非常丰富多样，如俄国大作家托尔斯泰曾写过85种不同的眼神；笑也包括大笑、狂笑、微笑、强颜欢笑、皮笑肉不笑、奸笑、憨笑、冷笑、怪笑、苦笑等。不同的眼神，不同的笑，传递着丰富的情绪和态度。

（三）共通性和多义性

非言语信息作为一种信息符号，其意义是约定俗成的，人们借助这些具有一定之规的符号进行信息传递和交流。由于人类交流活动的这种社会性以及人类衣、食、住、行、交际等生理、心理上本能的相似性，非言语信息就具有了共通性。不同的国家、民族使用的语言也许是不相同的，很多非言语信息在表义上却是共通的，比如人类先天所具有的喜、怒、哀、乐、惧的表情，交际的空间距离等。但是，非言语信息又是特定语境中，特定语义和情感信息的集合体，离开了语境支撑，没有充足的信息背景，其表意就会变得不确定，因而又有着多义的特点。比如在不同的情境中，"挥手"可能表示"打招呼"，也可能表示"再见"；"微笑"可能表示满意的赞许，也可能表示委婉的拒绝。在不同的地区、不同的民族，非言语信息的这种多义性尤为明显。每个地区、每个民族经过一代代人的实践创造和约定俗成，形成了各自的语言，一些非言语信息也因此可能会产生表义上的区别。麦克罗斯基（James C. McCroskey）曾举过一个例子：美国某政治家对毗邻的某拉美国家进行友好访问。他走下飞机时，记者问他旅途如何，他举起右手，做出美国人表示"OK"的手势，表示旅途十分愉快。然而，这个手势在该拉美国家中引起了强烈的不满和愤怒，因为美国人以手势表示"OK"是将拇指与食指合拢，另三指张开，而该手势在部分拉美国家中被视为是猥亵下流的动作。可见，只有在特定语境中，非言语信息才具有特定的、甚至是唯一的语意和情感。

（四）无意识性和不间断性

非言语信息常常是在无意识过程中进行的，是人的潜意识的一种反应，相对而言欺骗性较小，较少受制于表达者的有意控制。无论年龄多大、阅历多丰富，也无论经过什么样的特殊训练，一个人很难完全控制非言语信息去掩盖自己的真情实感。因此，非言语信息在无意识中真实地反映着人的内心世界。世界各地的心理学学生都学过《聪明的汉斯》的故事：20世纪90年代早期，德国柏林有一匹叫汉斯的马被称为"聪明的汉斯"，因为它会做算数，它可以用前蹄拍踏出正确的答案。于是许多人来看汉斯，有人问汉斯"5+2"等于几，汉斯的回答是跺了七下脚，这似乎表现出了奇妙动物身上的非凡智慧。然而谜底最后被揭开，原来是汉斯的主人奥斯汀训练汉斯通过观察提问者和周围的人下意识的肢体语言来得出正确答案。问题提出后，每次汉斯一举蹄，围观者就会开始紧张，于是表现出诸如两眼圆瞪、嘴巴张大、吞咽口水等动作。汉斯的敲击越接近正确答案，观众就会越紧张，甚至会出现双拳紧握等较大体态变化。而当汉斯拍到正确数字时，大家会突然松一口气，面部肌肉放松，等等。这些都给了汉斯很好的暗示，于是它就在这个恰当的时机停止拍踏。这个有趣的小故事很好地揭示了人类非言语信息无意识性和真实性的特点。正如弗洛伊德所说："人类无法隐藏秘密，即使他紧闭双唇，他的指间依然在喋喋不休地诉说着，甚至他的每一个毛孔都会背叛他。"此外，非言语交际无所不在，它每时每刻伴随人们的交际行为，非言语信息是不间断的，只要人与人在一起，就会自然而然地传递信息并且被对方感知。

三、非言语信息的一般交际功能

非言语信息在交际活动中具有十分重要的功能，主要体现在以下几方面：

（一）替代言语信息

在语言产生之前，人类群聚而居，只有通过各种手势、身姿来传递信息和彼此交际。语言产生以后，非言语交际仍无处不在，无时不有。点头表示同意，摇头表示反对，挥手表示再见，竖起大拇指表示赞赏，耸肩摊手表示无可奈何等，这种非言语信息，简洁明了，往往能取得语言传播所不具备的特殊的心理效果。现代社会生活中有些特殊情境，不能使用或不满足于使用有声语言进行交际，于是人们转而使用非言语行为来代替有声语言传递信息。例如，在体育比赛中，裁判时常发出各种手势语代替言语，比如篮球裁判以一手食指顶另一只手张开的手心表示暂停；在西方国家，要求搭便车的人站在公路边，向开车来的司机举起一只手，竖起拇指，拇指朝要去的方向摇动，表明要求搭车。类似这样的情境用有声语言传递信息很难见效，反而非言语信息直接刺激人的感觉器官，可以让人更直接和迅速地做出反应。

除了体态语，体距语也能产生替代作用。体距语能清晰地反映出人际关系的亲疏远近。美国著名的人类学家爱德华·T·霍尔（Edward T. Hall）在《无声的语言》一书中划分了四个人际空间距离：一是亲密距离（6～18英寸），近距离就是身体充分接近或直接接触；这个空间多出现在谈情说爱，或知心朋友说话。二是个人距离，近范围在1.5～2.5英尺，可以保持正常视觉沟通，又可以相互握手；远范围在2.5～4英尺之间，熟人和陌生人都可以进入这一范围。

在通常情况下，关系融洽熟悉的人一般是近距离，而陌生人是远距离。三是社交距离，这种距离的沟通不带有任何个人情感色彩，用于正式的社交场合。近范围为4～7英尺之间，这个空间适宜处理非私人事务，如洽谈生意，接见来访者；远范围为7～12英尺之间，这个空间适合于正式的社交活动或商务活动。四是公共距离(12～15英尺)，这种距离是公开演说者与听众所保持的距离，这种距离不适合进行个人沟通。尽管这种划分只是相对的，具体到个人，会因文化、社会、职业、个性等不同而产生差别，但是，在人际交往中，空间距离的近远确实是与感情的亲疏是成正比关系的。因此，距离过近，会使对方感觉受到"空间侵犯"，产生不安心理；距离过远，又会使对方认为受到冷落，削弱交际效果。

此外，在人际交往中，人们还可以通过对时间的控制，如到达某一场合的时间、交际时间的不同选择等传递特定的信息。比如深夜打电话往往暗示着事情紧急，如报丧或告知重大事件等。哈尔平(A. W. Halpin)《管理的理论和研究》一书中也记录了类似现象："一旦安排定了会议时间，那么在两人或多人之间谁等候谁，等候多少时间等，都说明了他们彼此之间的关系。大多数组织和文化对于迟到的时间大抵有一个非正式的容忍幅度，要是让人等得超过了这个容忍限度，就是表示侮辱的一种微妙的方式。"①在外交谈判中，准时出席表示对谈判的对方有礼貌，迟到则表示不尊重。在外交场合、政治会议中，中途退场甚至成为抗议的一种表示。

总之，非言语信息在人际传播中的替代作用是显而易见的。要注意的是，在与不同种族和文化背景的人交往时使用非言语信息，应先了解清楚该地的风俗习惯与忌讳，以免用错，引起误会。

(二)表达真实情意

周国平先生曾经说过：一切深刻的体验都羞于表白，一切高贵的思想都拙于言辞。在日常生活中，人们细微莫测的情感有时是很难用言语准确表达的，有时也是不便表达的，于是只有通过非言语信息充分显示。非言语信息虽然不见诸文字，但却是大家都能理解的微妙代码，比如高兴时的笑容，生气时的瞪眼，害羞时的脸红，思考时的皱眉。特定情境中的非言语信息能真实地反映出一个人喜怒哀乐的情绪变化。

人们常说眼睛是心灵的窗户。确实，眼睛及眼神是非言语信息中最富有表现力的。东晋画家顾恺之画人，有时好几年都不点睛，因为"传神写照，正在

---

① 转引自姜建山等：《走向成功》，第112页，南昌，江西科技出版社，1993。

阿堵中"。我国形容眼睛的成语非常多，比如眉来眼去、眉目传情、暗送秋波、怒目而视、炯炯有神、目光如炬、贼眉鼠眼等。无论是褒是贬，这些成语都从一个侧面反映了人的眼睛能传递各种信息，表达各种不同的思想感情。例如我国古代小说戏剧中的女性，在表达爱慕之意时很少直接用言语抒发，或"秋波一转"，或"美目呢喃"，多数用眼神就将心底的情感表露无遗了。

人的手势动作也能传递丰富复杂的情感信息，如鼓掌欢迎、拍手叫好、挥手致意、搓手为难、摊手无奈等。手势是有目的性的动作，点、举、挥、扬都有内在的根据和清楚的用意。正因为手的动作可以传情达意，人们从手势的变化中能够了解情绪的变化。《林海雪原》中写少剑波审讯一个匪徒，"并没有看这家伙的眼睛，而是不住地用眼瞟着他那僵直不正常的两只手"，从而识破其隐秘。

在人际传播中，除了眼神、体态或手势外，副语言也是表达真实情意的重要手段。比如"你真讨厌"这句话，分别用咬牙切齿和温柔舒缓的语调来说，传递出来的信息就大不相同了。一般说来，语音的速度、高低、轻重、长短以及语调的变化，能够准确地反映出一个人的当时心境。因此我们才说，听话要听音，也即听者从说话人的语音、语调、语气中捕捉各种弦外之音。

言语有时可能言不由衷，但非言语信息却是人内心情感的真实流露。因此，同言语信息相比，非言语信息更真实、更准确，可以在语境中起着决定作用。当言语信息和非言语信息发生冲突时，人们往往更倾向于以非言语信息来判断对方的真实意图，体会不可言传的交际内容，达到高质量的交际目的。比如多年好友久别重逢，双方开怀大笑，握手或拳击对方的肩部或胸部，发出的言语信息却是："好家伙，你还没死啊。"在该交际行为中，非言语信息较之言语信息显然具有更大价值。

（三）补充强化表达

非言语信息可以对言语信息起到补充描述作用，大大强化言语信息的力度和表达效果。言语信息的传递只有一个通道，而非言语信息的传播是多通道的，它可以在同一时间内充分调动传播双方的视觉、听觉、触觉和味觉，对言语信息进行全方位的补充。比如，人们在表达"是"和"赞同"时会采用点头的动作；人们断然做出决定时，常会将手臂用力向下一挥，表示坚定果断之意；回答别人问路的同时，人们喜欢手指向同一方向……这样利用非言语信息补充或强化言语信息的例子不胜枚举。英国首相丘吉尔在一次演讲中说："我们现在的生活水平比历史上任何时期都高，我们现在吃得很多。"说到这里，他故意停下来，看着听众好一会儿，然后用手指着自己的大肚子说："这就是最有力的实证。"丘吉尔两次运用了非言语信息进行补充，补充强化幽默的效果。又如，一个人笑容满面地对朋友说："你实在是太棒了！"说的时候，一手勾住朋友的肩，一手对朋友伸出大拇指。眼神、表情、动作，这些含义丰富的非言语信息伴随着言语信息同时传达给朋友，使他确认言语的真诚。

通过非言语信息可以对语言表达作出最好的注释，使言语更加丰富、形象、富有情感，从而给交际对象带来比言语更加神奇的沟通力量。

第二节　教学语言表达中态势语运用技能

非言语信息包括体距语、态势语和副语言。在教学语言表达中，态势语所发挥的辅助作用最为突出和明显，因此本节专门探讨如何在教学中熟练地运用态势语。

一、态势语的含义

如前文所述，态势语指的是交际双方在交际行为中使用不同的表情、姿势、手势等体态动作向对方传递的特定信息，它不是身体的功能性活动，而是人们用来交流思想、抒发感情、传递信息的语言的辅助工具，是一种无声的伴随语言。

态势语与有声语言的主要区别在于符号系统不同，它使用的是视觉代码和触觉代码，不同于有声语言的听觉代码，因而具有直观性。使用态势语，从表达一方来看，能丰富表达手段，辅助言语更好地表情达意，使语言表达更加准确、鲜明、生动；从接受一方来看，能使听众从多条渠道接收信息，印象更深刻。神经生理学的研究表明，人的大脑左半球接收语言和逻辑信号，右半球接收形象信号、视听同步，使大脑左右两半球同时协调工作，接收效果自然就更好。

恰当地运用态势语，既是一般口语交际的基本功，也是教师职业口语表达的基本功。

二、态势语在教学中的作用

在教学中，态势语是辅佐教学言语的重要手段，教师可以有意识地通过表情、身姿、手势、目光等手段传递信息，以调动学生的情绪、启发学生的思路、活跃课堂氛围和优化教学效果。

（一）强化语义表达

在教学中，不少思想、情感、信息单纯依靠言辞声音不可能完全或充分地表达出来，需要借助态势语加以补充或强调。此时说话者的身姿体态、举手投足、神情容貌等会协调地配合有声语言传送信息。这种动态的、直观的信息，配合言语，作用于人们的视觉和听觉，拓宽了信息传输渠道，补充和强化了语义信息，使语言表达更加直观形象、明白易懂，更加准确适切、生动传神。比如一个人愤怒到极点时，可能会语无伦次、词不达意，让人不知道他想表达的意思，但是如果配合上他怒目圆睁、脸上涨得通红、脖子上暴起了青筋、将桌子掀翻等表情、动作，那么这个人就将愤怒的情绪传递得淋漓尽致了。因此，态势语经常被教师应用来加强对教学内容的解释。比如敲桌子是为了强调教学言语信息的重要性，用手指指物体、位置可以进一步明确口头说出的信息。又如一个学生作文中写道："老师那好看的眉毛扬成'八字形'，眼睛直看着我，要我继续回答。"这"八字形"的眉毛，更突出了询问的意味。因此，态势语修饰言语的释解功能对课堂教学具有强效作用，是强化教学效果和质量，使其达到高效、优质的重要手段。

（二）传递情感信息

如果说"言为心声"，那么态势语则是无言的心声，是交际双方心理状态和思想情感的自然流露。美国传播学家雷蒙德·罗斯认为，态势语等非言语信号"尤其能有效地传递诸如爱和恨这类情感概念"，这是很有道理的。人的喜怒哀乐无不可以通过眼神、表情、手势等表现出来，有时态势语甚至能够传递有声语言无法表现的微妙情感。在教学过程中，态势语是教师沟通师生之间感情的极为有效的手段。比如一位老师教《圆明园的毁灭》，讲到侵略者丑陋的嘴脸时怒目圆睁，讲到这座皇家园林被毁时低垂眉眼，讲到期盼祖国更加强大时握拳上举，学生从这些表情动作中真切体会到或愤恨或哀痛或自信的情感，会产生强烈的共鸣，并且进一步加深对文章的理解。此外，教师在教学中恰当、熟练地运用态势语，可以传递出对学生的期望，产生极大激励作用。如果学生回答问题时感到紧张，教师给予一个微笑，或者轻轻地拍拍肩膀，都会产生平复情绪、安抚人心的效果。当教师对学生抱有期望时，会自觉或不自觉地将期望通过态势语（微笑、手势等）传递给他们，学生会通过主动的分析、综合，从教师隐含的评价中获得信息，受到鼓舞，从而更加信赖教师，并使自己的行为一步步地接近教师的期望，产生自我实现的预言效应（Self-fulfilling Prophacy）。因此，态势语可以说是"皮格马利翁效应"即"教师期望效应"能够实现的重要因素。

(三)活跃课堂气氛

苏霍姆林斯基说:"学校里的学习,不是毫无热情地把知识从一个头脑里装进另一个头脑里,而是师生之间每时每刻都在进行心灵的接触。课堂上师生必须彼此呼应,心心相印。"在课堂教学中,诉诸听觉器官的有声语言是表意的主要手段,但如果长时间使用单一的信息传递方式,容易使人产生单调的感觉,让人昏昏欲睡,神经中枢处于抑制状态、信息传输处于阻滞状态。在这种状态中学习,难以获得好的学习效果。而如果在教学中适当配合运用富有形象特点的、主要诉诸视觉的态势语,变换对学生多种感官的刺激,就起到调节作用,能使学生产生新鲜感,唤起学生的兴趣,构建愉悦的心理氛围,形成良好的课堂气氛,使教学充满生机并富有成效。比如一位英语教师教"basketball"一词,她做了一个单手肩上投篮的动作,一边做一边说:"I play basketball."这位教师正是运用了恰当的态势语,既准确传授了知识,又活跃了课堂气氛。

(四)组织课堂教学

态势语的引导和调控能力使得它在组织课堂教学方面有着特殊作用。人们在研究人体动作时发现,任何心理特征都很容易转化为人体特征,任何人体特征都有一定的心理依据。美国的朱利·法思特(Julius Fast)在《人体语言》一书中指出:"一个懂得人体语言并善于应用人体语言的人如果能将他所了解的姿势同周围人的感情联系起来,他将永远比对方胜过一筹,处于主动地位。"[①]这样的人之所以能"处于主动地位",就是在恰当地表现自我和准确地理解对方的基础上,可以对交流进行及时的引导和调控。在教学中,教师如果能熟练地使用态势语进行暗示并能准确接收、理解学生态势语信息,就可以更好地组织教学、管理课堂。比如,在上课时,教室后面传来一些学生小声说话的声音,如果教师大声阻止和点名训斥,既影响到其他正常学习的同学,分散了他们的注意力,又可能因言辞的激烈带来师生矛盾,也可能会使个别自尊心特别强的学生产生逆反心理;此时教师如果沉默数秒、注视后排,同时双手前伸下压做一个表示安静的手势,或者边讲课边走到教室后排,轻轻敲一敲其中某位同学的桌子,以作提醒,效果很可能会比前一种方法要好得多。

(五)树立榜样

无论是在家里还是在学校,孩子都会在一定程度上模仿家长或老师的行为,且孩子们的年龄越小模仿的可能性越大。教师的形象每天都展现在学生面前,教师的一言一行、一举一动都会成为他们无形中的学习榜样,这是符合儿

---

① [美]朱利·法思特:《人体语言》,第4页,陈钰鹏编译,上海,上海文化出版社,1988。

童的生理和心理发展规律的。因此，在教学中，教师要注意让态势语传递出积极意义，真正做到"身正为范"。

三、各类态势语在教学中的运用

（一）眼神

眼睛是人体传递信息最有效的器官，眼神是态势语中用得最多的一种。孟子曾说："存乎仁者，莫良乎眸子，眸子不能掩其恶。胸中正则眸子瞭焉，胸中不正则眸子眊焉。"还有人说，"听者和讲者的心灵在眼光的桥上相遇"。据统计，利用目光，人类能交换几千种信息。一收一送、一顾一盼、一瞥一瞪、一挤一眨、一开一闭之间，无不可以传递丰富复杂的感情。光一个"看"的动作，就有三百多个近义词语：正视、斜视、仰视、俯视、扫视、注视、凝视、鄙视、怒视、逼视、审视、环视、窥视、对视、侧视……每一个词语代表的眼神，都传递着不同信息。比如正视表示庄重、诚恳，斜视表示轻蔑、憎恶，仰视表示崇敬、傲慢，俯视表示关心、忧伤，注视表示认真、期待，等等。眼神所传递的还有很多细腻微妙的情意是语言无法准确表述出来的。

眼神的运用，不仅与瞳孔的变化、眼球的活动、眼睑肌的运动、泪腺的分泌有关，而且还与交际者眼睛注视的方式与停留的时间长短有关。比如谈话中，是否看着对方，什么时候看，看多久，看什么地方……这些都能反映出说话者的情绪和深层心理。如果不看对方，眼神不与对方交流，传递的信息是不投入，没兴趣；如果眼神躲避、闪烁，传递的信息是胆怯、慌乱、心虚；如果长时间盯视对方，传递的信息是不尊重、不礼貌。这些都可能导致谈话的失败。交际中，要想得到对方的信任，运用好眼神非常关键，它不仅有助于情感的表达，也有利于相互理解和合作。

在教学过程中，教师更要重视运用眼神提高语言表达技巧，要善于用眼睛来说话，学会用眼神驾驭课堂，组织教学。

教师的眼神，应该坦然、亲切、和蔼，富有神采，富于变化：或发出指令，或显示褒贬，或进行制止，或暗示提醒，或给予鼓励……此外，常用的技巧还有以下几种：

1. 前视法

它要求教师讲课时视线平直向前而流转，根据教室大小以及自己的位置、高度调整视线的落点，做到统摄全班，照顾到全体学生，使每个学生都觉得你能看到他。切忌视线向上仰望天花板，或者向下俯视地板，或者一直盯视讲义。也不能时而环顾左右，时而张望教室外，教师的视线如果频繁更换，飘忽不定，会给学生造成心不在焉之感，同时分散了学生注意力。

2. 环视法

有节奏的把视线从左方扫视到右方，再从右方扫视到左方，从前排扫视到后排，再从后排扫视到前排，不断地观察整个教室，增强与学生间的感情联系。这种眼神最常用于开始讲课之前、提问之后以及学生在共同练习或活动的时候。这里要注意的是，环视速度不要过快，也不要眼珠乱转，那样反而会让学生感到可笑。

3. 点视法

目光较长时间固定于某人或某物。这主要有两种情况。一是严肃点视，即教师有重点地观察、注视不安静处或不注意听讲的学生，使被注视的学生在教师甚至全班同学视线的督促下尽快安静下来，而教学进程却未被打断；二是授课点视，即授课中教师让目光在某一位同学身上作稍长时间停留，比如学生在回答问题，或是学生露出了疑惑的表情时，教师往往会用眼神与学生作简短交流。

在课堂上，教师要避免眼神黯淡无光，呆滞木然，躲避闪烁，游移不定等。如果教师不管内容多么曲折变化，情感多么起伏抑扬，也不管学生懂不懂、听不听，总是以一种无动于衷的眼神视之，学生从教师眼神中所感受到的只能是冷漠，自然无法激起他们学习的热情；如果教师只对少数优等生青睐有加，对其他同学视而不见，会使部分学生因感受不到教师的期待而产生消极、懈怠、懒散的情绪；如果教师不善于用眼神表示肯定、鼓励、赞许、信任、期待、谅解、关切的情感，面对学生总是怒目圆睁、凶光毕露，会让一些学生产生抵触、逆反情绪。这些都是教师运用眼神的误区。

教学中，教师要学会通过眼神把自己的情感、意志、学识、智慧毫不掩饰地展示给学生，通过眼神有效地沟通师生心灵，激活课堂气氛，开启学生的心智。

(二)表情

人的面部表情由脸色的变化、肌肉的收展以及眼、眉、鼻、嘴的动作所组成。表情是极其丰富细腻的，它能将复杂多变的心理活动如实反映出来。所谓"入门休问荣枯事，观看容颜便得知"，正是指通过察言观色就可以洞悉人的内心。罗曼·罗兰曾说："面部表情是多少世纪培养成功的语言，比嘴里讲得更复杂千百倍的语言。"身势学的创始人、人类学家雷·勒·伯德惠斯特尔(Ray L. Bird whistell)则通过研究得出结论说："光人的脸就能做出大约25万种不同的表情。"的确，得意时满面春风，羞愧时面红耳赤，愤怒时面色铁青，恐惧时面无人色，轻蔑时嗤之以鼻，痛恨时咬牙切齿，高兴时眉开眼笑，忧伤时愁眉苦脸，悲哀时泪流满面……人的表情可以传递出十分丰富的信息。

在教学的过程中，教师的面部表情是向学生传递思想感情、施加心理影响的重要手段之一。表情在教学中的运用方法主要是以下两种：

1. 常规性表情

在教学中，教师面部表情的基本形式是微笑。

笑有很多种，大笑、狂笑、微笑、浅笑、冷笑、苦笑、佯笑、皮笑肉不笑等。虽然都是笑，表达的情感是不一样的，有的是高兴、快乐，有的是悲伤、忧愁，有的是嘲讽、轻蔑……因此带给别人的感受也是不同的。真诚的笑容像阳光般温暖动人，让人赏心悦目，愿意信任和亲近；虚假的笑容掩盖不了虚伪的本质，于是面目丑陋可憎，让人心生厌恶。

同为真诚的笑，浅笑表示腼腆，大笑传递开心，狂笑反映豪爽，而善意的微笑是用处最广的一种表情。微笑是面部不显著的、不出声的笑，它传递的是友好、愉悦、欢迎、赞赏等信息，有时也可以用来表示歉意、委婉地拒绝和否定。这是一种悦己悦人的表情，是风度、气质、涵养的体现。"含蓄的微笑往往比口若悬河更为可贵。"在人际交往中，微笑是屡试不爽的法宝，它可以沟通情感，融洽人际关系。美国的希尔顿旅馆在短短几十年间，从一家旅馆扩展到500多家，遍布世界五大洲的各大城市，成为全球最大规模的旅馆之一，其成功的秘诀之一，就在于"微笑服务"。希尔顿旅馆的创始人唐纳·希尔顿不断到他分设在各国的希尔顿旅馆视察业务，他向各级人员问得最多的一句话就是："你今天微笑了没有？"微笑拥有的强大力量，甚至可以挽救生命。在澳大利亚悉尼港东部，有一个叫唐·里奇的人，他在一处临海悬崖旁守望了50多年，至少把160个自杀者从死亡线上拉回。而他所做的，就是用一个真诚的微笑让对方感觉到来自于这个世界的温暖，唤起他们对生活、对生命的珍爱。与此相反，美国有位叫凯文·海因斯的男子，2000年跳下金门大桥时年仅19岁。他在绝笔书中写道："如果有人在路上朝我微笑，我就不跳。"可是，直到他跟踉跄跄地走到桥边，看到的依然都是冰冷漠然的面孔。所以，微笑不仅像雨果所说的能清除人们脸上的冬色，它也可以融化心灵的坚冰。而作为教师，应该经常问问自己："我今天对学生微笑了没有？"

西方有句谚语："教师是微笑的知识。"面带微笑，亲切、和蔼、端庄、热情，这是教师面部表情的基本要求。在请学生问答问题时，教师投以信任的一笑，能有效地使学生消除紧张心理，从容地思考回答；在学生正确地回答了问题或者提出富有创造性的想法时，教师报以赞许的一笑，是对学生最好的鼓励；在学生回答不出或答错问题时，教师给以宽容的一笑，能反映出教师的尊重、理解和体谅，减少学生的负疚感。教师恰到好处的微笑能够营造一种愉悦、融洽、和谐、宽松的教学氛围，使学生轻松愉快地学习。

2. 变化性表情

在教学过程中，教师的表情不是一成不变的，随着教学进程、讲授内容和客观情境的变化，教师也会自然显露出喜、怒、哀、乐、悲、苦等丰富多样的面部情绪变化。比如讲到正义的获胜时眉飞色舞，讲到敌人的残暴时横眉竖目，讲到对亲人的思念时蹙额锁眉……这些强烈的情感变化能撼动学生的心灵，使他们产生情感共鸣，从而加深对知识的理解。

在教学中，教师必须做好表情管理，要善于通过丰富、变化的表情来传达自己的喜怒哀乐、褒贬爱憎，使教学生动，具有吸引力。切忌表情过于严肃，不苟言笑，让学生望而生畏，不敢亲近，给他们造成心理压力；忌表情呆板，缺乏变化，阻碍跟学生进行有效的情感沟通和交流；忌表情过分夸张，矫揉造作，哗众取宠。

（三）手势

手势指从肩膀到手指各部分的协调动作及其呈现出的姿势。古罗马政治家西塞罗（Marcus Tullius cicero）曾说过："一切心理活动都伴有指手画脚等动作，手势恰如人体的一种语言，这种语言甚至连野蛮人都能理解。"可见手也是具有表达情感的功能的。而且，手势的表现力极强，心理学家詹姆斯（William James）认为，身体各部分中"手的表达能力仅次于脸"，所以手也被称为是第二张脸。手势能像面部表情一样，千变万化，表达丰富的含义，辅助口语表达。比如用拳捶胸表示悲痛，挥舞拳头表示愤怒，叩击前额表示悔恨，摸着鼻子表示犹豫，伸出大拇指表示赞许，伸出小拇指表示蔑视，鼓掌表示欢迎，握手表示热情，握拳向前摇动表示强烈的要求，伸手掌心向下用力压能给人以刚毅果断感，掌心向外用力推出表示拒绝，等等。

在教学中，教师的手势可大致分为四类：

1. 象形性手势

这是用以描摹事物的形状、体积、高度、大小等形象特征的手势动作。陈望道先生在《修辞学发凡》中说："在视觉所不及的范围中的事物，便要应用描画的态势来表示。"手势是最适宜于描画的。比如食指中指做夹击动作表示"剪"，两掌上下分开一定距离、掌心相对表示"高度"或"厚度"，双手环抱表示"粗细"，食指在空中画圈表示"圆"或"球"等。这类手势可以把不在视觉范围内的事物表现得形象可见，便于听者对所描述的事物产生直观印象。

2. 情意性手势

这是伴随说话者情绪起伏所做的手势动作，用以表现和强调特定的情感、情绪。比如握紧拳头挥动表示愤怒，摊开双手表示无奈等。

3. 象征性手势

这是用来表示抽象意念的手势动作。比如列宁演讲时，常常左手插在背心里或叉在腰间，右手用力挥动或果断一斩，显示出必胜的信念。再如，一位教师讲到"未来前程似锦"时，他右手向右前方挥出，这一象征性的手势，表现出了美好未来的抽象意念。象征性手势可以使听者对抽象的事物有具体化的感受，和有声语言相结合，能强化理解，启发思考和联想，增强表达效果。

4. 指示性手势

这是通过指示具体对象来引起听话者的直接感知和注意的手势动作。比如讲课时用手指黑板上的某句话或仪器的有关部分进行说明。指示性手势的特点是动作简单，表达专一，基本不带有感情色彩。

手势是教学中不可缺少的动作，教师应注意根据社会共同理解的意义以及针对不同教学对象、教学内容来正确选用具有不同含义、不同指向的手势，并适当体现出个性特点。教学中，教师的手势要目的鲜明，动作适度，简洁有力，自然得体，要注意与有声语言和身姿相协调。切忌教学中不用手势或用得极少，这样容易给学生以呆板、死气沉沉之感；忌手势繁多杂乱，让学生眼花缭乱，分散学生的注意力；忌手势幅度过大，给人留下"张牙舞爪"的不雅印象；忌手势幅度过小，给人以拘谨、紧张的感觉；忌各种不良手势，如直伸食指对学生指指点点、蔑视性地伸出小指、轻佻性地捻响指、不断抚弄头发、手沾唾液翻书等。教师要善用手势语，使口语表达更具有立体感，形象感，增强表达效果，让学生更好地理解。

（四）身姿

身姿是指躯体的姿势和动作，是交际中身体所表现出的说明性姿态，它也是传情达意的重要方式之一。身姿包括站姿、坐姿、行姿等，不同的身姿能表现出不同的心理状态、精神面貌和思想感情。比如"坐如钟，站如松，走如风"，会给人以坚毅挺拔、蓬勃向上、积极进取的印象；而坐着东倒西歪，站着前倚后靠，走着步伐迟缓，则往往给人疲沓懒散、精神不振、缺乏进取的感觉。

在课堂上，教师要通过身姿让学生感受到稳重端庄、坚定自信、谦逊随和。下面我们主要谈一谈教师在课堂上运用最多的身姿——站姿、坐姿和移位。

1. 站姿

教师在教学中常见的站姿有三种：一字式、稍息式和前进式。

一字式：指两脚左右分开，基本平行，两脚之间的距离保持与肩同宽或略窄于肩宽；

稍息式：指一脚向斜前方迈出半步，两脚之间形成约75°夹角，身体重心落在后脚上；

前进式：指两脚一前一后，两脚跟距离约15cm，身体重心可以落在前脚上，也可以落在后脚上。

无论哪种站姿，都应头正、肩平、腰直、立稳、身正，给人以大方稳重、精神抖擞、精力充沛之感，有鼓动振奋的效果；或根据需要上身略微前倾，给人以和蔼亲切、平易近人之感，容易与学生进行情感沟通。切忌上身后仰、弓腰驼背、两肩不平、东扭西歪、左摇右晃、手插衣兜、两腿轮流抖动、长时间双手撑桌等各种有损教师形象的不良站姿。比如弓腰驼背、东倒西歪会让学生感到教师没有活力，两腿轮流抖动会给人傲慢、轻率或慌张的印象。

2. 坐姿

课堂教学中，当出现学生活动、教师答疑或教师身体不舒服等情况时，教师是可以坐下来的。正确的坐姿，要端庄、稳重、自然、得体，赢得学生的信任感。教师在坐着时，应挺直腰板，双腿自然下垂，身体上半身略微前倾，手可以置于面前的桌上、椅子的扶手上以及腹部或腿上，整体应有一种庄严挺拔，稳如泰山的美感，这就是我们常说的"坐如钟"。男教师坐着时，双膝可以分开一拳的距离；女教师膝盖须完全并拢，双腿可以垂直于地面，也可以斜向后收，显得矜持、优雅。切忌抬头仰身靠在座位上以及高跷着二郎腿，这都反映了倨傲不恭、随意散漫的心理；忌手部姿势太僵硬，笔直放在腿上或垂放身体两侧，显得拘谨、紧张、不安；也忌不断变换坐姿，这会传递出疲倦、不耐烦的消极心态。

3. 移位

根据教学的需要，教师可以在讲台周围慢步走动，从而避免一直保持站立不动的姿势带来的生硬感。恰到好处地移动身姿，不但有助于内容的表达、而且可以显示出优美风度。讲课时，教师可以在讲台前适当地走动，走动时步伐要稳健，步子不大不小，速度不快不慢或速度稍慢，两眼平视，上身直立，给人以轻松自如、稳重大方之感。切忌教师走动过多过频，速度过快，步伐过大；忌脚呈内八字或外八字；忌把手插在衣袋里或背着手。

（五）首势

除了前面四种以外，在教学中还有一种运用比较多的态势语是首势语。首势语是指用头部动作传达信息的一种态势语。这里的头部是指整个头部的动作，而不是指眼、耳、口、鼻等局部的动作，因而其种类相对来说要少些。教师常用的首语有：

1. 点头

点头一般表示同意、承认、赞成、满意、感谢、理解等意思。这是一种肯定的、积极的体态信号，是教学中教师用得最频繁的首语。

2. 摇头

摇头多数表示怀疑、否定、反对、拒绝、不满、不支持、无可奈何等意思，比如一位学生在作文中写道："我胸有成竹地回答完问题后，得意洋洋地看着老师，没想到老师轻轻摇了摇头，我顿时就傻了眼了。"老师仅仅是轻轻"摇头"，就让学生"傻眼"了，可见摇头表达的否定意味是很强烈的。摇头有时还可以表达愉悦、陶醉的情绪。鲁迅先生在《从百草园到三味书屋》中描写他的先生读起文章来"将头仰起，摇着，向后面拗过去，拗过去"，这里的摇头就是陶醉而自得其乐了。表达这种含义的摇头首语一般在教师朗读诗歌散文的时候出现。

3. 侧首

侧首是将头略略歪向一侧。这一首语的基本含义是"关注"，而配合上面部表情的不同，又可以分为"感兴趣"和"怀疑"两种意思。比如当学生在回答问题时，教师微微侧首，微笑着注视着这个学生，这就传递出教师对学生回答感兴趣的信息，会鼓励学生继续思考并说下去；而如果侧首时脸上带着疑惑的表情，比如皱眉，那么侧首的动作表达的是怀疑的含义，这会激发学生重新思考，再寻答案。

此外，表示踌躇满志、信心十足等意思的昂头和表示默认、无可奈何等意思的低头等，都是教师在教学中常用的首语。

教师在运用首语时，动作要明显一点，点头、摇头等幅度要大一些，使学生能看清并领会。

四、教学中运用态势语的基本要求

(一)真实自然

真实自然是对态势语的第一要求。自然，就是不矫揉造作、故作姿态，而真实的情感又是态势语自然的前提和基础。态势语应该是人的内心意识或情感的外在反映，是情之所至、自然发出的。"情有所依，物有所指"，这样才能给人自然的感觉。态势语的运用不是表演，不是按照剧本设计刻意去做抬抬头或举举手的动作，这会让人觉得别扭、不真实。不自然的态势语会影响表达效果，有的老师动作表情生硬僵化，给人机械刻板的印象；有的老师站在讲台前神情慌乱，手足无措，双眼不敢正视，给人心虚的感觉；有的老师搔首弄姿，如同演戏，让人心里不舒服；还有的老师有一些习惯性的态势，如说错了话就红脸、吐舌头等，让人觉得不庄重。这些都是有悖于真实自然的要求的，都会影响到教师在学生心目中的形象，进而影响教学效果。

(二)恰当调控

在日常生活中，我们的态势语有相当大的随意性，常常是兴之所至，随意为之。但教学中，教师的态势语对学生的情绪有极大影响，进而会对教学效果产生积极或消极的影响，因此，教师要学会根据教学需要有意识地对态势语进行恰当控制，尤其不能听任一些消极情绪通过态势语展现。比如，如果一位语文教师要教《十里长街送总理》这篇哀伤、沉痛的课文，那么他走进课堂的时候就不应该是喜笑颜开的，而应该提前做好态势语的预设，营造适合教学内容的氛围。又如，如果学生故意恶作剧、扰乱课堂秩序，教师即使生气，也不能横眉怒视、指点其面甚至拍桌扔书，这样的态势语会激化师生矛盾，对教学也是有百害而无一利。教师应控制住怒火和表情，冷静处理。

恰当调控和真实自然的要求并不矛盾，教师要注意处理好两者的平衡关系。

(三)准确简单

态势语运用要符合一般习惯，也要与特定的表达内容和言语环境相适应，与有声语言配合得体；此外，态势语形式不宜复杂，影响言语的正常表达。如有的老师不能把握各种态势语的特定功能，所用的态势语不能恰当地表达他的意思，使人茫然，甚至误解；有的老师运用态势语与有声语言相脱节，不能同步进行，准确配合，就会让人觉得滑稽可笑。

(四)适度得体

教师运用态势语必须恰如其分，不能不用，但也不能滥用。要从教学内容的需要出发，从有利于提高教学效果出发，运用时要把握分寸，注意态势语与有声语言的语调、响度、节奏等的协调，与师生双方的心态、情感的吻合，与特定教学情境的适应，与口语表达目的的统一等。动作幅度不宜过分夸张，力度和频率都要适中，忌喧宾夺主，哗众取宠。有的老师站在讲台前表情木然，整堂课讲下来几乎完全没有态势语，这自然会极大影响语言表达效果；但是如果教师频繁地来回走动，句句都有手势、表情，甚至"手之舞之足之蹈之"，让人眼花缭乱，目不暇接，那也会过犹不及，不仅无助于语言表达，还会有表演之嫌，让人觉得矫揉造作。比如一位老师讲鲁迅的《故乡》，一会儿学着八岁的宏儿"飞"出来，满教室跑；一会儿又学闰土拿着钢叉刺猹。这些动作虽然赢得了学生的笑声，但其实并不能有助于学生对课文内容的理解，对提升教学效果没有帮助，反而还会有损教师的形象。

不当用则不用，当用则一定用，用得适度，才能得体，才能最大限度地发挥态势语独有的表达效果。

（五）富有美感

师乃人之模范。教师的一颦一笑、一举手一投足，都会给学生以潜移默化的影响。因此，教师在运用态势语时必须要有审美意识，要注意态势语的优美、流畅，任何低俗粗野、轻佻随便的态势语都会有损教师的形象，给学生以不良的影响。比如《阿 Q 正传》中阿 Q 与王胡捉虱子、阿 Q 拧小尼姑的面颊等动作，教师就不宜在课堂上模拟。教师要时时注意自己体态形象的美感，处处不失为人师者稳重优雅、潇洒大方的仪表和风度，从形象上给学生以美的体验。

第三节　教师礼仪

一、教师礼仪的含义

（一）礼仪

礼仪是"礼"和"仪"复合而成的一个词语。关于"礼"的含义，《说文》中这样解释："礼，履也，所以事神致福也。"也即表示祭祀敬神，祈求神灵赐福。《辞海》中则对"礼"、"仪"二字都有注释。对"礼"的注释为：①本为敬神，引申为表示敬意的通称；②表示敬意或表示隆重举行的仪式；③泛指奴隶社会或封建社会贵族等级制的社会规范和道德规范；④礼物。对"仪"的解释是：①礼节，仪式；②法度、准则；③容貌、举止。

"礼仪"一词英语为 etiquette，它的意思可译为礼节、仪式、典礼。据《简明大不列颠百科全书》注释，"礼仪"为"规定社会行为和职业行为的习俗和准则的体系"。

据此可知，"礼仪"中的"礼"的基本含义是尊敬或尊重之意，而"仪"的含义即"仪式"之意，是人们表示尊敬或尊重时所采取的外在的具体形式。所以，所谓"礼仪"，是表示礼貌的仪式，是指人们在社会交往中，相互之间为了表示尊重、敬意、友好而约定俗成的、共同遵守的行为规范和交往准则。

千百年来，礼仪作为一种社会现象，无时无刻不影响着人们生活的方方面面。在现代社会人际交往活动中，礼仪已成为沟通思想、交流感情、表达心意、增进了解和友谊的重要形式与联系纽带，规范着人们交往活动的程序与行为，推动着社会的文明与进步。

（二）教师礼仪

《荀子·修身》中写道："礼者，所以正身也，师者，所以正礼也。无礼何以正身？无师，吾安知礼之为是也？"没有礼，用什么来修正自己的行为？没有师，又怎么知道礼是这样的呢？教师育人是要教"礼"的。古人言，"礼者，人道之极也"，"不学礼，无以立"，从孔夫子开始，礼仪就被列入必修的"六艺"之中。那么作为教"礼"的教师，本身当然更要懂"礼"、有"礼"，而且，这个"礼"还不是一般意义上的"礼仪"，而是有着职业规定、职业特点的教师礼仪。

教师礼仪是指教师在教育教学活动中所必须遵循的礼仪规范，它是教师自身良好职业道德修养表现的行为准则之一。

人类文明发展到今天，教师更应当成为讲究礼仪的典范。因为教师在对学生进行知识传授、创新能力培养的同时，更要帮助学生树立正确的道德观、价值观、人生观和世界观，那么教师本人就要成为以身作则的楷模，要注重礼仪，遵守社会公德，使学生受到良好的潜移默化的影响，这样才能培养出讲文明、懂礼仪、有教养的高素质人才。

（三）教师礼仪的内涵

对于教师礼仪的内涵可从以下五个角度来解读：

1. 文化角度

礼仪是一种文化，教师是文化的主要传承者。教师在传承、创造和改造礼仪文化过程中，逐渐形成了教师专业所具有的独特的精神形式和文明成果，在这个意义上讲，教师礼仪是一种教师文化，是礼仪文化的继承、创新和发展。

2. 修养角度

教师专业礼仪与教师内在修养息息相关。《论语·雍也》说："质胜文则野，文胜质则史，文质彬彬，然后君子。"这说明内在修养与礼仪之间是一种相辅相成的辩证统一关系，良好的教师礼仪来自浑厚的教师内在修养，教师礼仪是教师的内在修养和素质的外在表现。

3. 审美角度

教师礼仪是一种形式美，主要通过教师的仪表美、教学美、环境美等表现出来，教师按美的标准、要求来不断规范自己。在一定意义上，教师礼仪修养的过程，也是教师追求美、创造美和展现美的过程。

4.伦理角度

从伦理的角度来讲，教师礼仪就是尊重学生的感情、人格和尊严，关心和爱护学生的心灵，并以适当的行为举止表现出对学生的友好和信任。

5.教学交往角度

从教学角度看，教师礼仪是一种在师生教学交往中进行相互沟通的艺术文化和教学素养。正如德国著名教育家第斯多惠（Diesterweg）所说："教学的艺术不在于传授本领，而在于激励、唤醒、鼓舞。"

由此可见，教师礼仪是以继承、创新和发展礼仪文化为基础，以内在修养为前提，以追求美、创造美和展现美为目标，以尊重、关怀和教育学生为宗旨，以构建和谐关系为目的，在教育教学交往中形成的一种特殊的艺术文化和专业素养。

二、教师礼仪的原则、特点和作用

（一）教师礼仪的原则

1.平等、尊重

礼者，敬人也。古人云："敬人者，人恒敬之。"现代社会中也有两条非常重要的交际法则，第一条法则是"黄金法则"，最规范的表达来自《新约》。《新约》有这样一句话：你希望别人怎样待你，就应该先如此对待别人。第二条是"白金法则"，这是20世纪后半期美国一个著名的人力资源专家亚历山大博士提出的：别人希望你怎样待他，就请你在合法和遵守社会公德的前提下努力满足他。交往以对方为中心、行为必须合法。无论是古人名言还是"黄金法则"、"白金法则"，其实都是强调的平等交往，相互尊重。只有这样，人和人之间的关系才会融洽和谐。

平等、尊重是人际交往获得成功的重要保证，是礼仪之本，自然也是教师礼仪的根基所在。一方面，教师的礼仪行为或礼仪品质集中体现在与教学活动有关联的、与学生的关系中；另一方面，获得社会、他人的承认和尊重是人类普遍的心理需求，但学生由于特殊的年龄和生理、心理特点，表现得会更加鲜明，所以，教师在与学生的交往中尤其要注意体现平等、尊重。教师和学生在形式上是教育者和受教育者的关系，但这并不能超越师生之间平等的价值关系和人格关系。学生有独立的思想和人格，教师在对他们进行教育教学活动和与他们的交往中，应秉持自尊和他尊的原则，摒弃那种唯师至尊、忽视学生的社会地位和心理需求的偏颇方式，公平、公正地对待和评价全体学生，对待不同相貌、不同智力、不同个性、不同背景、不同亲疏关系的学生都要一视同仁，要给予每个学生应有的尊重。教师应该用自己的高超的思想境界、渊博的知识和高尚的品行等去潜移默化地影响学生，以言传身教、以身作则等示范的方式，直接影响教育对象，目标明确地培养和引导学生成为社会有用之人才。

2. 自律、宽容

自律，即克己，慎重。教师要在心中树立起职业道德信念和行为修养准则，以此来约束自己的行为，实现自我教育，自我管理，自我修养。而且不仅与人交往时如此，个人独处时也须如此，也就是"慎独"。《礼记·中庸》中说："道也者，不可须臾离也；可离，非道也。是故君子戒慎乎其所不睹，恐惧乎其所不闻。莫见乎隐，莫显乎微，故君子慎其独也。"要求君子在别人看不见、听不到的时候也要谨慎自己的言行。教师不仅仅是学生道德的启蒙者，同时也是全民道德的促进者，对全社会形成良好的道德风尚有着辐射作用。因而，教师的"慎独"尤为重要，无论是否独处，都应一如既往、自觉地注重自己的礼仪修养。

宽容是对不同观点、不同行为的包容和忍让。它要求教师在教育教学活动中要多做换位思考，多从对方尤其是学生的角度出发考虑问题，了解学生行为的心理根源，从而理解学生的所思所想，不求全责备、斤斤计较、过分苛求甚至咄咄逼人。当然，宽容是有限度的，不能一味忍让而失去教育的本色和原则，走向偏颇。教师应时刻保持在精神上和社会适应上处于完好状态，能容忍学生的无知，宽容学生的过错，以健康的心理影响和引导学生，使学生在愉快和谐的环境中健康成长。

3. 适度、得体

适度、得体，就是要求教师在运用礼仪时，既要掌握普遍规律，又要针对具体情况，因人、因事、因时、因地的不同而做恰当处理，行使相应的礼仪。在与人交往时，既要彬彬有礼，又不能低三下四；既要热情大方，又不能轻浮谄谀；要自尊却不能自负；要坦诚但不能粗鲁；要信人但不能轻信；要活泼但不能轻浮；要谦虚但不能拘谨；要老练持重，但又不能圆滑世故。

(二)教师礼仪的特点

1. 独特性

教师的劳动是用心灵塑造心灵，用人格塑造人格，这样的专业劳动是极具特殊性的，包括高度的责任心和复杂的创造性、示范性、广泛性和连续性、个体劳动和整体协调劳动、长期性和迟效性、社会性。这些特点反映了教师专业的特殊性，也要求教师必须有着不同于其他社会成员所具有的行为方式、语言规范和礼仪风度。

2. 整体性

教师礼仪体现了三个统一，即教师内在修养与外在规范的统一；教师自尊与敬人的统一；教师文化、教学艺术和学生审美的统一。

3. 率先性

正如《荀子》所说："无师，吾安知礼之为是也?"教师的知"礼"、懂"礼"、行"礼"需在其他社会成员之前，教师要在礼仪方面成为率先垂范，这样才能教"礼"，才能更好地引导人们遵守礼仪规范。

4. 示范性

示范性是教师礼仪的一个重要特点，是由教师职业所处的社会地位和作用的特殊性所决定的。良好的教师礼仪形象，是一种无形的潜在的教育力量，不仅对学生来说起着示范作用，而且对整个社会具有示范作用，会影响和推动整个社会风气的好转和公民道德建设。

5. 深远性

教师礼仪所产生的影响不仅全面地贯穿于学生整个受教育过程的始终，而且会影响学生的一生。这直接关系到整个中华民族思想道德素质的提高。一个连教师也不讲礼仪的国家，是没有未来和希望的。

（三）教师礼仪的作用

1. 有助于提升教师的和谐交往能力

新一轮课程改革要求教师的关注视野和工作方式发生变化，要求教师不仅关注学生的知识与技能、过程与方法，还要关注学生的情感和态度；要求教师加强教师之间、教师与家长间、教师与教育管理者之间的合作，形成教育合力。这就意味着教师掌握的相关教育知识和技巧不仅要以知识形态来呈现，还要以行为的方式来表现，而教师行为方式的合适与否离不开教师礼仪。所以，教师礼仪在一定程度上影响教师和谐交往能力。一个学生在作文中写道："前几天，班里发生了一件事。W老师正在上课，突然有人敲门，是一位家长说因家中有事要找某某学生。W老师面带微笑，却很干脆地说：'有事等下课以后再说。'这本来也没什么。但W老师转身关上门以后，说道：'Rubbish（无聊、胡话）!'然后大谈特谈他怎么烦别人在他上课时打扰他，这是多么没有礼貌的行为。本来那位同学对打断教师上课心存歉意，可是听了老师的这些话以后，不仅歉意全消，而且不满情绪高涨。其实，不仅是他，W老师在我们全班同学心目中的形象都矮了一截。"如此不得体的、不符合礼仪规范的言行，让学生甚至家长都会很难对其产生信任、尊重的良好情感。只有当教师把尊重、关爱转化为具体的礼仪行为，表现在教学以及与学生交往的过程中时，沟通才会顺畅，交往才能和谐。

2. 有助于提升教师教学能量

现代教育心理学的理论认为，只有在教育者与被教育者双方心理需要相"吻合"、"心理交流"相沟通，即在"心理相容"的条件下，才能达到教育的目标。教师遵守礼仪规范能有效地使学生在心理上产生一种被尊重、被理解的良好情感体验，使教育者与被教育者的关系，变成一种师生间带有心理亲和力的友谊交往，从而建立起一种以人格地位平等为前提的新型师生关系，这可以激发学生的学习积极性和参与课堂活动的热情。反之，必然抵消教育的效果。一个学生在作文里写道说："今天王老师走进教室时一脸疲惫的神情，上课的时候一直靠着讲台，感觉很累。不知怎么的，我心里顿时也泄了劲。"积极体态语是教师礼仪的一部分，而这位老师的消极体态语给教学带来了负面影响。此外，良好的教师礼仪，寓教育教学于美的享受中，通过丰富的知识、美的语言、美的情境、美的形象使学生感受到美，从而更容易对教师产生认同感，使教育教学获得成功。

3. 有助于增强教师行为的道德示范性

"亲其师，信其道。"一个具有良好礼仪形象的教师会得到学生更多的理解、尊敬和信任，这样学生才能敞开心灵大门，愿意接受教师的教导，听取教师的见解，把教师所倡导的价值观念、道德标准接受下来，并转化为自己成长、发展需要的内在信念和意志，用以指导自己的行为。因此，教师礼仪具有潜移默化的道德教育功能。教师的一言一行所传递的思想、性格、品德对学生有熏陶与感染作用，教师的行事作风对学生的才识品学、素质风格甚至集体面貌都会产生深刻影响。教师进取心强，受其熏陶，学生也会充满积极进取的精神；教师对人诚恳，作风民主、和蔼可亲，能听取学生意见，学生中也会充满团结向上的气氛；教师兴趣广泛，多才多艺，学生也会重视自己兴趣、爱好的培养，特长的发展。苏联教育家马卡连柯认为，教育者对被教育者的作用"首先是教师品格的熏陶，行为的教育，然后是专门知识和技能的训练"，礼仪恰恰是教师把这种"首先"和"然后"连接在一起的桥梁和纽带。

4. 有助于提升教师人格魅力

教师作为人类文化、文明的传承者和发扬者，作为人类灵魂的塑造者，礼仪素养是其人格形象、人格魅力的重要一环。大方的仪表、和蔼的态度、得体的谈吐、优雅的举止，能够提升教师的人格魅力。这是一种巨大的教育力量，可以形成强大的向心力和凝聚力，使学生乐意亲近，并视其为楷模，从而形成强大的向师性，这种向师性对塑造学生健康高尚的人格具有积极意义，会对学生心灵的塑造深刻且久远。

三、教师礼仪分类

礼仪根据不同角度有不同的分类，我们选择礼仪要素的角度来进行区分。教师礼仪有三要素：语言、仪容服饰、行为表情。据此，教师礼仪可以分为三大类：言谈礼仪、仪表礼仪和举止礼仪。由于本书第五章"教师教学口语表达技能"和本章前两节关于教师非言语信息运用技能的阐述中，分别对于言谈礼仪和举止礼仪有大量涉及，因此，这里我们只重点谈一下教师的仪表礼仪。

1. 仪容礼仪

人们常说，"不可以貌取人"。而实际上，如果将"貌"不是解释为"长相"而是解释为"仪容"的话，那么在人际交往的过程中，人们通常都会不由自主根据对方的"貌"来判断其内在修养的，于是"以貌取人"就有了存在的合理性。就个人整体形象而言，仪容是仪表至关重要的环节，反映着一个人的精神面貌、朝气和活力，是传达给接触对象感官最直接、最生动的第一信息。

对教师仪容的基本要求如下：

头发。"要保持自己美好形象，请从头开始；要给人留下美好印象，请注意时常修饰头发。"整洁、得体的发型能够给学生留下神清气爽的美感，反之，蓬头垢面会使学生产生萎靡邋遢的反感。因此，不论是男教师还是女教师都要做到发型大方，不怪异，长短适中，头发干净整洁，无汗味、无头屑。

面容。面容是最引人注目之处，保持清洁是对教师面部最基本的要求。男教师不得蓄须，鼻毛应经常修剪，以不长出鼻孔为准；女教师可简单化妆，但切忌浓妆艳抹，工作妆一定要自然、优雅，整体协调。因为适当的妆容可以增添自信、缓解压力，也是对对方的一种礼貌，但是如果过分修饰就会给人不稳重、不专业的感觉。

2. 服装礼仪

服装被视为人的"第二肌肤"，正如莎士比亚所说："服装往往可以表现人格。"孔子也说："人不可以不饰，不饰无貌，无貌不敬，不敬无礼，无礼不立。"教师遵守服装礼仪是人际交往取得成功的前提之一，也是教师职业道德、职业规范的一部分。教师的职业服装，应显出整洁、大方、庄重、得体的特征，要穿出教师的职业形象和文化品位。

对于教师服装的基本要求如下：

简单大方。线条、款式要简洁，颜色要协调。教师服装切忌色彩混杂和样式、图案、花纹变化繁复。教师不是时装模特儿，不需要向学生展示时装的魅力，如果过于追求奇装异服、时髦华丽，衣服颜色太鲜艳、刺眼，势必喧宾夺主，分散学生的注意力，干扰学生的学习，甚至可能会成为学生议论的话题。这样会影响到教学效果以及教师良好个人形象的树立，造成适得其反的效果。

干净整洁。教师的衣服不论质量好坏，新旧如何，是否高档名牌，都要做到妥帖、端正，衣服要洗干净，每粒扣子都要扣好。这样，即使衣着朴素，款式陈旧，质量一般，仍会给人以优雅、有风度之感，令学生可敬可亲，无形中成为学生的榜样。

庄重得体。教师着装需应时、应地，在工作场合一定要衣着庄重，切忌着热裤、超短裙、背心等或过于暴露、或过于随意的服装出现在课堂上。

3. 配饰礼仪

配饰语言是利用随身携带的小饰物来显示个人身份、性情、品位等的一种物体语言形式。配饰有多种，如耳环、戒指、手表、手镯、帽子、围巾、领带、腰带、皮包等。教师佩戴饰物必须符合职业礼仪规范和佩戴原则，以达到丰富魅力、展示高雅、塑造良好个人形象的效果。教师佩戴饰物应遵循的原则如下：

数量原则。戴首饰时，数量上以少为佳。男教师只适宜戴结婚戒指，女教师可以佩戴多种首饰，但公共场合首饰不宜超过三件，且场合越正规，佩戴的首饰件数应当越少。

精致原则。教师所戴饰物应尽量争取采用同材质，且教师应在能力所及范围内，尽量选择质地好、做工佳的饰品。

简洁原则。教师配饰应尽量简洁大方，不宜过于华丽夸张。比如大的珠宝首饰，教师就不宜佩戴。

搭配原则。教师配饰应尽量与服装款式、颜色等相协调。

习俗原则。要懂得各种饰品佩戴的寓意，避免尴尬。比如按惯例戒指戴在无名指上表示已婚，戴在小指表示独身主义，戴在食指表示独身且觅偶，戴在中指表示正在热恋。那么教师在戴戒指时，就不能随意乱戴。

【复习与思考】

1. 非言语信息有哪几种类型？

2. 非言语信息由哪些特点和功能？

3. 有人认为体态语只起到辅助表达的作用，根本没有学习和规范的必要。请就此观点，发表你的意见。

4. "一流教师用眼神，二流教师用语言，三流教师用惩罚。"谈谈你对这句话的理解。

【拓展学习】

1. 宋昭勋. 非言语传播学. 上海：复旦大学出版社，2008.

2. 李杰群. 非言语交际概论. 北京：北京大学出版社，2003.

3. 周鹏生. 教师非言语行为研究简论. 北京：民族出版社，2006.

4. 李兴国、田亚丽. 教师礼仪. 上海：华东师范大学出版社，2006.

5. 吕艳芝. 教师礼仪的 99 个细节. 上海：华东师范大学出版社，2010.

6. 李振村. 教师的体态语言. 北京：教育科学出版社，2011.

7. 观看卓别林、李燕杰等优秀演讲家的演讲视频，对他们的态势语进行赏析，说说他们用了哪些态势语，其效果如何。

8. 对着镜子训练以下各种眼神，体会其表达的不同情感并分析其适用的语境。

环视　点视　前视　注视　斜视　瞪视　怒视　漠视　呆视　盯视

9. 对着镜子训练以下各种面部表情，配合有声语言表达：

白日放歌须纵酒，青春作伴好还乡。（喜悦）

你聪明的，告诉我，我们的日子为什么一去不复返呢？（忧伤）

月光如流水一般，静静地泻在这一片叶子和花上。（平静）

卑鄙是卑鄙者的通行证，高尚是高尚者的墓志铭。（愤怒）

黑夜给了我黑色的眼睛，我却用它寻找光明！（坚定）

10. 为下面这段话设计相关手势：

中华民族是一个伟大的民族，我们有着上下五千年悠久的历史，有着从古至今一脉相承的血统。如果说，中国现在还是头沉睡的雄狮，那么需要我们每一个人用热情去唤醒，让他咆哮，让他呐喊！如果说，中国现在还是条俯卧的巨龙，那么需要我们每一个人用双手去托起，让他腾飞，让他振兴！

11. 请从座位上或从教室门口走上讲台，站定后说几句话，接着坐下说几句话，然后返回原位。请老师和同学们当场评价你的站姿、坐姿和行姿。

12. 请找一个哑剧小品做模仿练习，或者自己重新创作一个哑剧小品练习，注意完全运用无声语言进行表达。练好后在同学面前表演，请别人说出大致内容，评价态势语表达效果。

第七章　教师教育活动中的语言

【本章重点】

• 教师教育语言存在的问题，教师教育语言运用要注意的几个基本点：真诚、切境、适度和情感

• 教师教育语言优化的三条重要的途径：教师自身素养的优化、教育语境关系的优化和语言媒介运用的优化等

• 从面向个体的教育语言和面向集体的教育语言这两个方面，具体分析了教师语言教育性功能实现的策略

"语言是存在的家，人栖居在语言所筑之家中。"[①]海德格尔(Martin Heidegger)强调了语言对于人存在的重要意义，语言不只是一种表达工具，语言还是人的存在家园，人就存在于语言之中。

语言的重要性在学校教育中得到了同样的体现。语言是教育存在的"居所"，是教育得以进行的先决条件，也是师生交往的重要方式，甚至可以说"没有语言就没有教育"。教师是通过语言去打动学生的理智与心灵的，教师聚集于对语言的拥有之中，教师就是语言的使用者、受益者和创造者。

第一节　教师教育语言的问题及启示

列维·斯特劳斯(claude Levi-strauss)曾说："谁要讨论人，谁就要讨论语言。"教育必须讨论人，教育也就必须讨论语言。

一、教师教育语言问题审思

由于"为人师表"是教师的社会责任，"言传身教"是教育劳动的主要方式，教师语言是遵循一定原则的职业语言，所以，语言的内在品质是教师教育语言

---

① ［德］马丁·海德格尔：《哲学概论》，第 301 页，陈嘉映译，北京，生活·读书·新知三联书店，2005。

的根本问题。

在社会"转型"和教育"转轨"的重要时期，教师的语言品质不适应教师职业要求的矛盾可谓比比皆是。

(一)教师的"语言暴力"现象

随着我国教育事业的发展，各种教育制度和法律、法规的健全，中小学校教育中的各种体罚已逐渐减少。但是，人们发现教育中的另一种形式的"伤害"正变得日益严重，这就是"语言伤害"，人们通常称之为"语言暴力"。语言暴力，主要有两方面的来源：一是老师对学生的，近年来，教师体罚学生的现象大大减少，但采用挖苦讽刺、揭短出丑和威胁恐吓等手段对学生进行"心理惩罚"的现象却呈上升趋势；二是同学之间，比如给别人起绰号、公开别人隐私、嘲笑他人的生理缺陷等。一些青少年教育关爱援助热线发现，每逢期末或开学，总有不少孩子或家长打进电话。其中，教师的"语言暴力"便是他们反映的几个主要问题之一。

我们来看一下几个有代表性的调查数据：

自 2003 年开始，共青团中央、教育部、公安部、全国少工委共同主办了"中国少年儿童平安行动"，并组织了首次新闻调查，29 个省、市、自治区的 1170 名少年儿童参与了投票。调查报告显示，"语言伤害"、"同伴暴力"、"运动伤害"成为小学生心目中最主要的三大校园伤害问题。[①]

2005 年 7～12 月，北京青少年法律援助与研究中心对近 30 所中小学校的 315 名小学、初中、高中学生进行了问卷调研。结果显示，分别有 48％的小学生、36％的初中生和 18％的高中生遭遇过教师的语言暴力。统计发现，51％的小学生、72％的初中生和 39％的高中生认为教师的语言暴力对其造成了心理伤害。[②]

2007 年，江西某市组织"校园'语言暴力'来源调查"。调查显示，有过被"语言暴力"伤害经历的学生占绝大多数。小学生和初中生均超过 80％，从这一数据可以看到："语言暴力"主要集中在小学和初中时期。从"语言暴力"给学生带来的伤害程度看，有 90％以上的学生都表示会造成心理伤害。[③]

调查研究显示，教师的语言伤害，影响了学生的学习兴趣和信心，妨碍了

---

① 郑枫：《三大校园伤害困扰小学生》，载《人民日报》，第 11 版，2004 年 11 月 17 日。

② 邓兴军：《教师语言暴力调研报告》，见青少年维权网(http://www.chinachild.org)研究中心频道，2011 年 10 月 17 日。

③ 唐建勤等：《校园"语言暴力"来源调查及分析报告》，载《南昌高等学报》，2007(2)。

师生的交流与沟通，耗散了教育的正面影响力，导致了学生不健康人格的形成等。

(二)教师不良语言的类型分析

"语言暴力"中那些不良语言常见的类型有以下几种：

1. 挖苦讽刺型

如果我们对学生采用挖苦讽刺的教育方式，那么，很可能会使学生的心灵受到伤害，而"心病"是很难治愈的。

参考案例

一次期中考试，一位女生考了倒数第一。成绩公布后，她伤心得一天没到学校上学。第二天，她红肿着眼睛走进教室。班主任老师一见到她，就当着全班同学的面挖苦说："怎么，老是给全班争光，觉得不好意思，是吧！没关系，脸上擦粉擦得厚一点就行了。""居然考出这种分数来，我真佩服你，要是我早买块豆腐撞死算了！""牛我三天都教会了，你看看，我教了你几遍了。"

老师的这些言语无疑是用了一种消极的非正面的语言表达方式向学生传达了一种信息"你不行"、"你真笨"、"你是无可救药的"等。这种讽刺的评价只能是加深学生的自卑感并导致其对学习、对老师失去信心，这难道是教育的初衷吗？自暴自弃的学生往往容易在主观上，采取放任甚至放大自己不良行为的方式来拒绝和抵制外界的教育与帮助。如果一个人对自己的前途都失去了信心，那么，他将会失去一切！所以，有人说人心灵上的一道皱纹比眼角上的十道鱼尾纹还要衰老。

2. 威胁恐吓型

有些"施暴者"常用威胁性的话语恐吓施暴对象，尤其是对于一些年纪很小、对语言缺乏判断力的孩子。典型话语是："做不完作业，不许回家"、"你要再不听话，就别在我的班上了"、"你访一访，我教了这么多学生，哪个劣娃我没有收拾下来，你算什么"、"你说不说，再不交代就叫你的父母来"……

如果教师已经习惯于在教育过程中频繁地使用这类威胁性的语言，这就会使学生的心理形成长期的压力，产生担惊受怕的情绪，不敢积极地行动。这很可能会对其生命潜能产生终身的压抑，将来面临单位的上级领导、权势部门等等也会产生精神压力和主观上的害怕情绪，将会严重影响其将来的个人成长和事业发展。

3."移情"失当型

教师的语言是带有感情或情绪色彩的，它会影响或转移学生的情感体验。适时适当的语言会起到很好的组织维序的作用，相反，不适当的语言，会转移学生的注意力，影响学生的情感体验，甚至破坏课堂的教学秩序，进而影响教育教学效果。

参考案例

下午上课的时候，一个学生睡着并打起了呼噜，其他的学生都回头看并捂着嘴笑。老师停下讲课，"××，站起来！今天又咋啦？我真是不想说你！——不想在你身上浪费时间！你今天有啥话可说，啊？""啥！昨晚一夜头疼，没休息好？""你的话鬼才相信！你当我不知道，昨晚又在网吧过的夜吧？'传奇'打到几级了？"

案例中的这位教师本应及时制止，然后继续上课，但他通过"移情"把学生的注意力转移到那个学生那里，还主观臆断："昨晚又在网吧过的夜吧？'传奇'打到几级了？"这无疑是在把学生的思绪转移到了"网吧"和"传奇"上来。可以想象，学生的注意力很长时间也不容易转到他的课上来。

4.预言结论型

在一些教师看来，用语言惩罚不担责任，于是说话便跑调，"你根本不是读书的料"、"你要是考上了，太阳就从西边出来了"、"世界上没有比你再笨的人了"、"我看你早晚进监狱"、"一辈子没有出息"等。如此这般的冷嘲热讽，使学生的心理受到极大的伤害，容易诱发心理疾病，产生心理障碍。

5."训辞"维序型

由于教师本身也存在着各方面的心理压力，在压力面前，教师有时也需要宣泄，他们往往容易失态。这里所说的"训辞"指的是"说教、教训的言辞"，这种课堂维序的语言在教师当中也是非常常见的。然而，这种语言必然会对学生产生消极影响，给学生造成师源性心理伤害。

参考案例

上课的玲声响了，教室里两个学生还在打闹。老师见状，火冒三丈。下面是他的"训辞"："你们俩是聋了，还是瞎了？上了这么多年的学，连这点规矩都不懂？张三，昨天上自习课说话的事儿，我还没找你算账，你看你又捣乱！我可告诉你，今天下午你必须把家长叫来，让他看看你这次期中考试考的倒数第几名，看看你天天在学校干的什么'好事'！上课铃响这么长时间了，还在闹？""下午，如果你叫不来家长，就别想上课！你俩，先给我站到后边听课去！""老师，是他先打我的。况且，我没听见铃声，不是故意破坏纪律的。请原……""别给我讲恁多理由，我不听！你们俩都不是好东西！"

如此"教训"、"辱骂"和"翻旧账"的语言是教师课堂维持秩序中经常出现的，但这样的教育语言只能伤害学生的自尊心，使学生产生逆反心理和抵触情绪，因此，根本不可能真正组织协调好课堂的秩序状态。好的课堂组织维序语言往往是不露痕迹的，优秀的教师往往是通过善意的暗示和巧妙的提醒，在"润物细无声"中组织和协调好课堂的秩序而不至于喧宾夺主。

6. 出丑揭短型

教师作为一个专业人员，在师生交往中的语言必须具有"专业性"。在校园生活中，教师语言不同于人们的日常生活语言，教师说话、做事不能"率性而为"，教师必须时刻反思：我们说话、为人处世是否恰当、正确，是否是可能的最佳方式。

参考案例

有一名同学，父母离异，一直跟奶奶一起生活。他将自己的家庭作为一个秘密，不愿和同学讲起。可老师总在有意无意提起这件事，让孩子无比烦恼，心灵受到了很大创伤。有一次，老师当着全班同学的面说："某某父母离婚了，大家多帮助一下他。"尽管是出于好意，可孩子觉得自己的隐私被公布于众，很没有脸面。某次孩子犯了错误，老师又拿这件事来说教："没爹没妈养的，怎么一堆坏毛病。"

同一件事，心情好了就以一种怜悯的口气"关心"孩子；心情不好了，又拿孩子的隐私去刺激孩子，这些都是违背教育的本质的，因此，教师要做一个"自觉"的专业人员，让孩子生长在一个健康的语言环境中。正如教育家诺尔特所言：如果孩子生活在批评里，他将学到罪恶感；如果孩子生活在鼓励里，他将学会自信；如果孩子生活在公平里，他将学会公平。我们也可以说，如果孩子生活在"善意"的语言里，他将学会过一种"向善"的道德生活。

(三)教师不良语言的消极影响

在大量对于教师伤害性的语言所造成的后果的分析中，人们关注最多的是教师的这种"语言暴力"所违反的法律、法规、对学生的学业成绩造成的不良影响、给学生心理带来的伤害等，却很少考虑到教师的不良语言也会给学生的道德发展带来消极影响，给学校的道德教育造成困境。

1. 影响学生形成良好的自我概念(self-concept)

处于发展形成中的自我概念容易受他人尤其是成人权威如教师的影响，教师的伤害性语言易导致学生形成消极的自我概念。

参考案例

我国台湾著名的作家三毛就是一个典型的例子。三毛少年时因为数学成绩不好，被教师多次责骂，敏感而自尊的她因此而患上了自闭症，在自己的房间里一待就是七年，从此也不愿意去学校上学。直到成年后，三毛回忆起这段时光还是心有余悸。

心理学研究表明，童年时期的主要社会性发展结果是形成积极的自我意识。自我意识与自尊的建立常受到环境中的重要人物的评价反馈的影响，而一个常常被教师批评的学生长期处于一种不安全的心理气氛和紧张的情绪状态之中，就会感到不适应、被拒绝、不被爱，从而造成低自尊。一旦学生的自尊被损害，"自我形象"被破坏，他们对自我的期望也就会很低，以致很少产生利他行为，更谈不上过一种道德的生活了。而且，教师长期的语言伤害会导致学生产生一种"退缩性人格"，即孩子在高压下往往回避问题，逃避现实，不敢与人正常交流和交往，容易形成内向、封闭、自卑、多疑等人格特征。更为严重的是当教师的言语行为与学校宣扬的道德观念不一致时，处在这种左右为难之中的孩子，他的行为一贯性和自我同一性就得不到健康地生长，他就很可能成长为一个易变的道德虚无者！

2. 消极的榜样示范

心理学研究表明，榜样认同是道德认同的最典型类型。榜样的示范（demonstration）对模仿具有一定的作用，不管这种"示范"是道德的还是不道德的。心理学家班杜拉（A. Bandura）的大量实验已经表明，教师的榜样作用在学生的社会学习和道德发展中有重要作用。耐心、亲切、体谅和充满爱心的教师往往是学生仰慕、模仿的对象。出言粗暴、蔑视学生尊严的教师经常会受到学生或明或暗抵制。

参考案例

1999年曾发生过一起耸人听闻的学生杀老师事件，起因就是老师用过激的言辞。某厂子弟学校的初三学生A，平时性格内向，虽然成绩较差但从不惹是生非。其父亲是厂里的炊事员，母亲在厂里打扫卫生。有一次，上课时物理老师让学生A到黑板前做习题，学生A迟迟未能完成，老师无法克制急躁的情绪，当着全班同学的面说他："爹妈生了你这个不中用的儿子，不争气，长大只能去做馒头。"这句话深深地刺伤了学生A，从那时候起他便萌发了要报复物理老师的念头。不久之后，他偷偷拿走了物理老师遗忘在讲台上的家门钥匙，伺机残忍地杀害了这位老师和她的女儿。①

在这个案例中，老师粗暴的语言不仅对学生A带来了伤害以及由此带来的恶果，而且还在全班同学面前做出了不好的示范——不尊重别人，这给其他学生带来很坏的消极影响。无数的实践表明，如果教师在学生心中有一个好的

---

① 陆少明：《反思教师的语言暴力》，载《思想理论教育》，2007(2)。

形象，即有一个积极的光环，学生就乐意接近老师、信任老师，那么，老师对学生的教育就能起到事半功倍的效果；如果老师在学生心目中形象恶劣，那么真正的教育就不可能发生。

3. 破坏学校中良好的人际关系

人就其本质而言是一种关系性的存在。"道德教育从其根本旨归来说是成人（使人成为人）的教育，就其具体目标来说是成就人的德性的教育（德性是人性的自觉，它使人成为人）；道德教育与其他教育一样又总是在人与人的关系中进行的，是一种人对人的活动。"（鲁洁）大量的案例表明，教师对学生的语言伤害使师生关系恶化，不仅如此，教师对某个学生的嘲笑、侮辱性的语言还会被其他学生模仿，这也严重影响了学生之间的亲密关系。

参考案例

有个男生叫"伟智"，他在回答一道简单的问题时竟然答错了。老师说："你再稍微用点脑筋，就可以名副其实地有半个'伟人的智慧'。"全班哄堂大笑。伟智面红耳赤，悄然坐下。从此以后，同学们不客气地嘲笑伟智，他们学习老师的坏榜样，还添油加醋，随兴更改，称呼伟智为"半天才"，或改口叫他"半白痴"等。结果造成伟智无法忍受，最后只好转学。

老师的嘲弄粉碎了学生的自信和自尊，既浇灭了学生的学习热情，同时也引起了学生之间的矛盾关系。被责骂的个体被排斥在学生群体之外，处于一种孤立、封闭和冷漠的状态。久而久之，逐渐就和班集体与老师疏远了。有时，学生为了保护自己避免受到更多的伤害，他们不愿意与别人沟通交流，独来独往，进而形成人际关系的逃避心理。

二、语用原则对教师教育语言的启示

从上面的这些案例所反映的问题来看，掌握语言艺术确实是教师最基本的素质之一。

前面我们对教师语言的一般性表达技巧和表达效果进行过专门的阐述，在这一节中，我们将借鉴语用学的相关理论，对教师语言具有指导意义的语用原则等进行分析。这有利于我们更全面、深入地揭示教师语言的职业特征及其真实面貌，有助于教师掌握教师语言运用的某些特点，为掌握教师语言这门艺术奠定基础。

现代语用学研究发现语言的使用受到一系列因素的制约，语言表达的过程不是随心所欲的，而是必须讲究一定的原则，如条件原则、诚意原则、情景语境原则、合作原则、心理原则等，这些原则为教师教育语言的表达提供了启示。

（一）真诚是教育语言的灵魂

奥斯汀（J. Austin，1962）指出"言语行为"理论中的三个基本条件是：第一，说话者必须具备实施某一行为的条件；第二，说话人对自己要实施的行为必须有诚意；第三，说话人不能对自己说的话反悔。第一条表明言语行为者必须具备一定的条件，才能够实施某一言语行为，这便是言语交际中的条件原则。根据此原则，就要求说话者要具备实施"教师语言"的权利，也就是说教师所说的话必须要符合教师自己的身份，教师所使用的语言需在教师特有的权利和职责范围之内，超出了这一范围即为无效的话语。第二条和第三条在本质上相似，他们都表明说话者必须要有诚意，体现了语言过程中的诚意原则，人与人之间的所有关系依赖于言语表达的诚实性。如果言语不具备诚实性，人与人之间的言语交际失去了最起码的信任，言语就会失去它应有的效用，它也就无法起到组织社会的作用了。

女作家铁凝写过一篇故事《一千张糖纸》，故事描述了表姑对两个天真幼稚的女孩的欺骗，竟使一个天真的孩童受到最深重的伤害。以致在长大后见了"欺骗"而联想到的代名词竟然是"表姑"。可见真诚是一种使人感到可信赖的语言品质，所以，教师的语言要朴实诚恳，以事实为根据，讲真心话，决不因主观意愿而否定客观事实。教师应言出必行，决不出尔反尔，这样才能在学生中建立起自己的威信。

（二）切境是教育语言的契机

弗斯（J. R. Firth）曾指出会话大致上是一种被规范的言语定式，当你被置于一定的情景语境中时，你就不能畅所欲言了，所以会话者在会话过程中必须考虑到情景语境原则。

情景语境原则要求言语行为应根据情景语境的不同而做出调整。话语不仅要语法正确，更重要的是要与语境相符。语境，简单地说就是言语交际的环境，它是语用学研究的核心问题之一。指话语说出的前因后果、说话的对象、说话的时间、说话的地点、说话人和听话人之间的关系、双方共同的背景知识等。教育语言是在特定的语境中运用的，必然受到特定语境的制约和推动。如果教师懂得有意识地运用语境具有的规定性功能和创造性功能，发挥它的背景作用、情感作用、教育作用等，就能最大限度地提高语言交际效益。

语言交流受特定场合的影响和制约。因此，教师要力求语言内容和表达形式同所在场合的氛围相协调。有经验的教师知道，不同的语言环境和气氛说出的话会产生不同的效果，如不宜在人多或比较复杂的地方谈比较严重的问题，而应在室内交谈（如在办公室）；在对个别学生做思想工作时，则可在室外交谈，如共同散步边走边谈，或找个僻静的地方谈，等等。

参考案例

在电视剧《十六岁的花季》中，有一个班主任老师和早恋女生谈话的场面——一个春雨潇潇的日子，老师和女孩合撑一把伞，并肩漫步在绿树成荫、曲折幽静的校园小径上，用十分亲切动人的语调告诫女孩：刚刚起航的小船，不应该过早地靠岸……

这里，教师的谈话切合语境，使之发挥了调节学生心理、情绪和丰富谈话内涵的积极作用。

另外，教师还要善于抓住与学生谈话的关键时刻：有些谈话必须在事发之时就进行，否则时过境迁，失去良机，效果就不同；而有些谈话需在事实真相和是非完全弄清楚了，教育对象的火气已消失、头脑比较冷静了，被谈话人已有了思想准备、情绪缓和了之后进行。

参考案例

一位老师语文课教《游园不值》一诗，忽然一位迟到学生"砰"的一声推门而入，径直入座。老师见状，立即就诗问道：诗人拜访朋友为什么要"小扣柴门"而不"猛扣"呢？学生们议论开了，有的学生回答因为诗人知书达理，有教养、懂礼貌。教师于是走到迟到学生身旁弯腰轻轻问道："你说大家说得对吗？你赞成'小扣'还是'猛扣'？"这位同学脸红了，大家也在笑声中受到了教育和感化。

把握运用语言的契机，也是教育语言艺术的一种表现。在对学生进行教育时，教师应根据学生学习的实际情况，灵活机动地运用教育语言，按计划进行的同时注意观察学生的反应。

参考案例

一次比赛之后，原来期望夺冠的某班居然一败涂地。班主任来上语文课，望着同学们愤愤不平的脸，什么都懂了。他立即转身在黑板上写了一行大字："比赛中最难的是——"，学生齐叫起来："夺冠军！"老师笑了笑摇摇头，再一次转身在黑板上写了几个更大的字："做一个有风度的失败者。"

学生们会意大笑起来，情绪疏导了，思想境界提升了，语文课在轻松活泼的气氛中进行着。老师抓住契机、及时疏导、欲擒故纵，及时而充分地发挥了语境的功能。

（三）适度是教育语言的关键

格赖茨在对会话进行考察之后认为，会话受到一定条件的制约，人们的交谈为了不至于成为一连串不连贯的胡言乱语，会话双方（或多方）需要共同朝一个目的(或一组目的)互相配合地做出努力。这些讲究就是会话双方(或多方)需要遵守的原则,格赖斯称之为"合作原则",它是言语交际过程中必须遵循的原则之一。合作原则对教育语言表达的一个主要启示在于语言表达的适度,因为,它直接影响着教师言语行为的效果,以不同的方式表达就会产生不同的效果,适当的表达方式有利于交往的顺利进行,不适当的方式则会阻碍语言的交流。

我们来看一个案例:

现在的中学生大多数都有手机,即使学校禁止学生带手机到学校,可还是会有同学违反规定,把手机带到学校,甚至课上不认真听课,摆弄手机的情况,下面是教师遇到这个问题时不同类型的表述:

(1)"有些同学上课玩手机,这是对自己不负责任的做法,也影响了周围的同学。"

(2)"全班同学在上课时间全都不准玩手机。"

(3)"如果以后再发现有同学把手机带到学校来,你的手机就由我暂时保管。"

(4)"我真的不愿意看到同学上课玩手机,这样不但影响自己的学业,也会影响其他同学。"

(5)"上课玩手机,一律被没收。"

上述的言语行为分别为阐述类、指令类、承诺类、表达类、宣告类。在这五种言语行为中,阐述类、指令类和表达类型能够明确地表达出了教师的要求,所以学生能较好地理解教师话语的意图,取得良好的认知效果;承诺类和宣告类,学生对其接纳程度较低。就情感体验方面而言,因为表达类行为表达了教师的关切,学生可以切实地感受到,学生因此产生了积极、愉悦的情绪体验。承诺类与宣告类则使学生感受到的是教师的责备、批评,因此容易引起消极的、抵制的情绪体验。就学生对这五种言语行为所可能产生的有效性行为来看,学生接受表达类、阐述类和指令类后,能够听从教师的意图、采取行动的可能性较高,而对于承诺和宣告,学生行动的可能性较低。由此可见,不同类型的言语行为所产生的取效性行为都各不相同,选择恰当的言语行为类型,有助于教师与学生间畅通地交流,增进师生之间的相互理解与信任,促进师生间的交往。

把握好教育语言的尺度和火候,是影响教育效果的关键之一。适度,就是教师在运用教育语言时要有角色感、是非感和分寸感。

教师在与学生交往中要对自己的角色和身份始终保持清醒的认识,不能随心所欲、信口开河。一位老师在教动物时让学生对猴子进行描述。当一学生说"猴子头上长着两只耳朵"时，老师立即打断他的话反问道："你也长着两只耳朵，你也是猴子了?"全班同学于是哄堂大笑。这位老师就没有作为教育者的角色感。

作为教师，要有客观的认知标准，这就是是非感。一位教师上课时看到一个平时学习不认真的男生趴在桌上，就说："他真懒，只要一拿起书就睡觉。"几天后，一个他比较喜欢、成绩也比较好的女生也打瞌睡了，他说："她学习很认真，就是打瞌睡也还拿着课本。"之后，同学们都觉得这位老师偏心眼，没有是非标准。这样的教育语言当然也不会有什么教育效果了。

教育语言还要注意分寸和火候。一个学生回答完问题，老师称赞说："你回答出了最有代表性的特点，还有吗?"这是适度的，既有肯定，又很中肯，学生很乐意接受。如果说："你真棒，回答得真好，别的同学还可以再补充。"这就失度了，听者会感到不舒服，这样失度的赞语当然达不到预期的效果。

(四)情感是教育语言的力量

加里宁(Kalinin)说过："语言是表达思想的工具。"言语行为在本质上是一个心理过程，人的言语行为和人的心理或思维状态相互作用：一方面人的心理或思维状态决定了人的言语行为；另一方面人的语言同样会对人的心理或思维产生反作用。在言语行为过程中，说话者的心理和情感状态决定了话语的感染力和亲切感，从而反作用于听话人的心理、情感和思维活动。因此，交谈过程中教师应充分考虑到师生双方或多方的心理和情感等因素，遵循一定的心理原则。

根据此原则，首先，教师在课堂上应保持良好的心理状态和愉悦的情感，这样才能使自己的语言富有感染力和亲切感，容易被学生接受。其次，教师要了解学生的内心世界和心理活动，讲话时应尽量站在学生的立场，从学生的角度考虑，说话时随时流露出对学生的关心与爱护。再次，教师要尊重学生人格、尊重学生受教育权利。在此基础上，才能达到语言平和，避免激烈，有说服力和亲和力。最后，教师的语言还要言中有情。所谓言中有情，就是主体语言要融情于理、以理服人，注意语言的亲切感，说话要将心比心。

参考案例

一个孩子穿了一件漂亮的新衣服参加班级大扫除，弄脏了，难过得哭起来。教师甲说："衣服脏洗一洗就干净了，有啥好哭的!"孩子哭得更厉害了。教师乙走过来，摸摸她的脑袋，俯身帖耳轻轻说："你衣服脏了，心灵美了。"孩子立刻破涕为笑。

这里，教师乙首先用"走"、"摸"、"俯"、"帖"一连串态势语缩短了师生间的情感落差，建立了情感互动的氛围。然后运用情感疏导原则，提升孩子情感体验的层次，使孩子得到心灵的满足。

成功时的一句赞扬，能使学生迸发继续探求的欲望；困难时的一句鼓励，可使学生产生自强不息的信心。教师的语言应不时地沟通着师生之间的心理，从而成为彼此间心与心交流的桥梁。所以，在心理原则的指导下，教师的语言要亲切，富有情感。

没有爱和对他人的生命关怀，就不会发生心灵的交流和相遇。正如苏霍姆林斯基所言，"教师的言语是一种什么也代替不了的影响学生心灵的工具。"语言是师生存在的证明，教育得以进行的先决条件即是：教师运用语言向学生传递人类文化、发展学生的身心，从而促进学生的全面发展。正是由于教师语言在教育中所处的重要地位，在师生交往中，教师要以饱含爱的语言温暖和感化学生的心灵，才能对学生的发展产生积极影响。

第二节　教师教育语言优化的方式

传播一词译自英语 communication，源自拉丁语 commu-nis。它是一个多义词，有传播、交流、沟通、交往、传染、交通等意。传播是人类交流信息的一种社会行为，是人与人之间，人与他们所属的群体、组织和社会之间，通过有意义的符号所进行的信息传递、接收与反馈的行为的总称。

美国著名政治学家拉斯韦尔是最早对政治传播进行系统分析的学者，1942年发表的《传播在社会中的结构与功能》一文，被誉为经典著作。文中提出了"五 W"传播模式，概括了传播研究的范围、基本内容和方向。著名的"拉斯韦尔传播模式"不但强调传播方，更重要的是强调从受传方来考虑传播的效果，同时提出用最佳的方法和途径追求最佳的传播效果。实际上，拉斯韦尔正是从传播学的角度来强调语言交流是一个双向的参与过程。

把传播理论引入教师语言的分析中，有助于我们正确认识教师语言交流的特点，从而使教师在改善教育语言方面有所启发。"拉斯韦尔传播模式"对教师语言传播的启示是：在教师语言传播过程中，主体传播者(教师)要注重从客体受传者(学生)来考虑教育传播的效果；传播内容(教育内容)都是明确的，已知的条件，而真正需要解决的是采用什么途径(手段或载体)、方法(技巧)以及达到的效果。

教师的教育活动是一种传播行为，教师语言传播并不是一帆风顺的，在传播的过程中，会受到各种因素的干扰，影响教师语言传播效果的因素比较复杂，归纳起来主要有这样三个方面：教师自身因素、语境关系因素和语言媒体因素。了解这些情况，有助于我们更好地避免其负面因素，从而实现有效的语言传播。

具体地说，教师可以从以下几方面着手：

一、教师语言素养的优化

(一)教师专业素养的提高

教师专业素养提高的方式主要有两个方面：外源性知识学习和内源性实践反思。外源性知识学习重视专业化的客观知识和技能的学习在教师专业程度提高过程中的作用；内源性实践反思则将教师专业素养的提高理解为教师内在经验的改造与生长。

具体来说，影响教师运用教育语言的因素有知识阅历、思维品质、情绪情感三方面。教师语言表达不是简单地说话，而是教师文化知识、教育技巧的综合反映。知识渊博的老师和只会大声训斥的老师对学生进行说服教育，二者的效果是可想而知的。因此，教师应在内功上做文章，使自己的语言表达收到最好的传播效果。

人们常说，有什么样思想的教师就培养什么样的学生。教师的思想是语言的基础，教师必须加强自己的思想修养。一位教师如果具备了坚实的思想基础，他的语言艺术就能更完美，就能更充分地发挥作用。思维品质不同，情感、意思表达也不同。

参考案例

三个工人在砌墙，有人过来问："你们在干什么？"第一个人没好气地说："没看见吗？砌墙。"第二个人抬头笑了笑，说："我们在盖一座高楼。"第三个人笑得更灿烂："我们正在建设一个新城市。"第三个人后来成了前面两个人的老板。

可见，一个人把工作价值看得越高，由此激发的动机就越强，在工作中焕发的内部力量就越大。因此，一旦教师的语言表达中实现了从"角色话语"向"自我话语"的质变，成为完全没有了"角色扮演"痕迹的思维定势，教师语言的优良品质也就有了思想动机上的基本保证。

情绪和情感是影响表达的另一个重要因素。心理学家纳季拉什维说："当人处于强烈的激昂的情绪时，他很难完成理性的工作。"因此，教师应学会调控自己的情绪和心境，使自己始终精神饱满、情绪乐观而稳定。

参考案例

在课堂上，某同学在读书时睡觉，手里仍拿着书本。某教师发现后，很生气，就大喝一声："上课还睡觉，真不像话！"该同学惊醒后面红耳赤，无地自容，在心理上很反感教师这样做使自己没面子。久而久之，就会造成教师与学生的远距离对抗。教师如换一种角度说："睡觉还拿着书，瞌睡还不忘学习！"从谅解学生出发，学生惊醒后会感激老师的提醒，有助于促进师生关系和谐。

"言为心声"，教师的教育教学语言更是教师面对具体的教育内容和学生实际，经过复杂的心理活动产生的复杂意识的表现，是由教师的职业意识、师德修养和对学生的感情决定的。因此，从根本上看，加强教师的师德修养，不断强化职业意识，增进热爱教育事业、热爱学生的感情，才是提高教师语言的文明性、科学性、规范性的治本之策。

马克思曾做出"语言是思想的直接现实"的著名论断。这些都意在说明贫乏的语言是贫乏思想的反映这个道理。古人说"资之深，则取之左右逢其源"、"腹有诗书气自华"，都说明内部修养乃是教师语言艺术的基础和源泉。所以，有人指出，教师应是杂家。教师的内部修养在质上要求深刻，应是专家、行家里手，在量上要求广博，教师只有把二者结合起来，才能收到"言之有新、言之有情、言之有物"的艺术效果。

总之，"谁要是自己还没有发展、培养和教育好，他就不要去发展、培养和教育别人"。

(二)教育语言机智的修炼

诚如俄国教育家乌申斯基所说："不论教育者怎样地研究了教育学理论，如果他没有教育机智，他就不可成为一个优良的教育实践者。"[①]教育情境中的机智是一种智慧。

教师的教育机智的生成源于对儿童生活的敏感和聆听。教师的教育机智就体现在具体的教育情境中教师如何与儿童相处。教育机智生成的关键在于对儿童的"教育理解"。教师机智的语言能够创造良好的学习气氛、有助于建立友好的师生关系。它能使一个尴尬的时刻变成一个富于教育意义的时机。

参考案例

当语文老师走进教室时，发现讲台上有一堆橘子皮。起初，他愣了一下，

①　[俄]乌申斯基：《人是教育的对象》(上卷)，第28页，郑文樾译，北京，人民教育出版社，1989。

但是随即他就神情轻松地一边把果皮扔进垃圾桶，一边说："敬告那位仁兄，我喜欢剥了皮的橘子，不是没有橘子的果皮。"这位老师机智的语言引起了全班同学的大笑，缓解和释放了教室里紧张的气氛。在接下来轻松的课堂气氛中，这节课的学习也会是愉快而又有效率的。

这位教师没有追查、斥责或集体处罚，没有对这种轻微不当的行为分析来龙去脉，或对意外的事件追根究底。尊重会带来善意的回报，学生会在老师的机智语言中暗自惭愧，再也不好意思捣乱了。此时，这一原本尴尬的时刻也就成了教育学生自律的难得机会。

教育语言需要灵活运用和不断创新，规定出若干条乃至成千上万条"教师规范用语"，也不可能包罗一切情景下都适用的最佳教育用语。列出数十条乃至成千上万条"教师禁语"，也不可能穷尽教师歧视、讽刺、挖苦学生，伤害学生自尊心，影响学生健康成长的所有不良用语。教师的一个眼神、一种表情、一个动作等体态语言，也都会对学生产生或褒或贬，或激励或伤害的作用。而遵循教育规律，真正贯彻科学施教原则，才是提高教师语言水平和教育效能的根本途径。我国中医治病理论有"急则治其标，缓则治其本"，治病须"标本兼治"，以"治本为要"的治疗原则。治标是着手消除症状，治本才是真正的治病。从这个意义上讲，更为重要的治本之策应当是着力加强教师自身修养，努力提高教师的综合素质。

二、语境关系的优化途径

教师语言与日常语言所处的语境不同，因为教师言语行为的发生一般都有着固定的时间、地点、对象，教育语言有着不同于日常语言的特殊的情境。

所谓语境关系，指建立在传播双方相互作用的方式基础上各自对对方行为的一组期望。语境产生于相互作用。精神病学家 R. D. 莱恩（R. D. Laing）认为，对对方体验的推断是交流的基础。交流的过程，也就是相互影响的过程。传播方与受传方相互影响的体验有两个层次，即：直接透视——观察和解释他人的行为；元信息透视——根据对你想象中的他人思想感情的推断，去体验他人的经验。中国人的"将心比心"、"换把椅子"、"从他人的角度去想"的行为模式，就是维持和强化某种语境的感知活动。

因此，莱恩认为，一种语境可由交流者的直接透视和元信息透视来加以限定。一般而言，双方的同时体验越突出，双方的关系就越接近。莱恩进而认为，一种语境的健康与否很大程度上取决于感觉的准确与否。如传播者的体验（元信息透视）与受传者的行为（直接透视）同时发生或相一致，便称为"理解"。

关于"理解"与"被理解"如下所示：

（传者）元信息透视＋（受者）直接透视＝（传者）理解（受者）

（传者）元信息透视＋（受者）元信息透视＝（传者）被（受者）理解

（传者）元信息透视＋（受者）元信息透视＋（传者）直接透视＝（传者）感到被理解

这就提醒我们：在教育中，学生在教师语言表达过程中并不是被动的，教师表达效果如何，主要取决于学生是否明白自己的问题，是否理解了教师的语言。反过来，学生是否能理解教师的语言，又在很大程度上取决于教师对学生理解力的推断是否准确。这也可以说是一种契约关系，这种契约关系对师生双方都有同样的约束力。因此，教师与学生应追求同步体验，达到最优的传播效果。

把教育内容整理成内部语言，再发送为言语者的言语行为与结果，这个过程即是思维的"言语化"过程。显然，这是一种思维的外化过程。教师要使教育内容适合学生接收，就要快速优质地完成从心理到生理、从思维到言语的转换。转换的好坏优劣，将直接影响到教育目标的实现。

传播双方相互交流的同时也在定位相互的关系，双方总是在产生新的期望，推进交流的发展。因此，要注重师生的互相配合，在语言传播中，每一方都力求影响另一方，既是传播者，又是受传者。应该说，在师生关系中，教师更应该发挥主动作用，引导学生积极参与到教育中来，只有师生共同努力才能取得最好的语言传播效果。

（一）悉心倾听

倾听是一种入耳又入心的生命活动。善于倾听的人身上有一种善良的天性和善解人意的特质，这是一种神奇的力量，能超过道德说教的影响力而非常自然地赢得人们对你的尊敬和爱戴。只要你认真地倾听，讲话的人会觉得自己是重要的。处于青春期的青少年渴望别人的关注和认可，而且非常在意别人的评价，他们非常需要倾听，因为倾听本身就是一种关注和认可。

倾听一是无声的语言。在师生交往中，并不是教师的话越多越好，也不是道德说教越多表示教师越重视对学生的道德教育。有时候，教师耐心地聆听学生的真实想法和感受，再进行简短的疏导，反而是一种更有效道德教育方式。倾听就是适当的沉默，不要还没有等到学生说完就喋喋不休。范梅南表达过类似的意思："还有一种给予的沉默，它给孩子认识和成长留下了空间。这种沉默不仅仅是以语言的空缺为特征。相反，它是一种耐心的等待——就在那儿，同时维持着一种期望的、开放的和信任的气氛。"教师的倾听要专注于学生的感受和情绪。

参考案例

7 岁的卢迪忽然放声大哭。老师走过来问他："发生了什么事吗？"卢迪一面点头，一面指着他的新玩具车："轮子被敲掉了。是朱军弄的。"卢迪回答。"我不是故意的。"朱军回答。"卢迪，这是你的新车，是不是？"老师关心地问。"是的。"卢迪回答。"哎呀，难怪！"老师说。卢迪停止哭泣，沉默了片刻后，开口说："算了，我家里还有另外一辆。"危机就此解除。

在这里，教师耐心的倾听学生的感受，适当地疏导学生的情绪。老师省掉了盘问、指责和教训。他没有问卢迪为什么带新车到学校或朱军为什么破坏玩具。取而代之的是，把注意力集中在学生的感受上，耐心地聆听学生的心理体验，给学生的认识和成长留下了空间——卢迪由于伤心的感受被老师认同和接纳而学会了宽容别人，朱军在这件事中也体会到自己的行为给别人带去的悲痛，因被宽容而学会与人相处。

很多时候，沉默是金，然后是倾听；言简意赅才显得权威；教师要学会多听少说；事故横生的时候，不是传授教诲的良好时机；心思不要用在指责，而要用在找出解决办法上；努力对诉苦作出响应，而不是防卫或反驳；避免盘问尴尬的问题；说话要针对的是心灵而不是心意。

（二）迂回表达

如刘勰所言："寄深于浅、寄厚于轻、寄劲于婉、寄直于曲、寄实于虚、寄正于余。"在教育教学中，教师对于教育对象的某些不良习惯和行为如若一味单刀直入、一针见血地加以批评指责，非但达不到预期的教育目的，有时还会激起教育对象的逆反心理；教师如能根据教育教学的具体情境和教育对象的个性灵活运用"迂回"之术，则可使矛盾迎刃而解。"欲求其速，先图其缓。"从表面上看，这种做法似乎是绕了弯儿，但从实际效果看，则是走了"直路"。

"迂回"的核心就是间接性，就是借助中间媒介，或借助对第三者的表扬，或借助褒贬错位的语言，间接地把信息传递给教育对象，以达到预期的教育目的。

1. 借助中间媒介间接表达

这里的中间媒介可以是人，也可以是物。

参考案例

江苏省特级教师瞿兵做一个学生的转化工作，就是借助班务日志这一中间媒介，化"山穷水尽"为"柳暗花明"。下面是他在班务日志的班主任一栏中对该生的评语："××同学并不像一些人说的那样。他关心集体，爱护同学，嫉恶如仇。他犯错误可能是出于一时意气用事。事后，我看得出他内心充满悔恨，这说明他已有改变自己和重塑自己的愿望。我相信他完全可以成为一名优秀的学生，我期待着这一天！"

　　第二天，他把班务日志带到教室，谈了班务日志中反映的几个问题，却避而不谈与该生有关的事。放学时，他留下该生锁门、关窗，故意将班务日志遗忘在讲台上。这样，该生便看到了上面的那段评语。

　　有趣的是，班务日志上的这段话，班主任曾对该生说过好几次，可就是不管用。而同样的话，通过班务日志这一中间媒介间接地"说"出，打动了该生的心灵，他认识到班主任说这些话完全出自真心，于是幡然悔悟，从此判若两人。

　　2. 借助对第三者的表扬间接批评

　　参考案例

　　在语文课上，特级教师斯霞发现有些学生在集体朗读课文时，读着读着，身体渐渐地就伏在桌面上了。于是她一边巡视一边表扬坐姿端正的同学："××同学从开始上课到现在，一直都坐得端端正正。"话音刚落，全班学生刷地一下挺直了腰杆，朗读也变得声情并茂了。

　　斯老师对坐姿端正的学生的表扬，实际上正是对坐姿不正的学生的间接批评，这样即及时、有效地纠正了学生的不良学习习惯和学习态度。

　　3. 借助褒贬错位的语言间接劝导

　　参考案例

　　在作文讲评课上，一位小学特级教师借助褒贬错位的语言，对抄袭作文选上文章的同学进行了委婉含蓄的劝导："××同学这篇文章写得多好哇！你看，先总写小白兔的可爱，再分写动态和静态的小白兔，最后写喜爱它的原因。真想不到××同学的作文进步这么快，思路清晰、中心突出、用词恰当。××同学，你一定下了不少工夫吧？看来只要肯下工夫，就一定能写出好文章来。我小时候可不是这样，光想抄别人的，结果考试的时候，作文总是写不好。后来我看作文选时，特别注意看作者怎么选材、怎么立意、怎么布置层次、怎么遣词造句，然后自己再仿写，慢慢地就把作文写好了。你也是这样做的吧？现在你趁热打铁，再写一种你喜爱的小动物。老师相信，你一定能写好的！"

　　这样的褒贬错位、旁敲侧击，既保护了学生的自尊心，又使学生深刻认识到抄袭的危害，端正了学习态度，树立起写作文的自信心。

　　4. 借助行为暗示

　　参考案例

　　袁老师发现班上有不少学生热衷于互相"打小报告"，决定纠正这种不良风气。一次，又有几个学生到办公室"打小报告"来了："报告老师，您放在讲台上的本子全被弄翻到地上去了！""报告，是××干的！"袁老师回到教室，和颜悦色地看了看神色不安的××同学，说："来，老师帮你把本子拾起来。"那几个打小报告的学生只好跟老师一起动手。拾起本子，老师开口了："同学们，你们这样做很好。××同学打翻了本子，心里着急呀！当同学着急的时候，大家要关心他，帮助他，就像你们刚才做的那样。"

袁老师正是抓住契机，借助"拾本子"这一行为暗示自己对"打小报告"的态度，再以"你们这样做很好"这一褒贬错位的语言施以委婉含蓄的劝导，最后动之以情，晓之以理。从此，班上"打小报告"的风气渐消，团结之风日盛。

（三）语用移情

语用移情就是指语言交际双方设身处地感受和理解对方的心情，站在对方的角度来编码或解码。我们也称之为"共情"或"情感相容"。例如，我们对一个病人说："你要多休息，多喝开水。"对老人常说："多保重，行走要小心"。我们之所以这样说就是站在"病人"、"老人"的角度表达思想和意思。假如我们对一个身强力壮的青年无缘无故地说"要多休息"、"行走要小心"，与此人的状况相悖，听话的人就会觉得奇怪。

同样听话人的移情又是正确理解对方言谈的关键。如，当你听到李四说"张三这人很好"时，你要准确理解此话，必须设想说话人（李四）的心态、意图、品性及跟张三的关系等。这就是说听话人要站在对方的角度去理解其话语的含意。

因此，语用移情包括两种含义：处在对方的位置，设想对方的心态；站在对方的立场表达思想、理解话语。语用移情的几个要点是等同性、合理性、礼貌性和信息性。

1. 等同性

等同性是指说话人把自己看成是听话人中的成员，并在言语中表达或表现出来。这使听话人感到更亲切、更易互相沟通。等同性包括文化习惯等同、身份地位的等同和处境、经历的等同等。

语言应用应尽量站在听话人的角度，把自己放到对方的位置，把自己说成是对方中的成员，或根据对方的身份、地位，像对方一样运用语言。一个有经验的老师在教育学生时，他经常会这样说："我们都是学生，我们应该……"老师已成了学生中的一员，缩短了师生间的距离。说话人根据对方的处境、经历，把自己也说成是在这样的处境或也曾有过同样的经历。我们都有这样的体验：当一个人遇到不顺心时，你想安慰他，最好你说自己也有过同样的经历。

参考案例

学生：我最讨厌语文课了。

教师甲：你怎么能讨厌语文呢？不学好语文还想考大学吗？再说，语文也是学好其他各门学科的工具。

教师乙：是这样吗？老师小时候有一段时间也不喜欢语文。你能说说不喜欢语文课的原因吗？

教师甲的道理也许并不错，主观动机也是好的。但连用了两个反问句造成双方情绪的对立，平等交流的相容心理也就不复存在，交谈陷入僵局。教师乙先用"是这样吗"呼应了对方的情感宣泄，既而用自身的例子沟通对方的心灵。这个例子中体现了交谈中的相容心理，这样双方就等同起来了，对方便会觉得交谈更放松和融洽。

2. 合理性

合理即合乎情理，语用移情要求说话人在对待听话人时，其思维、态度都要替对方着想，为对方的利益考虑，其语言必须合乎情理。要求说话人充分理解，考虑听话人的心态、处境。

参考案例

小张是独生子，父母对他很溺爱，所以他养成了乱花钱的坏习惯，抽烟喝酒买名牌，入校后一个多月就花了三千多元，于是班主任找到了他，对他进行劝告："我知道你是独生子，是父母的命根子，父母对你牵肠挂肚，关心你的喜怒哀乐和进步成长，他们把所有希望寄托在你身上，为了供你上学，他们太难了。据我所知，你爸爸是普通工人，每月工资也不高。妈妈下岗后摆摊卖菜，起早摸黑一个月也只有几百块。他们省吃俭用供你上学，你却胡吃海喝，一个月花掉家里小半年的收入，你对得起他们吗？他们知道你这样能不伤心吗？前些天你爸爸到学校来看你，在这边住了一晚上，他跟你说住招待所的吧？那你知道其实他住哪里的吗？我跟你爸爸谈完话后，他问我附近有没有便宜的宾馆，知道最便宜的地方要78元一晚上之后，他跑到旁边的汽车站待了一整晚。这是我第二天问他才知道的。面对这样的父母，你良心过得去吗？"小张泣不成声，当即表示痛改前非。

在该例中，教师从"亲情"切入，以情动人，用父母的爱和不易，劝诫儿子，唤醒了儿子的良知。教师的字字句句，合情合理，而且都透露着对小张的家庭和他本人的关心，因而得到了小张的认同和接受。

3. 礼貌性

尽量说适合自己身份、适合对方身份的话；尽量多地赞誉、关心对方，让对方多受益；对自己则尽量谦逊，尽量少得意，尽量减少与对方发生分歧。礼貌策略的运用会使听话人感到受尊重，从而达到良好的交际效果。如：老师："大家都喜欢踢足球，打篮球吗?"学生："老师，我们只喜欢踢足球。"学生考虑到对方是自己的老师，尽量避免与老师发生分歧。因而，没说"我们不喜欢打篮球"，这就充分尊重了听话人。

4. 信息性

这一点是为实现第一、二点而提出的句法结构上的处理。它跟谈话的主题、已知信息和未知信息有关。假如，在交谈中如果双方都知道张强和李秀是夫妇，如果论题是张强，则说："张强比李秀大。"反之则说："李秀比张强小。"但当听话人只认识张强或只认识李秀，同样一个意思，要分别改说成"张强比他的妻子大"和"李秀比她的丈夫小"。

(四)适度介入和引导自律

如同"倾听"在师生交往中的重要性一样，教师在处理教育事件时要适度介入。教师语言不是越多越好，而是简洁精要，不要过度介入。否则，教师可能在原可避免的争端、能够化无的小事和可以预防的纷争上浪费时间和精力。

参考案例

12岁的史迪用铅笔刺包博娜。包博娜回头怒目以视，不发一语。这时，史迪马上听到老师的斥责。这件事如果不是老师介入，可能就此了结。然而老师却高声恐吓："史迪，你再做一次，就滚出去，永远不要进我的教室！你捣蛋成性，我已经对你感到厌烦。你真是条害虫!"史迪尴尬地低下头，却使了个眼色给他的死党，他的死党迅速前来搭救："老师怎么可以这样讲话!"鲁斯替抗议，"这样会对我们的心理产生不良的影响。""别耍嘴皮子!"老师大叫："这事跟你无关。""那个人不需要帮助，"鲁斯替回答，"侮辱会造成我们自卑。""闭嘴!"一老师咆哮道，"你不要在那边帮腔造势，我不会上你的当。"吵闹声消散，教室里一片死寂而且充满恶毒的气氛。老师宣布："今天我们要讨论《旧约》语录中记载的仁慈与同情的美德。"老师语毕，全班爆出大笑。老师开始讲解仁慈的特质时，全班立刻静下来。

这位老师做了一连串错误的动作。他介入不必要的调停，使用恐吓的方式，还当众大发雷霆使他显得粗暴无礼，他传授错误的价值观并示范伪善。

学校生活只是学生当前生活中的一部分，并且也只是以后进入社会生活的准备和起点。所以，学校生活对学生道德发展的影响最终要引导学生走向道德上的自律。学校德育是以能培养道德行为主体的自律性的德作为目的，那么，在师生交往中，教师的语言也要尊重学生的自主性，把学生引向道德发展的自律。

参考案例

全班自修期间，凯博到处走动并打扰每个人。"凯博，你随意跑动，别人无法专心念书。"老师说。他停止走动，却撕起纸来并往别人身上丢，"不要打扰别人！"老师说。可是，凯博不理。"凯博，你来决定你要留下来跟我们在一起，还是自行离开。"老师建议。"我要留下来。"凯博回答。几分钟后，凯博趴在地上捏别人。"凯博，我看你已经决定了，"老师说，"你决定离开这里。"凯博抗议。不过，老师还是叫他坐到后面去。下课后，凯博走过来说："老师，对不起。"老师回答："我要的'对不起'是你心里决定要改进。"凯博于是承诺："下午我会改好。"他遵守了诺言。

这个案例或许给老师们处理比较"刺儿头"的学生提供了有价值的参考。在这里，老师利用自己的权威，充分尊重了凯博的自主性和选择性，让他自己做决定是否改进自己错误的行为。当没有做到自己的承诺而受到惩罚时，他也无话可说，并认识到问题的严重性。

总之，在师生交往中，教师要想让自己的语言对学生的道德发展产生积极影响，就要充分尊重学生的自主性和主动性，革除惯用的拒绝性语言，学习使用接纳性的语言。教师永远不要以成人的看法（想当然）否定学生的感受，要认同孩子的亲身体验，尊重孩子的感情、信任孩子向善的意愿和能力。一旦事情出现差错时，要言语简洁果断，就事论事，适当介入，不要对轻微的不当行为分析来龙去脉，或对意外事件追根究底。不能对学生的过往经历或长远未来保持成见。不要抱怨、辱骂，更不要攻击人格。当务之急，是解决眼前的问题，关心学生此时此地是否无恙。

我们不要用我们的标准去要求学生，因为他们的成长需要的是一个过程，老师能做的只是引导他们。还有，每个人都是一个个体，不要一刀切，要尊重差异。

教师与学生的关系首先是作为"人"的相遇、相知，他们各自有着独特的个性和丰富的情感，渴望得到理解、关心、重视，渴望自我价值的实现。而这一切，在很大的程度都要靠教师以睿智的语言来取得。

三、语言媒体本身的优化

语言媒体作为教育教学中最重要的传播媒体，也有自身的局限性，表现为：语言符号比较抽象，常常需要用手势、表情、体态去辅助。口头语言只能在有限的距离内交流，且较瞬即逝，难以保存，不便于长时间地吸引学生的注意。音频信息在传播过程中的各个环节，都可能造成信息的损失。教师所用的词汇水平和描述方法，如果不能和学生的文化水平及记忆范畴相适应，就会造成损失。词不达意也影响传播。传播声音太大或太小，接受者听力有困难或听觉疲劳，注意力不集中或缺乏听觉分析技能，都会影响语言媒体传播的意义。因此我们可以说，语言媒体又是最具有中间消耗意义的媒体，特别是在集体教育中对某一个学生来说更是这样。

教师语言除了具有人类语言艺术的共性外，还具有教师语言艺术的特殊性。教师如何跟学生和睦相处？如何取得学生的合作？如何唤起学生的自尊、自信，激发其学习动力？这里我们要对教师教育语言的词汇、句法、语态等语言现象进行必要的分析和探讨。

（一）词语运用的优化

教师教育语言运用过程中，其用词在具有针对性、准确性的同时，要充分考虑学生的心理承受力及可接受程度，从而达到良好的教育效果。考察教师的语言，我们认为其语言在用词方面至少有如下几个特点：

1. 尽量避免带倾向性的词

带倾向性的词语往往表明一个人的观点、意志。如果教师在跟学生谈话时，多用了带有倾向性的词，容易表现出对学生的态度、看法，不利于对学生的教育。后进的学生可能会因教师有倾向性的批评而更自卑、更失去信心，而先进的学生则可能因老师有倾向性的表扬而自满，这都造成了教育的被动。

参考案例

有位高一的女生，在期末考试后，把全班的试卷都销毁了，这震惊了全校，班主任极其气愤，可冷静后他跟那位学生有这样的几句谈话："这本卷子我找了好几天。啊，好在分数已登记过了。不过你怎么把我的卷子弄没了呢？"

老师很轻松地说"我找了好几天"、"弄没了"这些不带任何倾向性的词以代替"你怎么偷了我的卷子"、"怎么毁了"之类的话，同时教师根据信息策略，把第一句本可说"你"的话题变成了"我"，减轻了学生的责任。这给学生留了面子，更有利于开导。据统计 98% 以上的教师主张用非倾向性的词，100% 的学生不愿听到有倾向性的批评。

2. 尽量多用褒义词，少用贬义词

在教育过程中，要尽量保护学生的上进心和自尊心，尽量激发学生的求知欲与学习的兴趣、动力。因此，我们认为教师必须坚持以鼓励、表扬为主的教育原则，多从正面讲清道理，在用词表达上尽量采用褒义词，甚至对学生的缺点、错误也应尽可能尊重学生的心理，采用委婉的方式进行指导。

参考案例

对学生刘向明等成立的科学小组，王教授对他们说："你们这是异想天开！"一个"异想天开"对刘等是致命打击，十分消沉。可另一位热爱青年的教授了解后，对他们说："异想天开有什么不好？科学工作就得异想天开嘛！所谓异想天开无非是要求人们要有丰富的幻想，破除迷信，不要人云亦云。"学生们听后十分兴奋。

3. 尽量多用表达希望、祝愿的词语

一个忠诚党的教育事业的教师，必然热爱学生，一个热爱学生的教师，必然在语言中处处表现出对学生的关心与期望。其中一种表现形式是常常使用希望、祝愿的词语表示对学生的信任与期待，如"希望"、"但愿"等，而表达对学生有益的意见时，则可以用"我想"。有一种"希望"是一般性的表达教师的愿望、期待的，如"希望你们有新的进步、新的团结"，"祝愿你能成为品学兼优的学生"，而另一种希望，其内容正是学生存在的不足，是教师批评、引导学生的委婉形式。

4. 移情影响人称代词的使用

教师的语言中采用必要的变换人称或称呼的方式，尽量遵循移情中的等同策略，可使师生间的感情更接近、更亲切，对于增强教师语言的感染力有不可忽视的作用。我们最常见的替换方式是："我们"、"咱们"代替"你们"、"同学们"或"大家"代替"你们"；"老师"代替"我"等。

以下是两位老师在课堂上的引导语：

一位老师说："现在我要大家拿出课本来，翻到第×页。我不想听到任何的讲话声！你们首先阅读第×课的说明，然后在阅读的基础上完成列出来的问题……"

另一位老师说："同学似乎已经准备好了。我们是不是像××一样，开始新课文的学习。让我们把书翻到第×页，先看一下第×课的说明，然后我们再来讨论有关的问题，好吗？"

这两种谈话方式有着怎样的不同呢？第一位老师和第二位老师的区别在于：前者将自己摆在主宰的、核心的地位，后者则是从学生的情境出发，然后将自己加入到学生与课程内容的关系中去，即使我们对这两位教师其他情况什么也不知道，但还是能够区分这两位教师对学生说话的语调的差别。第一位教师和学生之间似乎存在着某种距离，他的语气折射出一种对学生"做这个、做那个"的指令式、强制式的态度；第二位教师似乎与学生建立了某种联系或默契，其谈话方式反映出一种平等、参与、沟通的关系。

第一位教师说话时使用了"我"、"你们"；第二位教师只使用了"我们"这个人称。后者亲切体贴的言谈方式却营造了和谐愉悦的教学氛围。

（二）句法结构的选择

句法结构同样有语言的语气、情感的问题，不同的结构既有说话人的情感的表露，也让听话人听后有不同的心理感受，语用移情要求说话人尽量使自己的语言满足对方的心理需要。我们分析教师语言中的句法，发现它们在遵循信息策略的同时，至少有如下特点：

1. 少用祈使句

学生是有"独立人格"的，一般说来，学生的自主权越多，对老师的抵触心理就越少。命令、指使或控制只能增强学生的逆反心理。如"照我说的去做，不必问"、"就这样做，老师说的总是对的"等，这些是学生无法接受的。

甲老师："教室里走来走去会影响自己的学习，也会影响别人。"乙老师："不要在课室里走来走去。"

甲老师避免发号施令，只描述当时的情况，而且根据信息策略把论题转移到"教室里走来走去"这一事件上。然而，在表示关心，体谅学生时，祈使句有时也有很好的效果，为此也常为教师所采用。

2. 少用否定句

学生对老师的话是十分敏感的，特别是对老师的否定评价，对老师口中的"不"字。外国有位心理学家做了一个实验，表明人在说或听到否定词时，肌肉特别紧张，因而，有经验的教师，对学生会尽量避免用否定句。

某班有位学生在一次上课时总是太主动地抢答老师的问题，对此，该老师说："××，你不能总是一个人说。"

当着全班同学，那位学生十分难堪。假如该老师改用"我想听听其他许多同学的答案"，这就避免了"你"字，也把信息的论题由学生转移到"我"的想法上了，把否定的表述改为肯定的意愿，也避免了打击学生的积极性。

3. 虚拟语态

教师利用虚拟语态是他们在跟学生谈话时常常有针对性地虚构一种现实或现象，让教育对象对此进行思考或反思。

例如，周老师在跟一个极自私的学生谈话时说："假如英雄们没有一个为祖国献身的觉悟，一个人如果处处只想到自己……"

这里周老师把话题转到"英雄们"、"一个人"身上，这在尊重学生的心理的前提下，含蓄地对学生进行了教育。

（三）语言修辞的巧用

就是借助双关、讽喻等方式暗示某种信息或道理，使教育对象有所领悟，从而产生良性效应。

1. 借助双关暗示

双关，就是在特定的语言环境中，借助语音或语义的联系，使语句同时关涉两种事物，即言在此而意在彼的修辞方式。

参考案例

某高职心理学特级教师在讲解"注意的分类"时，发现一个学生正跟着校外广播的乐曲哼唱，于是灵机一动，脱口而出："听到美妙动人的乐曲，有人就情不自禁地跟着哼起来。这种没有预定目的、不需要意志控制的注意，叫'无意注意'；而如果能约束自己，坚持认真听课，不受广播干扰，那么这种有目的、需要意志控制的注意，就叫'有意注意'。"

即兴式的举例，似乎不假思索、信手拈来，却充满教育机智，这既与教学内容融为一体，又使学生集中了注意力。语带双关，巧妙暗示，收到了一石二鸟的效果。

2. 借助讽喻暗示

参考案例

某班一位女团支部书记由于工作关系与男班长交往较多，所以有关二人早恋乃至"如何如何"的流言蜚语疯传全班。特级教师、班主任宁云平弄清事实真相后，在班会上讲道："有些同学喜欢捕风捉影。对此，我给大家讲个故事：一天，皇帝外出狩猎，在车马劳顿中呛了一口冷风，吐出一口痰来。这口痰正巧吐在麻袋片上。侍卫一看着了慌，说皇上吐出了一根毛。而随从官员们回到家里，则煞有介事地告诉家人，皇上在路上吐出一团毛。随后家人又向四邻传播，说皇上吐出了一个毛茸茸的东西。不久消息在京城传开，说皇上吐出了一只活蹦乱跳的小白兔。我们有些同学，就爱把道听途说的东西变成'小白兔'。"

这里，宁老师没有直接表明自己的态度，也没有直接告诉学生传播谣言的危害，而是巧妙地借助讽喻进行暗示，最终使流言蜚语销声匿迹。

3. 借助对比暗示

对比就是把两种不同的事物或事理放在一起进行比较，从而突出事物或事理特征的修辞方法。通过两种事理的对比，可以使语言色彩更加鲜明，更容易鉴别好坏、善恶、美丑。对比，能在具体情境中表达丰富的语义。

参考案例

有一位后进学生，学习不努力，经常逃课，虽经多次谈话，但转变不大。

有一个严冬的早晨，这位后进学生主动打扫了教室。特级教师耿方珠把他叫到讲台前，举起他冻得又红又肿的双手对全班同学充满深情地说："请大家看看这双手，手背上的血迹是冻裂的伤口。如果把这双手放入冰凉刺骨的水中会是什么滋味？请大家再看看我们干净整洁的教室，想一想今天为我们洒水、扫地的同学怎样劳动……"

虽寥寥数语，但很有表现力。在课堂这种具体的情境中，"冻裂的伤口"和"干净的教室"形成鲜明的对比，不仅激发了这位后进生的荣誉感、进取心，而且对全班同学也是一次难忘的思想品德教育。

第三节　教师语言教育性功能实施的有效策略

教育对语言有着天然的依赖性，语言是教育活动得以顺利进行的载体，在教育过程中教师离不开对语言的使用。教师的语言对学生的发展、教育的质量具有重要的意义。言语行为理论由英国语言学家奥斯汀提出，其核心概念是"说话就是做事"，强调说话就是在实施行为。孔子的教育思想中也隐含着以言行事的理念："名不正，则言不顺。言不顺，则事不成。事不成，则礼乐不兴。礼乐不兴，则刑罚不中。刑罚不中，则民无所措手足。"所以君子一定要定下一个名分，必须能够说得明白，说出来一定能够行得通。君子对于自己的言行，是不能草率对待的。

一、教师教育语言的类型

（一）基于不同教育现象分类的教育语言

著名的教育哲学家谢弗勒（I. Scheffler）在《教育的语言》一书中把教育的语言分为三类，教育术语、教育口号、教育隐喻。教育术语是人们对教育现象的概括性反映，一般出现的形式为概念、范畴，多为抽象化、概括化了的语言，给人以某一方面的一般性认识。教育术语建立在理性分析之上，通过将感性认识不断进行加工、提炼而成。教育术语往往比较系统、严密，有着标准的成熟形式。作为学术语言、教育术语往往有着较为清晰的含义和明确的规定，一旦形成，它就成为语言共同体内所有成员应该遵循的一般规则。

教育口号总是包含一种要求性或规定性的成分，他们要求、建议、告诫或者说服人们，根据某种教育观点或视角，并且以特定的方式去思考和行动。教育口号一般是非系统化的，表述方式也往往是不严谨的。教育口号一方面高度概括、简练明确、旗帜鲜明，另一方面又生动活泼，往往采用对比、押韵等手法，读起来朗朗上口，通俗易懂。比如"百年大计、教育为本"、"让每个孩子学有所教"，寥寥数语不仅让人们理解其内涵，还激起人们的情绪反映，能有效地发挥"鼓动作用"。

隐喻一词源自希腊语的"metaphor"，其基本词义就是把一个对象的诸方面"传达"或"转换"到另一个对象上去。隐喻抛开了严格的逻辑界定，追求表述的独特性、生动性，淋漓尽致地表达内心的感受，人们使用隐喻或是由于一种语言的匮乏或是由于一种独特表达的需要。教育是一个非常复杂的问题，要完整地把握教育过程中的变化并将其表达出来，是件困难的事情。生命活动的丰富性使隐喻给人以生动的意象，表达自己独特的见解。

参考案例

著名教育家孙敬修见几个小学生在折树苗，就把耳朵凑过去装出听什么的样子。小学生们好奇地问："老爷爷，您听什么呀?"他回答："我在听小树哭呀。"小学生们反问："小树也会哭吗?"他回答："你在折它，它当然会哭啦。它说:'你们不要再折我了，我长大了要为国家做贡献呀。'"小学生们听后都哭了，决心不再折树苗，护好树。

三种不同的教育语言使用的群体是不同的。教育术语属于教育理论工作者，因为教育理论工作者凭借概念、范畴阐述教育，阐述一般的、抽象的知识。由于教育口号影响较大、传播较广，这种语言形式多属于教育行政工作者。而教育隐喻多属于教育理论—实践工作者，他们常通过通俗易懂的语言表达他们的教育意图，用隐喻来说明问题。

(二)基于不同教育目的教育口语

从教育口语满足各种育人需要的角度来讲，经常使用的教育口语有说服语、启迪语、劝导语和激励语等。

说服语，就是摆事实、讲道理，使学生接受正确的观点、意见、主张或办法的教育口语。

启迪语，是指教师运用点拨的方法去开启学生心灵的大门促使学生沿着正确的方向自主发展的教育口语。

劝导语，是教师针对学生问题给予开导、劝诫和抚慰，以使其消除疑难、走出困境、化解心结的教育口语。

激励语，是指教师运用称赞、表扬、激发、鼓动的语言来促使学生奋发向上的教育口语。

另外，还有针对不同对象进行分类的教育口语：面向个体的教育语言和面向集体的教育语言。

二、面向个体的教育语言实施策略

教师面对的总是一个个具有鲜明特色或个性的学生。这些学生在兴趣、能力和性格上的差异，要求学校思想教育工作应该更多地从学生实际出发，有的放矢，因材施教，这样才能保证教育工作取得实效。

教师对学生的思想品德教育，是在一个个具体的工作环境下进行的。工作环境不同，教育的目的、内容、对象不同，所采用的方式、方法和所遵循的说话原则也不相同。这些不同的工作语境，主要包括两个方面：面向个别和面向班集体的工作语境。

面向个别的教育语言，主要是个别谈话，是指教师为了了解情况、疏通思想或加深感情而与学生单个儿面对面地交流思想感情的口头表达形式。据其内容功能，可以分为接触性谈话、了解性谈话、说服性谈话、向导性谈话、释疑性谈话、抚慰性谈话、激励性谈话、批评性谈话、预防性谈话等；据其谈话对象，可分为面对不同性格的学生的谈话、面对不同水平的学生的谈话和面对几种特殊类型学生的谈话等；据其场合、地点、目的、需要，也可分为个别正式谈话和个别随意交谈等。

(一)针对不同性格学生的教育语言实施策略

不同性格的学生对于老师的语言，其感受理解会有差异，其回应方式也不同。因此，教师要根据学生的性格特点，有针对性地运用教育语言。

1. 面对性格外向的学生

性格外向的学生，对语言的反应比较敏感，直觉判断占主导地位，易于接受外部影响而改变自己的认识和态度。对这类学生谈话，适合采用直陈指令、正面说理的方式，即直截了当地发表意见，讲述道理，或者在讲明道理的前提下直接表扬或批评。语言要简明，语气要肯定。

2. 面对性格内向的学生

性格内向的学生，胆怯、孤僻、多疑，情感含蓄，表现欲望不外露。对语言的回应比较迟缓，一般不善言谈。对这类学生宜采用打通"关节"，诱导启发的言语方式。谈话时要和颜悦色，和蔼亲切，找准影响学生前进的思想障碍。教师还要特别注意选择谈话地点和场合，观察学生的反应，恰当使用词语，提问多用商量的语气等。总之，对这类学生，要多给予信任、关怀和激励。

参考案例

最突出的是孔子曾对同一个问题做出完全相反的回答：子路问："闻斯行诸?"子曰："有父兄在，如之何其闻斯行之?"冉有问："闻斯行诸?"子曰："闻斯行之。"公西毕曰："由也问闻斯行诸，子曰：'有父兄在'在；求边问闻斯行诸，子曰：'闻斯行之'。赤也惑，敢问。"子曰："求也退，故进云；由也兼人，故退之。"

孔子的突出之处在于他能针对性格不同的学生，该扔的扔，该抒的抒，灵活施展其育人之道。针对相同的问题，孔子绘了两人完全相反的答案，为什么呢？孔子解释得很清楚：对症下药，因材施教，这也是孔子教育艺术中最成功的经验。

（二）针对不同水平学生的教育语言实施策略

所谓"不同水平的学生"，主要是指在智力和非智力因素发展方面有差异的学生。教师在针对不同水平学生进行教育时要一视同仁，切忌把学生分成三六九等，"戴上有色眼镜看人"。

参考案例

两个同时犯同样错误的学生被叫到老师的办公室。过了片刻，两人去了办公室，一个同学喜笑颜开，而另一个同学则垂头丧气。这是怎么回事呢？为什么受到老师的"待遇"不一样呢？差别就在于前者是班中的优等生，而后者则是班中的后进生。对待优等生，老师和颜悦色地听他为自己辩解，然后安慰了他。而对于后进生，则丝毫不给他们申辩的机会，以一阵暴风疾雨式的批评来斥责他。

那么，作为教师，应该如何去掉"有色眼镜"，面对不同水平的学生，如何巧妙运用语言实施教育呢？

1. 面对优秀生

优秀生是学生心目中的楷模，老师心目中的"宠儿"，家长心目中的"掌上明珠"。他们一般学习成绩优良，有进取精神，各个方面的表现比较突出。对这类学生谈话要注意：

首先，优秀生的发展应该是全面的。教师要根据优秀生的特点，提出合适的发展目标。不要把优秀生看成是"完美无缺"的，教师要经常了解他们的学习、生活，及时发现问题，不使其成为隐患，导致优秀生发展水平下降。

其次，对优秀生的谈话，要适当提高信息含量，较多地运用精当的点拨、诱导，引导他们主动探索，向更高的目标奋进。

2. 面对中间生

中间生学习不甚努力，成绩一般，在各项活动中表现不突出，也不落后，自认"比上不足，比下有余"。对这类学生谈话，教师要多提供优秀同学的事例，多提供成功的范例，启发他们的觉悟，诱发他们追求卓越的动力。教师一且发现这类学生有追求进步的倾向，要抓住机会，及时给予鼓励。同时，对其提出的要求要切合实际，目标不要太高。

3. 面对后进生

所谓后进生一般是指品德和学业两方面都落后于一般发展水平的学生。其实，从后进生所具有的潜力看，他们的想象力、思维力、观察力、记忆力一般都处于正常水平。他们之所以落后，常常是因为一些心理品质方面的原因。对这类学生谈话，教师主要应该在情感激发和意志培养方面下工夫：

第一要消除"心理防线"。这道防线只有用教师的爱才能融化它，第二要恢复其自信。自信心本身就是种内驱力，它表现为自我意识的成熟，能以高度的责任感、不懈的热情、持久的努力去实现自身的价值。教师要多运用赏识教育、多发现后进生的长处和闪光点，使他们多得到信任和尊重，从而以自信战胜自卑。

后进生意志力薄弱，所以自觉性低，持久性差，反复性较明显。因此，教师必须采取符合后进生心理特点的方式，调动其积极因素。引导他们制定适宜的奋斗目标，激励他们不断向新的目标挺进，在进取中注意培养磨炼其意志力。

总之，对后进生的谈话宜多采取"肯定性评价"的言语策略，不讥笑、不挖苦、不斥责，多宽容、多抚慰、多激励，教育不是仅为了改变一个人，而是要帮助一个人。

（三）针对几种特殊学生的教育语言实施策略

学校中有心理障碍的学生和男女交往过密（早恋）的学生，往往人数不多，但负面影响较大，对这些学生进行谈话是工作中的难点，需要特别讲究谈话的艺术。

1. 面对有心理障碍的学生

现代人的心理问题日益突出。资料显示，进入 20 世纪 80 年代以后，我国青少年存在心理问题或心理障碍的人数不断增多，需要得到心理帮助的为 20％左右。青少年心理问题或心理障碍，根据其外在表现及形成原因，大致可分为下面几种类型，因而与这些不同类型的学生谈话，也要有的放矢。

智力障碍型，这类学生主要是智商较低，难明事理，因此固执己见，冥顽不化。对于这类学生，最重要的是教师要有耐心，真正做到诲人不倦，切忌轻视怠慢，挖苦讽刺。

例：

期中考试时，我发现赵××怔怔地坐在椅子上，手中玩着笔，无精打采地盯着卷子一字不写。我低声问："你怎么还不答卷?"不想这句话让前面的同学听着了。一位同学笑嘻嘻地告诉我："我们老师说他'脑子进水了',还说他'缺钙、缺锌'。"一句话,惹得考场上的同学狂笑不已,大家齐刷刷地扭头看满脸通红的赵××。我立刻止住笑声,并走上前去拍拍赵××的肩膀:"不要听他们瞎说,你在老师的心目中不是那样的,只要你用心去做,考一分也算是胜利。"赵××听后,开始答卷了。

一个多么需要温暖、激励的孩子呀!老师不经意的、甚至是无意的一句调侃、妄言,都是一把无形的重创学生心灵的刀子!因此,对待这样的学生就应该如这位老师那样,一定要有爱心,并能用温暖的语言去维护和引导他们健康地成长。

家庭障碍型,这类学生往往来自离异家庭、单亲家庭或在家里受到虐待或溺爱。因而他们往往比较冷漠、敏感,自尊心强或者比较自私、任性。对于前者,应动之以情,多给予关心爱护,多加鼓励和寄予殷切的期望。对于后者,应晓之以理,多给予疏导启迪,多引导他们参加集体活动,学会与大家"共同生活"。

人格障碍型,它分为偏执型、强迫型、反社会型三个类型。偏执型的学生,心胸狭隘、敏感多疑、固执死板。对待这类学生,关键是建立师生间互相信任的关系,提高其明辨是非的能力。强迫型的学生,机械执拗、苛求完美。对待这类学生,应该给予充分的理解,帮助其正确认识自己。反社会型的学生,行为冲动,喜欢寻衅滋事,轻则违章违纪,重则犯法犯罪。对这类学生应着重加强责任感、道德意识和法律意识教育,要及时发现其危险。

参考案例

某中学有一位以"野"和"泼"出名的女生,人称"二男娃"。一次上课前,她把雨伞挂在教室的墙上,伞上的雨水滴在一位男生身上,那位男生便把雨伞拿了下来。她也不管上课铃已响了,一跃跳上课桌,又把雨伞挂了回去,并且双手叉腰,对那男生怒目而视。教师批评她,她不但不听,反而大吵大闹。教师要将她拉出教育,她大叫耍流氓……她的班主任老师对她进行教育:"看来你人不大,可脾气倒不小,你知道吗?今天我的魂差点被你吓飞了!""二男娃"噗哧一笑,还固执地说:"他们那样对我,我面子上下不来。""好,你是很爱面子的,我很高兴。我知道,凡是爱面子的人,是不会再犯第二次的,你说是吗?""二男娃"不语,班主任语重心长地说:"我也有个娃,在你犯错误时,也按照自己的个性打你一顿,骂你一骂,那将是什么局面呢?""二男娃"说:"不可能,你是老师。"班主任严肃地说:"你说得对,正因为我是老师,个性实受师德的制约，所以我必须培养自己良好的个性。你是学生就可以撒泼？难道《中学生守则》对你没有约束力吗？"后来，"二男娃"果真收起了那股"野"劲和"泼"劲，变得文静，又沉稳，像个姑娘样了。

2. 面对男女交往过密（早恋）的学生

异性吸引一般开始于青年前期（12～16岁），男女生生理上出现第二性征，心理上开始对异性有了与以往不同的情感。女性喜欢男性的豁达、有主见，男性喜欢女性的温柔和细腻。然而，这个年龄段的男女同学交往过密，则会严重扰乱他们正常的学习和生活，轻则分散学习注意力，重则导致精神恍惚、无心向学。对于这类学生，谈话应特别注意以下言语策略：

注意选择恰当的时间、地点和场合，不可将谈话内容外泄；不可当众批评。

注意谈话内容的客观性。谈话前教师要经过充分的了解，掌握确凿的证据，慎下判断，不能将男女之间的正常交往当作交往过密来处理。

对涉入尚浅的要诱导得法，多正面说理，指出交往过密的危害；对涉入较深的要敲警钟，除了明确说明交往过密的一般危害外，还应指出其隐含着的危险。

参考案例

一位教师在发现他的学生出现"早恋"现象时，巧妙地以自己老家门前柿子树的事情为喻，迂回地向学生说明了"早恋"的危害性。他说："有一年秋末，我惊奇地发现老家门前的柿子树提前开花，并结出了果实，但霜冻还没来，果子却开始掉落，而且味道很酸很涩。后来才明白，不该开花结果时开花结果，违反了自然规律，所以才难以成活。近来，同学们中的一些事情又引起了我的思索，我以为这与你们的年龄是不相符的。同学们听后深有感触，早恋现象逐渐减少，直到最后消失。"

这位老师旁敲侧击，虽然只字未提早恋，却句句中肯，使学生明白了早恋的危害，从而达到了说服教育的目的。

注意与家长密切配合。发现学生交往过密的苗头后，应多与家长联系。这既可以全面了解情况又可以争取相互配合，要告诫家长不要采取过激行为，以免伤害孩子的自尊心。

谈话的氛围要轻松，不要像发生了重大事件那样，以免造成心理压力。一次谈话后，要给学生思考的时间，不要快刀斩乱麻，追求立竿见影。要尊重和理解学生的感情，不要伤害其纯洁的心灵。

三、面向班集体的教育语言实施策略

班集体教育，是以班为单位、以班集体的全体成员为对象的教育，是个别教育以外的又一种重要的教育形式。它源于学校教育的班级制这种建制形式。班集体教育不同于个别教育的一个重要之处就在于，它往往是针对班集体建设和班级管理中普遍性的问题，通过开展某些班集体活动对学生进行教育班集体教育。开展得好极有利于形成正确的舆论、良好的班风，从而为每一个学生的健康发展建造出一个良好的集体环境。

班集体教育语言主要是集体谈话。集体谈话，主要是指教师与班级全体学生面对面地进行思想情感交流的语言表达形式。常见的集体谈话形式主要有动员、报告、总结、讲话等。

（一）动员及其语言实施策略

动员，即指向学生发出指令和号召的讲话形式。一般用于学校或班集体重大活动的开始，如学习动员、捐助动员、校运会动员等。

运用"动员"的表达方式应该做到：

1. 说明形势，讲清意义

在什么背景和形势下，开展什么活动，该项活动的意义何在，做什么，为什么做，应该向学生交代清楚。

2. 要求具体，时限明确

重大活动都有明确的时间限制，教师必须给学生讲清楚；提出的要求必须明白、具体而具有可操作性。

3. 神情庄重，声音洪亮

动员旨在鼓动学生行动起来，积极参加到某项活动中去。因此，教师神情要比平常更庄重，声音更洪亮，语气更坚定，以感染学生，使群体产生向心力和凝聚力，为实现某种目标而群情振奋。为了使动员收到更好的效果，还可以兼用集体呼号和热烈鼓掌等方式，增添同学们的信心和力量。

参考案例

有个班主任带了个学习、品德双差的"后进班"，班里有许多学生因违法行为被有关机关教育过。这个班又都是男同学，大家叫他"和尚班"。刚开学，学生情绪低落。有的公开说：什么"和尚班"，我们是"垃圾班"、"处理品"。在校运会之前，班主任抓住他们精力旺盛，喜欢体育运动这一特点，就做了如下的动员："有人说我们是'垃圾班'、'处理品'，这是没有道理的。就拿体育锻炼来说，我们班不但不是'垃圾'，而且可以成为'优级'；不但不是'处理品'，而且可以争取成为'一等品'。"听到这些动员的话，同学们哈哈大笑，十分高兴。结果这个班在运动会上夺了魁，学习也逐渐赶了上去。

(二)报告及其语言实施策略

报告,即向学生陈述情况、事实或意见的讲话形式。报告一般用在活动的开展过程之中或结束以后。例如会议传达、竞赛准备情况报告、考试结果报告等等。它具有信息反馈和动力添加功能。

运用"报告"的表达方式应该做到:

1. 注意及时性

报告要根据事情进展情况,及时让学生了解情况,清楚形势,明确事态或进一步努力的方向。

2. 注意针对性

报告要有针对性地向学生讲明情况,或鼓劲,或纠偏,引导工作向健康方向发展。

3. 注意整体性

报告具体内容要与整体思想教育计划或整个活动安排相结合,注意调子、措辞、要求的一致性。

4. 注意艺术性

报告是独自性口语,要求讲究语言艺术,只有生动的叙述、典型的事例、热情的口吻,才能吸引学生。

参考案例

我校近日已完成各年级的期中考试——这次考试对于初一学生来说尤为重要,因为这是升入新的学习阶段的第一次大考,对学习和心理状态都是一次极好的"检验"。通过这次考试,我们能发现哪些存在的问题?期中考试后我们又该如何进行下一个阶段的学习呢?从小学到初中,步入新的学习阶段,突然增多的学习科目会让大家明显感觉学习更加吃力,而期中考试是对前一阶段学习效果的反馈,也是对上半学期所学基础知识的阶段性检测。一次考试虽然不能完全反映出你们的学习水平,但对于初一的学生,期中考试意味着步入新阶段学习的适应程度,能够检验出大家是否找对了学习方法,对于在新学期树立良好的学习自信起着关键作用。下面我就具体来分析一下⋯⋯

这样的成绩分析报告,不是一味的评优责差,而是起到了学习指导的作用。它不仅有利于学生及时、认真地发现自己考试中存在的问题,而且,还有利于学生在教师的正确引导下有效地总结自身学习中的不足,并转变学习的方式,提高学习的效果。

(三)总结及其语言实施策略

总结,即向学生发表对于工作或活动的评价性意见的讲话形式,一般用于工作或活动告一段落或结束以后，例如学习竞赛总结、社会实践活动总结、学期结束总结等。

运用"总结"的表达方式应该做到：

1. 总结要及时

工作不能虎头蛇尾，如果只有富有激情的动员，轰轰烈烈的过程，却没有及时的总结，往往就收不到应有的效果，甚至会前功尽弃。所以适时的总结必不可少。

2. 总结要措辞平衡

总结时，表扬与批评都在所难免，但要措辞慎重，注意表扬与批评的正负效应。既要实事求是，突出典型，又要照顾一般，考虑多数人的心理平衡。

3. 总结要突出共性

总结不能眉毛胡子一把抓，有碗数碗、有碟数碟，而要精选典型，突出共性。

4. 总结要以利再战

总结的目的往往是为了"以利再战"，所以一般要求在回顾和评价的基础上，进行必要的理性升华，由此及彼，使学生在具体的经验和事件中，增长知识，开阔视野，明确前进的方向。下面是一所学校开展文明礼貌月活动后，一位班主任老师在班会上做的总结片段：

参考案例

各位同学：

大家中午好。转眼间，一个月已经过去，我们的文明礼貌月活动即将落下帷幕，这一个月来，同学们的精神文明水平有了进一步的提高，在我们班里，打架、骂人的事少了，互敬互让的事多了，无论个人、班级还是学校，都有很多收获，现在，就从以下几方面加以总结：

一、师生关系更加和谐，推动校园的和谐化建设

4月1日的启动动员会仿佛就在眼前，还记得动员会上，上面开大会，有的班级下面开小会，个别同学吃东西、嚼泡泡糖、说笑，甚至有的同学到主席台领奖时嘴里还嚼着泡泡糖，连最起码的礼仪都不懂。那时给我印象最深的是九年五班的袁野同学，他是双手接过荣誉证书、接过奖品，面带微笑的深深鞠躬后走下领奖台。好像一股暖流流过我的心田，文明礼貌月开展至今，我和所有的老师一样，常常能感受这样的暖流。就像春风吹开了冰冻的河面，汩汩的河水好像我们欢快的心。为同学们亲人般的热情而高兴，为同学们明礼进步而高兴。女孩们个个淑女气质，男孩们个个绅士风范。不信让我们看看下面几个例子：

这样一种总结以富有感情的表述和形象生动的例子，总结了整个活动的过程和效果，点出不文明、不礼貌的行为，督促其进一步改正；特别注意树立正面典型，以榜样的作用影响更多的人，达到了良好的教育效果。

（四）讲话及其语言实施策略

讲话，特指"动员"、"报告"、"总结"以外的一些日常发言形式。这是教师根据班级工作或活动的现场需要，有目的、有针对性地随时随地地对学生发表说明性、解释性、评价性、补充性、强调性意见的谈话形式。例如解答学生的质疑、组织活动中的简短插话、工作结束后的简短评议等。随机性、简短性是这些发言形式的重要特点，运用"讲话"的表达方式应该做到：

1. 机智

随机插入性的讲话也好，有准备的发言也好，该讲什么，什么时候讲，怎么讲，讲到何种程度，这些都需要教师富有教育机智。

2. 言简意赅

报告、动员、包结以外的讲话，一般不会长篇大论，这就要求教师讲到"节骨眼上"，讲话不多，但有效、有用或有益、有趣。

3. 得体

三言两语，言简意赅，"发乎当发，止乎所止"。对共同问题的阐发，有区分度；对个别问题的处理，有分寸感。既实事求是，又能为各个方面的学生所接受。

参考案例

在一次"诗词朗诵比赛"的班级主题活动中，一位同学富有激情地朗诵了毛主席的《沁园春·雪》，其中当这位同学朗诵到"一代天骄，成吉思汗，只识弯弓射大雕"时，一个平时上课就是异常活跃的周××小声地调侃："初一(3)班，小周××，只识弹弓射小鸟！"声音虽然小，但还是引来了全班的哄堂大笑。班主任微微一笑，用手势让同学们安静下来，继续听完同学的朗诵，然后说："写诗通常也是从模仿开始的，如果同学们感兴趣的话，也时常可以模仿我们学过的诗歌进行改写，我想这也应该是个好方法。同时我对这个同学的大胆想象表示佩服，这正是诗人所需要的。"而那个同学被班主任的一番话说得直吐舌头，同时接下来活动的气氛也很活跃。

总之，这种讲话要求句式简单，语言风趣，新颖别致，使人爱听、乐听。在轻松愉快或不知不觉中受益。

法无定法，顿悟为法。只要广大教师对学生充满爱心并潜心领悟、精心规划，就一定会掌握精湛的教育语言！

【复习与思考】

1. 你对"孩子是可以批评的，孩子是可以指责的，但孩子是不可以欺骗的"这句话怎么理解？

2. 常见的教育工作语境包括哪几类？各种工作语境下的教育语言各有什么特点和要求？

3. 案例分析：在一次语文考试中，一位男生得了 57 分，他不敢拿着试卷回家，请求老师多给 3 分。语文老师灵机一动，笑着说："少扣分不行，但老师可以借给你 5 分。下次要双倍奉还。"这个男生捧着 62 分的试卷高兴地回了家。后来，他像换了一个人似的，学习非常认真。下次语文考试时得了 87 分。他找到老师说："老师，我还你 10 分。"请你就这个案例中谈谈教师语言智慧的内涵是什么？

4. 古代有一个常胜将军，打胜仗对他来说已成为家常便饭。当有人奉承他："你将作为战略家而载入史册。"他不以为然，一点也不高兴。可是有一次，有人夸奖他的胡须非常漂亮时，他却高兴得喜笑颜开。这个故事对你有什么启发？

【拓展学习】

1. 刘伯奎. 教师口语——表述与训练. 上海：华东师范大学出版社，1994.

2. 叶澜等. 教师角色与教师发展新探. 北京：教育科学出版社，2001.

3. 在教学中，面对不同气质类型的学生应当如何进行有针对性的教育？请结合下列案例设计你的教育口语。

事情发生在北京某小学六年(3)班的一次秋游活动中。在秋游的筹划中，老师发动同学们讨论，大家提出了很多的办法，如经费不足设法包车就请家长帮忙。北京的交通不太好，汽车走出市区需要一个多小时，有时堵车还要浪费更多的时间，但在七点钟以前不会堵车。因此决定早晨六点半准时出发，借来的车把同学们送到后，可以及时返回，下午定时来接，也不会影响家长单位用车。第二天，按计划汽车不到八点就把全班同学送到指定地点便返城回去了。大家高兴地来到旅游地点却大吃一惊——景点的大门禁闭，周围空无一人。大家仔细一看，离开门时间还有一个多小时。面对着禁闭的大门，顶着萧瑟的秋风，同学们中各种气质的人均有不同表现，首先是胆汁质的同学提出："老师，公园的门不高，这里又没有人管，我们不要在这里傻等了，爬进去吧"；多血质的同学则在想着自己的主意："老师是不会让我们爬进去的，一个多小时不能傻等着，我要自己找地方去玩会儿"；而抑郁质的同学又在那里自我伤感起来了："老师，还有一个多小时，天又这样冷，可怎么办呀?"只有黏液质的同学在耐心地等着老师的安排。面对如此的处境，教师马上向同学们进行解释并提出了补救办法……

4. 台湾师范大学在规定的《国文教师基本能力养成教育》中，对师范生的口语能力提出了如下目标：

能使用标准国语；

能运用说话技巧，善于表达；

能不用言语讥讽学生；

能于教学过程中，随机穿插趣闻故事，能使说话幽默风趣；

能随时从课文中，揭示做人处事的道理；

能说故事、文学掌故、寓言至少 50 则；

能列举有关忠孝节义的历史故事或往圣先贤事迹各 5 则，以说明四维八德的德目；

能以中学每周实施的中心德目，即席做 3~5 分钟的讲话；

能布置情境(举办演讲、辩论、朗诵、背诵比赛)让学生练习说话；

能听完一段对话而说出其主要内容；

能迅速将一场讨论会、辩论会、演讲会的主要内容作出结论；

能说出一段录音(谈话或演讲)的主要内容；能指导学生作"会议记录"及"演讲记录"；

能察言观色，领会对方说话的真意；

能利用视听器材经常举行听力比赛；

能指导学生学习听话时的良好风度(如面露微笑、耐心静听等)；

能为学生正音。

从上述训练目标中可以看出有两个特点：一是训练的全面性，从使用标准国语到讲述、演讲、辩论、朗诵、背诵等技巧以及听话技能等，都提出了训练的目标；二是训练的要求很具体，有可操作性，易于检测。上述这些，我们都可以借鉴和学习。

参考文献

[1] 朱仁夫. 中国古代书法史. 北京：北京大学出版社，1992.

[2] 汪缚天. 教师的语言修养及训练. 北京：高等教育出版社，1994.

[3] 金开诚、王岳川. 中国书法文化大观. 北京：北京大学出版社，1995.

[4] 胡昌华. 教师书写技能. 长沙：湖南师范大学出版社，1996.

[5] 姚淦铭. 汉字与书法文化. 南宁：广西教育出版社，1996.

[6] 赵家熹. 书法艺术与书法教学. 北京：北京教育出版社，1996.

[7] 郭光华. 教师文体写作技能. 长沙：湖南师范大学出版社，1996.

[8] 赵林森、郭启明. 教师口语. 开封：河南大学出版社，1996.

[9] 国家教育委员会师范教育司组. 教师口语（试用本）. 北京：北京师范大学出版社，1996.

[10] 冯寿忠. 汉字规范化教程. 北京：中国书籍出版社，1997.

[11] 楼志校. 教师口语训练. 北京：华语教学出版社，1998.

[12] 郭启明. 教师语言艺术. 北京：语文出版社，1998.

[13] 彭莉佳. 发声常识与嗓音保健. 广州：广东高等教育出版社，1999.

[14] 傅惠钧. 教师口语艺术. 杭州：浙江教育出版，1999.

[15] 马显彬. 教师语言学教程. 广州：中山大学出版社，2000.

[16] 翟雅丽. 教师口语技巧. 广州：暨南大学出版社，2001.

[17] （美）Thomas L. Good, Jere E. Brophy. 透视课堂. 陶志琼等译. 北京：中国轻工业出版社，2002.

[18] （美）Donald R. Cruickshank, Deborah L. Bainer & Kim K. Metcal f. 教学行为指导. 时绮等译. 北京：中国轻工业出版社，2003.

[19] 邓金洲. 研究报告撰写的指导. 北京：教育科学出版社，2003.

[20] 王海天、刘小菠、由文平. 教师口语艺术. 海口：南海出版公司，2004.

[21] 林鸿. 普通话语音与发声. 杭州：浙江师范大学出版社，2005.

[22] 石贤玮. 教师口语概论. 北京：中国广播电视出版社，2005.

[23] 王祖明. 实用口语发声学. 昆明：西南交通大学出版社，2005.

[24] （美）Gary D. Borich. 教师观察力培养——通向高效率教学之路. 么加利、张新立译. 北京：中国轻工业出版社，2006.

［25］金振邦．应用文写作教程．北京：人民教育出版社，2006.

［26］刘敬瑞．新编教师书写技能与书面表达训练．上海：华东师范大学出版社，2007.

［27］陈国安等．新编教师口语：表达与训练．上海：华东师范大学出版社，2007.

［28］秦海燕．教师口语训练教程．济南：山东人民出版社，2008.

［29］吴小玲．教师如何做好课堂教学设计．长春：吉林大学出版社，2008.

［30］段晓蕾、王静．教师如何写好评语．成都：电子科技大学出版社，2009.

［31］李海涛．教师口才基础．成都：巴蜀书社，2009.

［32］江苏省语言文字工作委员会办公室．普通话水平测试指导用书(江苏版).北京：商务印书馆，2009.

［33］高万祥．名师最具渲染力的口才细节．重庆：西南师范大学出版社，2009.

［34］(美)伊冯娜·金茨．新教师最佳实践指南．贺红译．上海：华东师范大学出版社，2009.

［35］邵清艳．教师案例撰写技巧．长春：东北师范大学出版社，2010.

［36］杨小锋．教师发声训练教程．北京：北京师范大学出版社，2010.

［37］王力．汉语语音史．北京：商务印书馆，2010.

［38］程培元．教师口语教程．北京：高等教育出版社，2010.

［39］金梅、孙筱．教师如何写文章．北京：中国人民大学出版社，2011.

［40］刘伯奎．教师口语训练教程．北京：中国人民大学出版社，2011.

［41］章晓琴．教师口语实用技能训练教程．北京：北京师范大学出版社，2012.

［42］张传曾、梁斌言．普通话培训测试读本．北京：北京师范大学出版社，2012.

［43］陈昕、屠国平．教师口语艺术．北京：高等教育出版社，2012.